中國文言短篇小說選

中國文言短篇小說選

全寅初·金長煥 選注

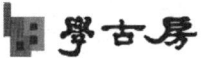

『中國文言短篇小說選』을 펴내면서

　중국소설의 이해는 문언소설로부터 비롯된다. 중국소설의 찬란한 결실로 여겨지는 明·淸 白話小說도 고대의 문언단편소설에서 그 근원을 찾아야 한다. 최근에는 중국문언소설의 문헌적 가치를 새롭게 인식하여 국내외적으로 이에 대한 연구가 이전에 비해 활발히 이루어지고 있다. 이에 중국문학사에서 소설이 차지하고 있는 비중과 다시 중국소설사에서 문언소설이 지니고 있는 중요성을 고려하여 이 책을 펴내게 되었다.
　이 책의 시기구분은 대다수의 중국소설사에서 채용하고 있는 시대별 분류방법에 따라, 중국문언소설의 萌芽期인 先秦, 發展期인 漢·魏·晉·南北朝, 全盛期인 唐代, 衰退期인 宋代, 復興期이자 結束期인 明·淸代의 다섯 부분으로 나누었다. 이 책은 중국문언소설의 발전과정을 통시적으로 조망할 수 있도록 총 47종의 작품에서 가려 뽑은 61편의 고사를 수록했는데, 각 시기를 대표하는 중요한 작품일 경우에는 3~5편의 고사를 더 수록했다. 또한 각 작품마다 간략한 해제와 작자에 대한 설명을 첨부하여 그 내용과 가치 및 의의를 보다 쉽게 이해할 수 있게 했으며, 注는 가능한 한 상세하게 달고 어려운 글자에는 우리말과 중국어 독음을 달아 참고하기에 편리하도록 했다.

　이제 2011년에 나왔던 제3판을 새롭게 단장하여 출판하게 되었다. 기본적으로 작품 선정에 변화가 있는 것은 아니지만, 전체적으로 注를 보완 정리하고 중국어 拼音表記 등을 고쳤다. 그러나 작품 선정에서부터 注 작업에 이르기까지 여전히 미진한 점이 많을 줄로 안다. 앞으로 독자 여러분의 질책과 조언을 바탕으로 계속 수정 보완해 나갈 계획이다.

2017년 2월

選注者 씀

目　次

◉ 先秦 文言短篇小說 ◉

山海經 ⋯⋯⋯⋯⋯⋯⋯⋯⋯⋯⋯⋯⋯⋯⋯⋯⋯⋯ 15
　夸父逐日 ⋯⋯⋯⋯⋯⋯⋯⋯⋯⋯⋯⋯⋯⋯⋯⋯ 15
　黃帝擒蚩尤 ⋯⋯⋯⋯⋯⋯⋯⋯⋯⋯⋯⋯⋯⋯⋯ 16
　鯀禹治水 ⋯⋯⋯⋯⋯⋯⋯⋯⋯⋯⋯⋯⋯⋯⋯⋯ 17
淮南子 ⋯⋯⋯⋯⋯⋯⋯⋯⋯⋯⋯⋯⋯⋯⋯⋯⋯⋯ 18
　女媧補天 ⋯⋯⋯⋯⋯⋯⋯⋯⋯⋯⋯⋯⋯⋯⋯⋯ 18
　羿射十日 ⋯⋯⋯⋯⋯⋯⋯⋯⋯⋯⋯⋯⋯⋯⋯⋯ 19
　共工怒觸不周山 ⋯⋯⋯⋯⋯⋯⋯⋯⋯⋯⋯⋯⋯ 20
穆天子傳(節錄) ⋯⋯⋯⋯⋯⋯⋯⋯⋯⋯⋯⋯⋯⋯ 21
寓言故事 ⋯⋯⋯⋯⋯⋯⋯⋯⋯⋯⋯⋯⋯⋯⋯⋯⋯ 23
　齊人有一妻一妾 ⋯⋯⋯⋯⋯⋯⋯⋯⋯⋯⋯⋯⋯ 23
　庖丁解牛 ⋯⋯⋯⋯⋯⋯⋯⋯⋯⋯⋯⋯⋯⋯⋯⋯ 25
　扁鵲治病 ⋯⋯⋯⋯⋯⋯⋯⋯⋯⋯⋯⋯⋯⋯⋯⋯ 27
　晏子使楚 ⋯⋯⋯⋯⋯⋯⋯⋯⋯⋯⋯⋯⋯⋯⋯⋯ 28
　黎丘奇鬼 ⋯⋯⋯⋯⋯⋯⋯⋯⋯⋯⋯⋯⋯⋯⋯⋯ 29
　愚公移山 ⋯⋯⋯⋯⋯⋯⋯⋯⋯⋯⋯⋯⋯⋯⋯⋯ 30

結草報恩 ………………………………………… 32
鷸蚌相爭 ………………………………………… 33

● 漢·魏·晉·南北朝 文言短篇小說 ●

燕丹子(節錄) …………………………………………… 37
列女傳 ……………………………………………………… 41
　杞梁妻 …………………………………………………… 41
列仙傳 ……………………………………………………… 44
　蕭史 ……………………………………………………… 44
十洲記 ……………………………………………………… 45
　徐福求仙草 ……………………………………………… 45
漢武故事(節錄) …………………………………………… 47
　武帝見西王母 …………………………………………… 47
笑　林 ……………………………………………………… 50
　楚人隱形 ………………………………………………… 50
列異傳 ……………………………………………………… 52
　宋定伯捉鬼 ……………………………………………… 52
博物志 ……………………………………………………… 54
　天河浮槎 ………………………………………………… 54
西京雜記 …………………………………………………… 56
　王嬙 ……………………………………………………… 56
神仙傳 ……………………………………………………… 59
　葛玄 ……………………………………………………… 59

搜神記 ··· 63
　　干將莫邪 ··· 63
　　韓憑夫婦 ··· 66
　　李寄斬蛇 ··· 68

搜神後記 ··· 71
　　白水素女 ··· 71

世說新語 ··· 75
　　孔文舉 ·· 76
　　周處 ·· 77
　　劉伶 ·· 78
　　石崇 ·· 79
　　王藍田 ·· 80

幽明錄 ·· 81
　　賣胡粉女子 ·· 81

續齊諧記 ··· 83
　　陽羨書生 ··· 83

啟顏錄 ·· 86
　　山東人 ·· 86

◎ 唐代 文言短篇小說 ◎

補江總白猿傳 ··· 91

離魂記 ·· 97

枕中記 ·· 101

李娃傳 ·· 110
鶯鶯傳 ·· 129
虯髯客傳 ··· 149
傳 奇 ·· 160
　裴航 ·· 160
酉陽雜俎 ··· 169
　長鬚國 ··· 169
唐摭言 ·· 173
　王勃 ·· 173

◉ 宋代 文言短篇小說 ◉

梅妃傳 ·· 177
青瑣高議 ··· 190
　流紅記 ··· 190
歸田錄 ·· 197
　賣油翁 ··· 197
志 林 ·· 199
　戴嵩畫牛 ··· 199
夷堅志 ·· 201
　俠婦人 ··· 201
齊東野語 ··· 207
　台妓嚴蕊 ··· 207

明·清代 文言短篇小說

剪燈新話 ·· 215
   金鳳釵記 ·· 216

剪燈餘話 ·· 224
   芙蓉屛記 ·· 224

聊齋志異 ·· 234
   偸桃 ·· 234
   勞山道士 ·· 238
   紅玉 ·· 243
   促織 ·· 252

閱微草堂筆記 ·· 261
   老學究夜行 ·· 261
   曹竹虛言 ·· 264

子不語 ·· 266
   汪啓明捉鬼 ·· 266

中國文言小說 槪說 ·· 269

先秦 文言短篇小說

山　海　經
淮　南　子
穆天子傳(節錄)
寓　言　故事

山海經

『산해경』은 종래 夏禹·伯益이 지은 것이라고 전하지만 신빙성이 거의 없다. 근대 학자들의 고증에 의하면 戰國時代 사람의 손에서 나와 秦·漢代에 증보된 것으로 보인다. 『산해경』은 과거에는 地理書로 간주되었으나 淸代 紀昀은 "신기하고 괴이한 일을 지나치게 이야기하여 백 가지 가운데 하나도 진실된 것이 없다(侈談神怪, 百無一眞)"고 평하면서 "소설의 시조(小說之祖)"라고 했으며, 魯迅은 "옛날의 巫書(古之巫書)"라고 여겼다. 현존본은 18권으로 되어 있다. 그 내용은 海內外의 산천·지리·神祇·異物 등을 광범위하게 묘사했는데, 그 가운데 고대신화가 매우 풍부하게 실려 있어서 중국의 고대신화를 연구하는 데 가장 중요한 참고자료이다. 주석서에는 晉 郭璞의 『山海經注』, 明 吳任臣의 『山海經廣注』, 淸 畢沅의 『山海經新校正』, 郝懿行의 『山海經箋疏』, 근대 袁珂의 『山海經校注』 등이 있다.

夸父逐日

夸父與日逐走[1], 入日[2]. 渴, 欲得飮, 飮于河·渭[3], 河·渭不足, 北飮大澤[4]. 未至, 道渴而死. 棄其杖, 化爲鄧林[5]. (卷八 「海外北經」)

---

1) 夸(과kuā)父(보fù): 신화전설 속의 인물. 또는 부족의 명칭이라고도 함. 『산해경』과 『淮南子』에 모두 夸父國에 관한 기록이 있는데 그 나라의 사람은 모두 거인이다.
2) 入日: 태양의 광선 속으로 들어갔음을 의미함.
3) 河·渭: 黃河와 渭水를 말함. '河'는 황하에 대한 專稱. 渭水는 지금의 陝西省에 있음.

黃帝擒蚩尤

蚩尤作兵[1], 伐黃帝[2]. 黃帝乃令應龍攻之冀州之野[3]. 應龍畜水, 蚩尤請風伯·雨師[4], 縱大風雨. 黃帝乃下天女曰魃[5]. 雨止, 遂殺蚩尤. (卷十七「大荒北經」)

---

4) 大澤: 古澤名. 雁門山 북쪽에 있으며 사방 천 리에 달하고 뭇 새들의 번식지. 일설에는 『史記』와 『漢書』에서 말한 '瀚海'라고도 함.
5) 鄧林: 畢沅은 『山海經·中山經』의 "夸父之山, 北有桃林."이라는 구절에 근거하여, '桃林'이 '鄧林'이며 그 땅은 楚의 북쪽 경계에 있다고 주장함.

1) 蚩(치chī)尤: 신화전설 속의 인물. 또는 부족의 명칭이라고도 함. 전설에 따르면, 그는 형제가 81명(일설에는 72명)인데 모두 몸은 짐승이고 사람의 말을 사용하며, 구리 머리에 쇠 얼굴을 하고 모래와 돌을 먹고, 전쟁을 일으키기 좋아하여 창·칼·궁쇠 등을 만들어 세상에 횡포를 부렸다고 함./作兵: 창·칼·궁쇠 등의 병기를 만듦.
2) 黃帝: 전설상의 옛 제왕. 또는 원시사회 한 부족의 우두머리라고도 함. 전설에 따르면, 그는 姓이 公孫이며 軒轅의 언덕에서 태어났기 때문에 軒轅氏라고도 함. 또는 有熊氏라고도 함. 치우를 물리친 후 제후들에 의하여 천자로 추대되어 神農氏의 뒤를 이음. 土德(五行에서 '土'는 黃色에 해당함)의 상서로움을 지녔기 때문에 黃帝라고 함.
3) 應龍: 날개 달린 神龍으로 물을 저장하여 비를 내리게 한다고 함./冀州: 옛 九州 가운데 하나로 지금의 河北省 일대.
4) 風伯·雨師: 즉 바람신과 비신을 말함.
5) 魃(발bá): 황제의 딸로 가뭄신. 일명 '旱母'라고도 함.

鯀禹治水

洪水滔天, 鯀竊帝之息壤以堙洪水¹⁾, 不待帝命. 帝令祝融殺鯀于羽郊²⁾. 鯀復生禹³⁾, 帝乃命禹卒布土以定九州⁴⁾.　　(卷十八 「海內經」)

---

1) 鯀(곤gǔn): 신화전설 속의 인물로 禹의 부친. / 息壤: 저절로 불어나는 신비한 흙. '息'은 '자라나다'·'불어나다'의 뜻. / 堙(인yīn): 막다.
2) 祝融: 불의 신. / 羽郊: 羽山의 교외. 구체적인 장소는 미상. 『國語·晉語八』에서 "昔者鯀違帝命, 殛之于羽山."이라 하고, 『楚辭·天問』에서 "[鯀]永遏在羽山."이라 함.
3) 鯀復生禹: '復'은 '腹'의 假借字. 『山海經·海內經』 注에 인용된 『開筮』에서 "鯀死三年不腐, 剖之以吳刀, 化爲黃龍."이라 하고, 『初學記』 권22에 인용된 『歸藏』에서 "大副之吳刀, 是用出禹."라고 하고, 『楚辭·天問』에서 "伯鯀腹禹, 夫何以變化?"라고 함. / 禹: 夏나라의 개국 군주로 홍수를 다스리는 데 공을 세워 舜임금을 이어 천자가 됨.
4) 布土: 땅의 구획을 정함. / 九州: 고대의 九州에 관한 설은 『尙書·禹貢』·『爾雅』·『周禮』 등에 보이는데 제각기 약간의 차이가 있다. 『尙書·禹貢』에서는 천하(중국)를 冀·兗·靑·徐·荊·雍·豫·揚·梁州로 나누었음.

淮南子

> 『회남자』는 前漢 淮南王 劉安이 그의 식객들과 함께 편찬한 諸子百家書의 일종이다. 『漢書·藝文志』에 의하면 원래는 內篇 21편과 外篇 33편으로 나누어져 있었으나, 지금은 내편 21편만 전한다. 『회남자』의 사상은 기본적으로 道家에 속하는데, 그 철학사상을 천명할 때 奇物·異物·귀신·요괴 등에 관한 고사를 많이 수록하여 적잖은 고대 신화 자료를 보존하고 있다. 따라서 『회남자』가 先秦時代의 책은 아니지만 여기에 수록했다.

女媧補天

往古之時, 四極廢1), 九州裂2), 天不兼覆3), 地不周載4). 火爁焱而不滅5), 水浩洋而不息6). 猛獸食顓民7), 鷙鳥攫老弱8). 于是女媧煉五色石以補蒼天9), 斷鼇足以立四極, 殺黑龍以濟冀州, 積蘆灰以

---

1) 四極: 하늘의 사방. 고대인들은 하늘의 사방 끝에 4개의 기둥이 하늘을 떠받치고 있다고 생각했는데, 그 기둥을 '天柱'라고 했음.
2) 九州: 『山海經』 <鯀禹治水> 注4) 참조.
3) 天不兼覆: 하늘이 무너져서 대지를 완전히 덮을 수 없음. '兼'은 '모두''완전히'의 뜻.
4) 地不周載: 땅이 꺼져서 만물을 완전히 실을 수 없음. '周'는 '두루''모두'의 뜻.
5) 爁(람lǎn)焱(염yàn): 불길이 널름거리며 번져나가는 모양.
6) 浩洋: 물이 넘실대는 모양.
7) 顓(전zhuān)民: 선량한 백성. '顓'은 '인후하다''성실하다'의 뜻.
8) 鷙(지zhì)鳥: 몹시 사나운 새.

止淫水10). 蒼天補, 四極正, 淫水涸11), 冀州平, 狡蟲死12), 顓民生.
(「覽冥訓」)

羿射十日

逮至堯之時1), 十日幷出, 焦禾稼, 殺草木, 而民無所食. 猰貐·鑿
齒·九嬰·大風·封豨·脩蛇2), 皆爲民害. 堯乃使羿誅鑿齒于疇華之
野3), 殺九嬰于凶水之上4), 繳大風于靑邱之澤5), 上射十日而下殺
猰貐, 斷脩蛇于洞庭6), 禽封豨于桑林7). 萬民皆喜, 置堯以爲天子.

---

9) 女媧(와wā): 신화 속의 인물. 만물을 생육시키는 여신으로 머리는 사람이고 몸은 뱀의 형상을 하고 있다고 함.
10) 淫水: 평지로 흘러 넘치는 물. 홍수와 비슷한 뜻.
11) 涸(학hé): 마르다.
12) 狡蟲: 흉악한 해충.

1) 逮(체dài): 미치다. 이르다.
2) 猰(알yà)貐(유yǔ): 고대 짐승 이름. 원래는 天神이었으나 二負神에게 살해당하여 괴물이 되었다고 함. 그 형상에 대해서는 "牛而赤身, 人面而馬足""蛇身人面""龍首" 등의 설이 있음. / 鑿(착záo)齒: 半人半獸의 괴물. 끌과 같은 이빨이 5·6척이나 되어서 '鑿齒'라고 함. / 九嬰(영yīng): 물과 불을 뿜어내는 머리 아홉 달린 괴물. / 大風: 흉악한 큰 새의 일종으로 '大鳳''大鵬'이라고도 함. 날아다니면서 큰바람을 일으켜 가옥을 부순다고 함. / 封豨(희xī): 큰 멧돼지처럼 생긴 괴물. / 脩(수xiū)蛇: 엄청나게 길고 큰 뱀. 코끼리를 통째로 삼킨다고 함.
3) 羿(예yì): 전설상의 인물. 堯임금 때 활을 잘 쏜 영웅. / 疇(주chóu)華: 남방에 있는 水澤의 이름.
4) 凶水: 북방에 있는 강 이름.
5) 繳(격zhuó): 주살. 작살. 여기서는 동사로 쓰여 '작살로 쏘다'는 뜻. / 靑邱: 동방에 있는 水澤 이름.

(「本經訓」)

共工怒觸不周山

昔者共工與顓頊爭爲帝1), 怒而觸不周之山2), 天柱折3), 地維絶4). 天傾西北, 故日月星辰移焉, 地不滿東南, 故水潦塵埃歸焉. (「天文訓」)

---

6) 洞庭: 남방에 있는 水澤 이름. 지금의 洞庭湖를 말함.
7) 禽: '擒'과 통함. 사로잡다./桑林: 지명으로 전설에 따르면 湯王이 이곳에서 기우제를 지냈다고 함.

1) 共工: 전설상의 인물. 또는 원시시대 한 부족의 우두머리라고도 함./顓(전zhuān)項(욱xū): 전설 속의 五帝 가운데 하나로 黃帝의 손자라고 함.
2) 不周之山: 하나로 이어지지 않고 끊어져 있는 산이란 뜻. 『山海經·大荒西經』에서 "大荒之隅, 有山而不合, 名曰不周."라고 함. 지금의 崑崙山脈에 속한다고 함.
3) 天柱: 『淮南子』<女媧補天> 注1) 참조.
4) 地維: 땅 줄. '維'는 원래 그물의 줄을 뜻함. 고대인들은 하늘은 둥글고 땅은 네모졌으며 그 땅의 네 귀퉁이가 4개의 밧줄에 묶여 있다고 생각함.

穆天子傳(節錄)

『목천자전』은 작자 미상으로, 西晉 때 汲縣의 不準이라는 자가 전국시대 魏 襄王의 묘를 도굴하다가 발견했다. 모두 6권으로 되어 있는데 앞의 5권은 周 穆王이 西征한 일을 묘사한 것으로 『周王遊行記』 또는 『周王傳』이라고도 하며, 뒤의 1권은 도중에 盛姬가 죽자 돌아가 장례 치른 일을 기록한 것으로 『盛姬錄』이라고도 한다. 『목천자전』은 역사와 신화전설을 바탕으로 하여 적당한 허구와 과장을 가미한 일종의 역사소설이라 할 수 있는데, 그 가운데 八駿과 西王母에 관한 고사는 고대신화에 속한다. 『山海經』에 나오는 서왕모는 괴수의 형상에 가까운데 『목천자전』에 묘사된 서왕모는 인간화된 흔적이 뚜렷하여, 『목천자전』이 『산해경』보다 뒤에 창작된 것으로 보인다. 校注書에는 晉 郭璞의 注와 淸 黃丕烈의 『穆天子傳校』 등이 있다.

吉日甲子, 天子賓于西王母[1], 乃執白圭·玄璧[2], 以見西王母. 好獻錦組百純[3], □組三百純[4], 西王母再拜受之.

---

1) 賓: 초대받다. 손님으로 초청되다. / 西王母: 崑崙山에 살았다고 하는 신화 속의 인물. 『山海經·西山經』에 따르면 서왕모는 사람 형상에 표범 꼬리와 호랑이 빨을 하고 풀어 헤친 머리에 花勝을 썼으며 노래를 잘 불렀다고 함. 그러나 『穆天子傳』에서 묘사된 서왕모는 훨씬 인간화되어 있음. 『竹書紀年』의 기록에 따르면 周 穆王 17년에 목왕이 西征하는 길에 곤륜산에 이르러 서왕모를 만났다고 함.
2) 白圭·玄璧: 모두 상서로운 구슬 이름. '圭'는 위가 둥글고 아래가 네모난 형태이고, '璧'은 둥근 고리 형태임.
3) 錦組: 비단으로 짠 옷감. / 純(돈chún): 옷감을 세는 단위. '疋端'과 같음.

□乙丑, 天子觴西王母于瑤池之上5), 西王母爲天子謠曰6): "白雲在天, 山陵自出. 道里悠遠, 山川間之. 將子無死7), 尙能復來8)." 天子答之曰: "予歸東土, 和治諸夏9), 萬民平均, 吾顧見汝10), 比及三年11), 將復而野12)."

天子遂驅升于弇山13), 乃紀丌跡于弇山之石14), 而樹之槐, 眉曰西王母之山15). (卷三)

---

4) □: 판독이 불가능한 글자.
5) 觴(상shāng): 원래는 뿔로 만든 술잔을 뜻하나, 여기서는 술자리를 마련 하다는 뜻./ 瑤池: 崑崙山에 있는 연못 이름.
6) 謠: 반주 없이 노래하는 것을 말함.
7) 將: 郭璞의 注에 "請也"라고 함. 청컨대.
8) 尙: 郭璞의 注에 "庶幾也"라고 함. 바라다. 기대하다.
9) 諸夏: 諸侯의 여러 나라. '夏'는 본래 '大國'을 뜻함.
10) 顧: 郭璞의 注에 "還也"라고 함. 돌아오다.
11) 比及: ~할 즈음에. ~쯤 되어서.
12) 而野: 이 들녘. '而'는 '이곳'의 뜻.
13) 弇(엄yǎn)山: 弇玆山. 해가 지는 곳이라 함.
14) 丌(기jī): '其'의 옛 글자.
15) 眉: 여기서는 동사로 쓰여 '새기다'·'기록하다'·'적다'의 뜻.

寓言故事

寓言은 중국 고대 敍事文學 형식의 일종으로서 물론 완정한 소설이라 할 수는 없지만 그것을 이루고 있는 고사 자체에 소설적인 의미가 풍부하게 담겨 있으며, 고사를 운용하는 예술수법이 후대 소설창작에 귀중한 경험을 제공해 주었다. 先秦의 史書와 諸子書에 담겨 있는 우언고사는 주로 심오한 철학사상을 설득력 있게 주장하기 위하여 사용된 고사이지만, 그 자체에 어느 정도의 故事性을 구비하고 있으며 내용상으로도 娛樂性·神怪性·敎訓性 등을 갖추고 있어서, 신화전설과 함께 중국 소설의 원류로서 그 가치에 대한 재인식이 반드시 필요하다. 선진의 우언고사는 漢代의 소설은 물론이고 魏晉南北朝 志怪·志人小說에도 직·간접적으로 많은 영향을 미쳤다.

齊人有一妻一妾

齊人有一妻一妾而處室者[1]. 其良人出[2], 則必饜酒肉而後返[3]. 其妻問所與飮食者, 則盡富貴也. 其妻告其妾曰: "良人出, 則必饜酒肉而後返, 問其與飮食者, 盡富貴也, 而未嘗有顯者來[4], 吾將瞷良人之所之也[5]."

---

1) 齊: 國名. 지금의 山東省 淄博市 동북에 그 도성이 있었음. / 處室: 집에서 살다. 거처하다.
2) 良人: 남편.
3) 饜(염yàn): 실컷 먹다. 배불리 먹다. 물리도록 먹다.
4) 顯者: 顯達한 사람. 지위가 높고 부귀한 사람.

蚤起⁶⁾, 施從良人之所之⁷⁾, 遍國中無與立談者⁸⁾. 卒之東郭墦間⁹⁾, 之祭者乞其餘¹⁰⁾, 不足, 又顧而之他. 此其爲饜足之道也¹¹⁾.

其妻歸, 告其妾曰: "良人者, 所仰望而終身也, 今若此!" 與其妾訕其良人¹²⁾, 而相泣于中庭, 而良人未之知也, 施施從外來¹³⁾, 驕其妻妾.

由君子觀之, 則人之所以求富貴利達者¹⁴⁾, 其妻妾不羞也而不相泣者, 幾希矣¹⁵⁾. (『孟子·離婁章句下』)

---

5) 瞯(간jiàn): 훔쳐보다. 엿보다. 몰래 살펴보다./ 所之: 가는 곳. '之'는 동사로 쓰임.
6) 蚤: '早'와 통함. 일찍.
7) 施(이yí)從: 슬그머니 따라가다. '施'는 '슬그머니''남몰래'의 뜻.
8) 遍國中: 도성 안을 두루 돌아다니다.
9) 卒: 마침내./ 之: 가다./ 郭: 바깥 성. 外城./ 墦(번fán): 묘. 무덤.
10) 之: '向'의 뜻./ 其餘: 제사지내고 남은 음식.
11) 道: 방법.
12) 訕(산shàn): 비방하다. 헐뜯다.
13) 施施(이yí): 의기양양한 모양.
14) 利達: 출세. 榮達.
15) 幾: 거의.

庖丁解牛

　庖丁爲文惠君解牛1), 手之所觸, 肩之所倚, 足之所履, 膝之所踦2), 砉然嚮然3), 奏刀騞然4), 莫不中音5), 合于＜桑林＞之舞6), 乃中＜經首＞之會7).

　文惠君曰: "嘻! 善哉! 技蓋至此乎8)?"

　庖丁釋刀對曰9): "臣之所好者道也, 進乎技矣10). 始臣之解牛之時, 所見無非牛者. 三年之後, 未嘗見全牛也. 方今之時, 臣以神遇而不以目視11), 官知止而神欲行12), 依乎天理13), 批大郤14), 道大窾15), 因其固然16), 技經肯綮之未嘗17), 而況大軱乎18)? 良庖歲更

---

1) 庖(포páo)丁: 백정. 소잡이. / 文惠君: 梁 惠王을 말함. / 解牛: 소를 잡다.
2) 踦(의yǐ): 버티다. 지탱하다. 의지하다. 기대다.
3) 砉(획xū)然: 살과 뼈가 갈라지는 소리. / 嚮然: 소리와 동작이 조화를 이루는 모양.
4) 奏刀: 칼을 쓰다. / 騞(획huò)然: 칼로 자르는 소리.
5) 中(중zhòng)音: 음절에 들어맞다.
6) ＜桑林＞: 湯王 때의 음악. 또는 宋나라의 舞樂이라고도 함.
7) ＜經首＞: 堯임금 때의 咸池 樂章. / 會: 박자. 리듬.
8) 蓋: '盍(합hé)'과 같음. 어찌. 어떻게.
9) 釋刀: 칼을 내려놓다.
10) 進: 초월하다. / 乎: '於'와 같음.
11) 神遇: 정신으로 물체를 접촉함.
12) 官知: 감각기관의 감지력.
13) 天理: 여기서는 소 자체의 본래 구조를 뜻함.
14) 批: 내려치다. / 郤(극xì): '隙'과 통함. 틈. 공간.
15) 道: '導'와 통함. 따라 가다. / 窾(관kuǎn): 빈 틈. 빈 공간.
16) 固然: 본디 그러함. 즉 본래 소 자체의 뼈와 뼈, 뼈와 살 사이에 있는 틈을 말함.
17) 技經: '枝經'과 같음. 經脈. 氣血이 통과하는 줄기. / 肯綮(경qìng): 뼈와 근육이 얽혀 있는 곳. / 未嘗: 일찍이 [건드린 적이] 없다는 뜻.

刀19), 割也20). 族庖月更刀21), 折也22). 今臣之刀十九年矣, 所解數千牛矣, 而刀刃若新發于硎23). 彼節者有間24), 而刀刃者無厚25). 以無厚入有間, 恢恢乎其于游刃必有餘地矣26). 是以十九年, 而刀刃若新發于硎. 雖然, 每至于族27), 吾見其難爲, 怵然爲戒28), 視爲止, 行爲遲. 動刀甚微, 謋然已解29), 如土委地30). 提刀而立, 爲之四顧, 爲之躊躇滿志31), 善刀而藏之32)."

文惠君曰: "善哉! 吾聞庖丁之言, 得養生焉33)." (『莊子·養生主』)

---

18) 大觚(고gū): 넓적다리 부분의 큰 뼈.
19) 良庖: 제법 훌륭한 소잡이. / 歲: 해마다. 일년에 한 번씩.
20) 割: 소의 살을 베기 때문이다.
21) 族庖: 일반적인 소잡이.
22) 折: 소의 뼈를 자르기 때문이다.
23) 若新發于硎(형xíng): 마치 숫돌에서 막 간 것 같다. '硎'은 숫돌.
24) 節者: 骨節. 뼈마디.
25) 無厚: 두께가 없다. 즉 매우 얇다.
26) 恢恢(회huī)乎: 넓고 큰 모양. / 游刃: 칼날을 움직이다.
27) 族: 뼈와 근육 등이 모여서 얽혀 있는 곳.
28) 怵(출chù)然: 두렵고 걱정하는 모양.
29) 謋(획huò)然: 순식간에 갈라지는 모양.
30) 如土委地: 마치 흙이 땅에 떨어져 쌓이는 것 같다.
31) 滿志: 마음이 흡족하다. 만족해하다.
32) 善刀: 칼을 잘 닦다. 칼을 깨끗이 닦다.
33) 養生: 養生의 도리.

扁鵲治病

　　扁鵲見蔡桓公1), 立有間2), 扁鵲曰: "君有疾在腠理3), 不治將恐深." 桓侯曰: "寡人無疾4)." 扁鵲出, 桓侯曰: "醫之好治不病以爲功5)."

　　居十日, 扁鵲復見曰: "君之病在肌膚6), 不治將益深." 桓侯不應. 扁鵲出, 桓侯又不悅.

　　居十日, 扁鵲復見曰: "君之病在腸胃, 不治將益深." 桓侯又不應. 扁鵲出, 桓侯又不悅.

　　居十日, 扁鵲望桓侯而還走. 桓侯故使人問之7). 扁鵲曰: "疾在腠理, 湯熨之所及也8). 在肌膚, 針石之所及也9). 在腸胃, 火齊之所及也10). 在骨髓, 司命之所屬11), 無奈何也. 今在骨髓, 臣是以無請也."

　　居五日, 桓侯體痛, 使人索扁鵲2), 已逃秦矣13). 桓侯遂死 (『韓非子·喩老』)

───────────────

1) 扁鵲: 전국시대 초기의 名醫. 성은 秦, 이름은 越. 보통 扁鵲이라 부름. / 見(현 jiàn): 뵙다. 알현하다. / 蔡桓公: 춘추시대 蔡國의 군주. 蔡國은 지금의 河南省 上蔡縣에 그 도성이 있었음. 『史記·扁鵲列傳』에는 '齊桓侯'라 되어 있음. 편작과 채환공은 시간적으로 사실상 만날 수 없음.
2) 有間: 잠시 동안. 한 동안.
3) 腠(주còu)理: 살결. 살갗.
4) 寡人: 군주의 겸칭.
5) 好(hào)治不病以爲功: 병도 없는 사람을 치료하여 자기의 공으로 삼기를 좋아한다.
6) 肌(기jī)膚: 살. 근육.
7) 故: 일부러. 고의로.
8) 湯熨(위yù): 탕약과 고약. / 所及: 미치는 바이다. 즉 치료가 가능하다는 뜻.
9) 針(침zhēn)石: 金針과 石針.
10) 火齊: 뜸처럼 불로 지지는 藥劑.
11) 司命: 목숨[생사]을 관장하는 신.
12) 索(색suǒ): 수소문하다. 찾다.
13) 秦: 國名. 지금의 陝西省 咸陽市에 그 도성이 있었음.

晏子使楚

晏子使楚1). 楚人以晏子短, 爲小門于大門之側而延晏子2). 晏子不入, 曰: "使狗國者從狗門入, 今臣使楚, 不當從此門入." 儐者更道從大門入3). 見楚王. 王曰: "齊無人耶? 使子爲使." 晏子對曰: "齊之臨淄三百閭4), 張袂成陰5), 揮汗成雨6), 比肩繼踵而在7), 何爲無人?" 王曰: "然則何爲使子?" 晏子對曰: "齊命使, 各有所主. 其賢者使使賢主8), 不肖者使使不肖主. 嬰最不肖, 故宜使楚矣." (『晏子春秋·內篇雜下』)

---

1) 晏子: 춘추시대 齊나라의 재상으로 이름은 嬰, 자는 平仲. 당시의 유명한 정치가이자 외교관이었음. / 使楚: 楚나라에 사신으로 가다. '楚'는 國名으로 지금의 湖北省 江陵縣 북쪽에 그 도성이 있었음.
2) 延: 맞이하다.
3) 儐(빈bīn)者: 외국의 사신을 접대하는 관리. / 更道: 들어가는 길을 바꾸다.
4) 臨淄(치zī): 춘추시대 齊나라의 수도. 지금의 山東省 臨淄縣. / 閭(려lú): 1閭는 25가구.
5) 張袂(몌mèi)成陰: 소매를 펼치면 그늘이 진다. 즉 사람이 굉장히 많다는 뜻.
6) 揮汗成雨: 땀을 뿌리면 비가 된다. 역시 사람이 굉장히 많다는 뜻.
7) 比肩繼踵(종zhǒng): 어깨가 맞닿고 발뒤꿈치가 이어진다. 역시 사람이 굉장히 많다는 뜻.
8) 使使: 앞의 '使'는 사역동사. 뒤의 '使'는 '사신으로 가다'는 동사.

黎丘奇鬼

　梁北有黎丘部1), 有奇鬼焉, 喜效人之子侄昆弟之狀2). 邑丈人有之市而醉歸者3), 黎丘之鬼, 效其子之狀, 扶而道苦之4). 丈人歸, 酒醒而誚其子曰5): "吾爲汝父也, 豈謂不慈哉? 我醉, 汝道苦我, 何故?" 其子泣而觸地曰6): "孼矣7)! 無此事也! 昔也, 往債于東邑人8), 可問也." 其父信之, 曰: "嘻! 是必夫奇鬼也, 我固嘗聞之矣!" 明日, 端復飮于市9), 欲遇而刺殺之. 明旦之市而醉, 其眞子恐其父之不能返也, 遂逝迎之10). 丈人望其眞子, 拔劍而刺之.

　丈人智惑于似其子也, 而殺其眞子. 夫惑于似士者11), 而失于眞士, 此黎丘丈人之智也. (『呂氏春秋·疑似』)

---

1) 梁: 大梁. 전국시대 魏나라의 수도로 지금의 河南省 開封市 서북쪽. / 部: '山'과 같음. 조그만 흙 산.
2) 效: 흉내내다. 모방하다. / 昆弟: 형제.
3) 丈人: 노인. / 之市: 시장으로 가다. '之'는 동사로 쓰임.
4) 扶: 부축하다. 붙들다. / 道: 길에서. 도중에. / 苦: 괴롭히다.
5) 誚(초qiào): 꾸짖다. 나무라다.
6) 觸地: 땅을 치다.
7) 孼(얼niè): 억울하다. 원통하다.
8) 往債(채zhài): 빚 독촉하러 가다.
9) 端: 일부러. 고의로.
10) 逝: 가다.
11) 似士: 似而非 선비.

愚公移山

太形·王屋二山1), 方七百里, 高萬仞2). 本在冀州之南3), 河陽之北4).

北山愚公者, 年且九十5), 面山而居. 懲山北之塞6), 出入之迂也7), 聚室而謀曰8): "吾與汝畢力平險9), 指通豫南10), 達于漢陰11), 可乎?" 雜然相許. 其妻獻疑曰12): "以君之力, 曾不能損魁父之丘13), 如太形·王屋何? 且焉置土石14)?" 雜曰: "投諸渤海之尾15), 隱土之北16)."

遂率子孫荷擔者三夫17), 叩石墾壤18), 箕畚運于渤海之尾19). 鄰人京

---

1) 太形: 太行(헝háng)山을 말함. 지금의 山西省·河北省·河南省의 경계에 있음. / 王屋: 지금의 山西省 陽城縣 서남쪽에 있음.
2) 仞(인rèn): 1仞은 8尺.
3) 冀州: 지금의 河北省·山西省과 遼寧省·河南省의 일부를 포괄함.
4) 河陽: 지금의 河南省 孟縣.
5) 且: 장차. 거의.
6) 懲(징chéng): 괴로워하다. 고통받다. / 塞(색sè): 막히다.
7) 迂: 迂遠하다. 멀리 빙 돌다.
8) 聚室: 집안 사람들을 모으다.
9) 畢力: '盡力'과 같음. 힘을 다하다. / 平險: 험준한 것을 평평하게 하다.
10) 指通: '直通'과 같음. 곧장 통하다. / 豫: 豫州. 지금의 河南省에 해당.
11) 漢: 漢水를 말함. / 陰: 산의 북쪽과 강의 남쪽을 '陰'이라 함.
12) 獻疑: 의심을 드리우다. 의문을 제기하다.
13) 魁(괴kuí)父(보fǔ): 지금의 河南省 陳留縣에 있는 조그만 산.
14) 焉: '何'와 같음. 어디에.
15) 諸(저zhū): '之於''之乎'의 준말. / 渤海: 山東半島와 遼東半島에 둘러싸인 黃海의 灣. / 尾: 끝.
16) 隱土: 고대 전설 속의 지명.
17) 三夫: '三人'과 같음. 세 사람.
18) 叩(고kòu)石墾(간kěn)壤: 돌을 깨고 땅을 파다. 원래 '叩'는 '두드리다', '墾'은 '개간하다'의 뜻.

城氏之孀妻有遺男20), 始齔21), 跳往助之. 寒暑易節22), 始一返焉. 河曲智叟笑而止之23), 曰: "甚矣, 汝之不惠! 以殘年餘力, 曾不能毀山之一毛24), 其如土石何?"

北山愚公長息曰25): "汝心之固26), 固不可徹27), 曾不若孀妻弱子! 雖我之死, 有子孫焉. 子又生孫, 孫又生子. 子又有子, 子又有孫. 子子孫孫, 無窮匱也28), 而山不加增, 何苦而不平29)?" 河曲智叟亡以應30).

操蛇之神聞之31), 懼其不已也32), 告之于帝33). 帝感其誠, 命夸娥氏二子負二山34), 一厝朔東35), 一厝雍南36). 自此, 冀之南, 漢之陰, 無隴斷焉37). (『列子·湯問』)

---

19) 箕(기jī)畚(분běn): 삼태기. 흙을 담아 운반하는 도구.
20) 孀(상shuāng)妻: 과부. / 遺男: 遺腹子.
21) 齔(츤chèn): 이를 갈 나이. 즉 약 7·8세를 말함.
22) 寒暑易節: 춥고 더운 계절이 바뀌었다는 말. 즉 1년이 지났음을 뜻함.
23) 止: 말리다. 그만 두라고 권하다.
24) 一毛: 터럭 하나. 여기서는 산의 초목 하나를 말함.
25) 長息: 길게 탄식하다.
26) 固: 고루하다. 완고하다. 꽉 막혔다.
27) 固: 진실로. / 徹: '通'과 같음. 사리에 통하다. 사리를 알다.
28) 窮匱(궤kuì): '窮''匱' 둘 다 '결핍되다''부족하다''떨어지다''없어지다'의 뜻.
29) 苦: 걱정하다. 근심하다. / 不平: 평평하게 하지 못하는 것.
30) 亡: '無'와 통함.
31) 操蛇之神: 뱀을 쥐고 있다는 전설 속의 신. 山神.
32) 已: 그만 두다. 그치다.
33) 帝: 天帝. 하느님.
34) 夸(과kuā)娥氏: 神力을 지녔다고 하는 전설상의 인물. / 負: 등에 짊어지다.
35) 厝(조cuò): 두다. 놓다. / 朔東: 朔方의 동쪽. 山西省 동부를 말함.
36) 雍: 雍州. 지금의 陝西省·甘肅省 일대.
37) 隴(롱lǒng)斷: '壟斷'과 같음. 높은 구릉. 언덕.

結草報恩

魏顆敗秦師于輔氏¹⁾, 獲杜回²⁾, 秦之力人³⁾也.

初, 魏武子有嬖妾⁴⁾, 無子. 武子疾, 命顆曰: "必嫁是⁵⁾." 疾病, 則曰: "必以爲殉⁶⁾." 及卒, 顆嫁之, 曰: "疾病則亂⁷⁾, 吾從其治也⁸⁾." 及輔氏之役⁹⁾, 顆見老人, 結草以亢杜回¹⁰⁾. 杜回躓而顛¹¹⁾, 故獲之. 夜夢之曰¹²⁾: "余, 而所嫁婦人之父也¹³⁾. 爾用先人之治命¹⁴⁾, 余是以報." (『左傳·宣公十五年』)

---

1) 魏顆(과kē): 춘추시대 晉나라의 귀족. 晉의 도성은 지금의 山西省 翼城縣 동남쪽에 있었음. / 秦師: 秦나라의 군대. 秦의 도성은 지금의 陝西省 鳳翔縣에 있었음. / 輔氏: 지금의 陝西省 大荔縣 동남쪽.
2) 杜回: 秦의 장군.
3) 力人: 力士. 壯士.
4) 魏武子: 魏犨(주chōu). 魏顆의 부친. / 嬖(폐bì)妾: 총애하는 첩.
5) 是: 대명사. 첩을 가리킴.
6) 殉: 殉葬하다.
7) 亂: 정신이 혼란스럽다. 정신이 오락가락 하다.
8) 治: 아래 문장의 '治命'과 같음. 정신이 맑았을 때 내린 이성적인 명령.
9) 役: 戰役. 전쟁.
10) 亢(항kàng): '抗'과 통함. 막다. 저지하다.
11) 躓(지zhì): 발에 걸려 넘어지다.
12) 夢之: 꿈에 나타나다. 現夢하다.
13) 而: 이인칭 대명사. 그대. 당신.
14) 爾: 이인칭 대명사. 그대. 당신. / 先人: 先親. 돌아가신 아버지.

鷸蚌相爭

趙且伐燕1), 蘇代爲燕謂惠王曰2): "今者臣來, 過易水3), 蚌方出曝4), 而鷸啄其肉5), 蚌合而拑其喙6). 鷸曰: '今日不雨, 明日不雨, 卽有死蚌.' 蚌亦謂鷸曰: '今日不出, 明日不出, 卽有死鷸.' 兩者不肯相舍7), 漁者得而幷擒之. 今趙且伐燕, 燕趙久相支8), 以弊大衆, 臣恐强秦之爲漁父也. 故願王熟計之也9)."

惠王曰: "善!" 乃止. (『戰國策·燕策二』)

---

1) 趙: 國名. 지금의 河北省 邯鄲市에 도성이 있었음. / 且: 장차. / 燕: 國名. 지금의 北京市에 도성이 있었음.
2) 蘇代: 전국시대의 유명한 遊說客으로 洛陽 사람. 縱橫家의 주요 인물인 蘇秦의 동생. / 惠王: 趙 惠文王 趙何를 가리킴.
3) 易水: 지금의 河北省 경내에 있음.
4) 蚌(방bàng): 조개. / 曝(폭pù): 햇볕을 쬐다. 일광욕하다.
5) 鷸(휼yù): 황새.
6) 拑(겸qián): '鉗'과 통함. 입을 다물다. 잠그다. / 喙(훼huì): 부리.
7) 舍: '捨'와 통함. 놓아주다.
8) 相支: 對峙하다.
9) 熟計: 심사숙고하다. 신중하게 고려하다.

先秦 文言短篇小說_33

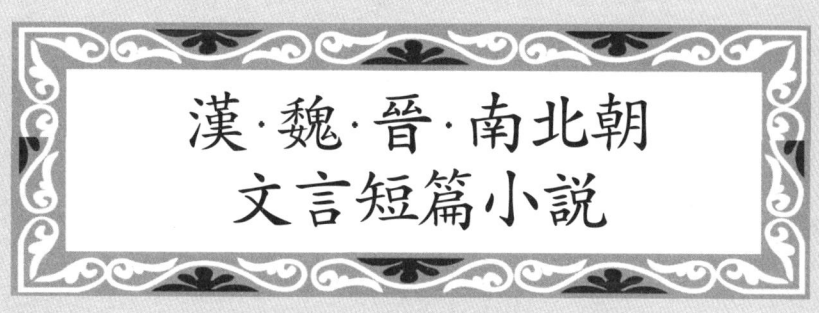

漢·魏·晉·南北朝
文言短篇小說

燕丹子(節錄)
列女傳
列仙傳
十洲記
漢武故事(節錄)
笑林
列異傳
博物志
西京雜記
神仙傳
搜神記
搜神後記
世說新語
幽明錄
續齊諧記
啟顏錄

燕丹子(節錄)

> 『연단자』는 작자 미상이다. 魯迅은 『연단자』를 漢代 이전의 작품으로 보았지만 『漢書·藝文志』에는 보이지 않으며 『隋書·經籍志·子部·小說家類』에 비로소 수록되어 있다. 이 고사는 漢代의 저작인 應劭의 『風俗通義』와 王充의 『論衡』에 언급되어 있지만 그 書名은 거론하지 않았으며 唐初 李善의 『文選注』에서 처음으로 그 문장이 인용된 것으로 보아, 『연단자』의 확실한 창작시기는 알 수 없지만 대체로 後漢 중엽 이후 隋代 이전의 사람이 여러 책과 민간에 유전된 전설 등을 모아 정리·가공한 것으로 보인다. 원서는 明代까지 남아 있었으나 그 후 망실되었으며 현재 淸代 孫星衍의 輯校本 등이 있다. 내용은 燕나라 太子 丹이 秦나라에 인질로 잡혀 있다가 도망친 후에 자객 荊軻를 보내 진왕 살해를 기도하는 것이다. 『戰國策·燕策』과 『史記·刺客列傳』의 해당 기록과 대체로 비슷하지만 황당하고 신괴적인 내용이 상당 부분 첨가되어 있다. 편폭이 상당히 길뿐만 아니라 묘사가 치밀하고 줄거리가 완정하며 인물의 성격이 선명하여 문학예술성이 비교적 뛰어난 작품이다.

燕太子丹質於秦[1], 秦王遇之無禮, 不得意, 欲求歸. 秦王不聽, 謬言[2]: 令烏白頭[3], 馬生角, 乃可許耳. 丹仰天歎, 烏卽白頭, 馬生

---

1) 燕太子丹: 전국시대 燕王 喜의 태자로 이름이 丹. / 質: 인질·볼모가 되다. 춘추전국시대에는 각 제후국간에 서로의 子弟를 상대국에 머무르게 하는 관례가 있었는데 이것을 '質'이라고 함. 丹은 秦나라에 인질로 있기 전에 趙나라에 인질로 있었음.
2) 謬(류miù)言: 망령되이 말하다. 터무니없는 말을 하다.

角. 秦王不得已而遣之4), 爲機發之橋5), 欲陷丹. 丹過之, 橋爲不發. 夜到關, 關門未開. 丹爲鷄鳴, 衆鷄皆鳴, 遂得逃歸. 深怨于秦, 求欲復之6), 奉養勇士, 無所不至7).

.... 中略 ....

荊軻入秦8), 不擇日而發. 太子與知謀者, 皆素衣冠, 送之易水之上9). 荊軻起爲壽10), 歌曰: "風蕭蕭兮易水寒, 壯士一去兮不復還!" 高漸離擊筑11), 宋意和之12). 爲壯聲則髮怒衝冠, 爲哀聲則士皆流涕. 二人皆升車13), 終已不顧也14). 二子行過, 夏扶當車前刎頸以送二子15). 行過陽翟16), 軻買肉, 爭輕重, 屠者辱之. 武陽欲擊, 軻

---

3) 令: 만약.
4) 遣之: 보내주다. 놓아주다. 『史記·六國年表』에 따르면 丹은 秦王 政[秦始皇] 15년(BC 232)에 燕나라로 도망쳐 돌아감.
5) 機發之橋: 기계장치를 하여 건드리면 무너지게 만든 다리.
6) 求欲復之: 사람을 구하여 진왕에게 복수하려고 함.
7) 無所不至: 해보지 않은 일이 없다. 모든 방법을 다 강구하다.
8) 荊(형jīng)軻(가kē): 丹의 門客. 丹의 사부 麴武가 田光을 소개하고 전광이 다시 형가를 소개함. 『史記·刺客列傳』에 그에 관한 사적이 실려 있음.
9) 易水: 강 이름. 河北省 易縣에서 발원함. 당시에는 燕나라의 남부에 있었음.
10) 壽: 윗사람에게 술잔을 올리다.
11) 高漸離: 연나라 사람으로 형가의 친구. 筑을 잘 연주했다고 함. / 筑(축zhù): 목이 가늘고 등이 둥글며 13줄로 된 고대 현악기. 연주방법은 거문고와 비슷함.
12) 宋意: 丹의 문객. 高漸離의 친구. 『戰國策·燕策』과 『史記·刺客列傳』에는 보이지 않음. / 和: 和答하다. 答歌를 부르다.
13) 二人: 형가와 그의 副將 武陽을 가리킴.
14) 已: 어조사로 뜻이 없음. / 顧: 고개를 돌려 돌아보다.
15) 夏扶: 丹의 문객. / 刎(문wěn)頸: 목을 베다. 목을 자르다.
16) 陽翟(적dí): 전국시대 韓나라의 수도로 지금의 河南省 禹縣.

止之. 西入秦, 至咸陽17), 因中庶子蒙白曰18): "燕太子丹畏大王之威, 今奉樊於期首與督亢地圖19), 願爲北藩臣妾20)." 秦王喜, 百官陪位21), 陛戟數百22), 見燕使者. 軻奉於期首, 武陽奉地圖. 鐘鼓幷發, 羣臣皆呼萬歲. 武陽大恐, 兩足不能相過23), 面如死灰色. 秦王怪之. 軻顧武陽前謝曰: "北藩蠻夷之鄙人, 未見天子, 願陛下少假借之24), 使得畢事於前." 秦王謂軻曰: "取圖來進." 秦王發圖, 圖窮而匕首出. 軻左手把秦王袖, 右手椹其胸25), 數之曰26): "足下負燕日久27), 貪暴海內, 不知厭足28). 於期無罪而夷其族29). 軻將海

---

17) 咸陽: 전국시대 秦나라의 수도로 지금의 陝西省 咸陽市 동북쪽.
18) 中庶子: 官名. 진나라 때 처음 설치되었으며 궁중의 잡무를 맡아 봄. / 蒙: 人名. / 白: 아뢰다.
19) 樊於(오wū)期: 秦나라의 장군으로 秦王에게 죄를 지어 진왕이 그의 일족을 멸하자 燕나라로 도망침. 진왕이 그에게 현상금을 걸자 나중에 스스로 목을 베어 형가 일행이 진시황을 만날 때 선물로 가져가게 함. / 督亢(항kàng): 연나라의 지명으로 지금의 河北省 涿縣·定興·新城·固安 일대에 해당함. 토지가 비옥하여 진나라가 눈독을 들였음.
20) 北藩臣妾: 북쪽 속국의 신하. '藩'은 '藩國' 즉 속국을 말함.
21) 陪位: 곁에서 모시다. 侍位하다.
22) 陛(폐bì)戟(극jǐ): 궁전 계단 아래에서 창을 들고 호위하고 있는 병사를 말함. '陛'는 궁전 계단. '戟'은 미늘창.
23) 兩足不能相過: 너무 두렵고 긴장하여 두 발이 서로 걸음을 뗄 수 없다는 뜻.
24) 假借: 여기서는 '관용을 베풀다' '못 본 체 하다' '모른 척 하다'의 뜻으로 씀임.
25) 椹(심zhēn): 『史記·刺客列傳』에는 '揕(침zhèn)'자로 되어 있음. '揕'은 찌르다는 뜻.
26) 數之: 죄상을 열거하면서 꾸짖다.
27) 足下: 이인칭 대명사. 보통 손윗사람이 손아랫사람에게 씀.
28) 厭足: 만족하다.
29) 夷其族: 그 친족을 멸하다. '夷族'은 옛날 연좌법의 일종으로 三族을 멸하는 형벌.

內報讎. 今燕王母病, 與軻促期30). 從吾計則生, 不從則死!" 秦王曰: "今日之事, 從子計耳. 乞聽琴聲而死." 召姬人鼓琴31). 琴聲曰: "羅縠單衣32), 可掣而絶33). 八尺屛風, 可超而越. 鹿盧之劍34), 可負而拔." 軻不解音. 秦王從琴聲, 負劍拔之, 於是奮袖超屛風而走. 軻拔匕首擲之, 決秦王耳35), 入銅柱, 火出燃. 秦王還, 斷軻兩手. 軻因倚柱而笑, 箕踞而罵曰36): "吾坐輕易37), 爲竪子所欺38), 燕國之不報, 我事之不立哉!"

---

30) 促期: 기일을 재촉하다. 기일을 다투다.
31) 姬人: 궁녀. / 鼓: 여기서는 '연주하다'는 동사로 쓰임.
32) 羅縠(곡hú)單衣: 고운 비단으로 만든 홑옷.
33) 掣(체chè): 잡아끌다. 잡아당기다.
34) 鹿盧之劍: 자루에 옥으로 鹿盧形의 꽃무늬를 새긴 칼. '鹿盧'는 '轆轤'라고도 하며 우물 위에 두레박을 매달 때 쓰는 滑車를 말함.
35) 決: 찢다. 파열시키다.
36) 箕(기jī)踞(거jù): 다리를 쭉 뻗고 앉다. 이것은 상대방에 대한 무시와 불경스러움을 나타냄.
37) 坐: ~로 인하여. ~로 말미암아. / 輕易: 일을 너무 쉽게 생각하다.
38) 爲竪(수shù)子所欺: '竪子'는 어린애·애송이라는 뜻으로 욕하는 말. '爲~所~'는 '~에 의하여 ~당하다'의 구문.

列女傳

『열녀전』은 前漢 劉向이 찬했으며 일명 『古列女傳』이라고도 한다. 총 7권에 105조의 고사가 실려 있다. 유향은 成帝 때 趙后 자매가 聖聰을 어지럽히는 것을 보고 역대로 女德의 善惡이 국가의 治亂에 연관되어 있음을 깨달아 이 책을 지어 궁중을 풍자했다. 내용은 「母儀傳」「賢明傳」「仁智傳」「貞順傳」「節義傳」「辯通傳」「孼嬖傳」으로 나누어 堯舜時代부터 漢代까지 총 105명의 여성에 관한 언행과 품덕을 기록했다.

劉向(BC 77?~BC 6)은 漢의 宗室로서 본명은 更生, 자는 子政이며, 諫大夫·光祿大夫 등을 지냈다. 그는 경학·문학·천문학 등에 뛰어났을 뿐만 아니라 역대 전적을 교감·정리하는 데 힘을 기울여 중국 최초의 目錄書인 『別錄』을 완성했으며 그의 아들 劉歆이 이것을 이어받아 『七略』을 완성했다. 『별록』과 『칠략』은 모두 망실되었지만 『漢書·藝文志』의 바탕이 되었다. 저작에는 『열녀전』 외에 『列仙傳』·『新序』·『說苑』·『洪範五行傳論』 등이 있다. 『漢書·楚元王傳』에 그의 사적이 실려 있다.

杞梁妻*

齊杞梁殖之妻也[1]. 莊公襲莒[2], 殖戰而死. 莊公歸, 遇其妻, 使

---

* 이 고사는 『左傳·襄公23年』·『孟子·告子』·『禮記·檀弓』·『韓詩外傳』卷6 등의 기록과 민간전설을 근거로 이루어진 것으로 후대 <孟姜女> 고사의 바탕이 되었다.
1) 齊: 춘추시대 제후국으로 姓은 姜氏. 지금의 山東省 북부에 있었음. / 杞梁殖(식 zhí): 춘추시대 齊나라의 대부. 이름은 殖, 자는 梁.

使者弔之于路. 杞梁妻曰: "今殖有罪, 君何辱命焉?3) 若令殖免于罪, 則賤妾有先人之弊廬在4), 下妾不得與郊弔5)." 于是莊公乃還車. 詣其室, 成禮然後去6).

杞梁之妻無子, 內外皆無五屬之親7). 旣無所歸, 乃就其夫之尸于城下而哭之. 內誠動人8), 道路過者, 莫不爲之揮涕. 十日而城爲之崩.

旣葬. 曰: "吾何歸矣? 夫婦人必有所倚者也. 父在則倚父, 夫在則倚夫, 子在則倚子. 今吾上則無父, 中則無夫, 下則無子. 內無所依, 以見吾誠, 外無所依, 以立吾節. 豈能更二哉9)? 亦死而已!" 遂赴淄水而死10). 君子謂杞梁之妻貞而知禮. 詩云11): "我心傷悲, 聊

---

2) 莊公: 齊 靈公의 아들로 이름은 光. 처음 태자로 책봉되었으나 폐위되었다가 영공이 죽은 후 정권을 탈취하여 재위 6년 만에 살해됨./ 莒(거jǔ): 춘추시대 제후국으로 姓은 己氏. 지금의 山東省 동남부에 있었음. 齊 莊公 4년(BC 550) 가을에 齊가 晉을 정벌한 후 회군하는 길에 莒國을 습격했는데, 杞梁이 명을 어기고 무리하게 전진하다가 패하여 포로로 잡혀 살해됨으로써 결국 전쟁에서 패하게 됨. 그래서 아래 문장에서 杞梁의 妻가 "殖有罪"라고 함.
3) 辱命: 君命을 욕되게 하다. 莊公이 죄를 지은 杞梁에게 弔喪을 해서는 안된다는 뜻.
4) 賤妾: 부녀자의 겸칭으로 아래 문장의 '下妾'과 같음./ 先人: 杞梁을 가리킴.
5) 不得與郊弔: '郊弔'는 야외에서 弔喪하는 것을 말함. 고대의 예법에 따르면 귀족의 부녀자들은 집 밖에서의 활동에 참여할 수 없었음.
6) 成禮: 예법에 따라서 弔喪을 마침.
7) 內外: '內'는 夫家, '外'는 妻家를 말함./ 五屬之親: 五服 이내의 친속. 옛날의 喪服制度에서는 관계의 親疏에 따라 斬衰(3년)·齊衰(1년)·大功(9개월)·小功(5개월)·緦麻(3개월)의 5등급으로 나누고 이를 五服이라 함. 五服 이내를 '親'이라 하고, 五服 이외를 '疏'라고 함.
8) 內誠(함xián): 내심의 진실한 감정. '誠'은 '진실하다'의 뜻.
9) 更二: '誠'과 '節'을 바꾸다. 즉 改嫁한다는 뜻.
10) 淄水: 지금의 山東省에 있는 淄河.

與子同歸." 此之謂也.

　頌曰12): 杞梁戰死, 其妻收喪. 齊莊道弔, 避不敢當. 哭夫于城, 城爲之崩. 自以無親, 赴淄而薨13). (卷四「貞順」)

---

11) 詩云: 『詩經·豳風·七月』에는 "女心傷悲, 殆及公子同歸."라고 되어 있음.
12) 頌: 『列女傳』每篇의 篇末에는 8句4言의 贊語를 실어 고사의 내용을 개괄·평론했는데, 이를 '頌'이라 함.
13) 薨(훙hōng): 원래는 제후가 죽는 것을 '薨'이라 하는데, 여기서는 杞梁 妻의 정절에 경의를 표하기 위하여 씀. 또한 '崩'자와 압운이 됨.

列仙傳

> 『열선전』은 예전부터 前漢 劉向의 작으로 전해왔으나 後漢의 方士 또는 六朝人의 위작이라는 설도 있다. 그러나 魯迅은 유향의 작이라고 단정했다. 현존하는 본은 상하 2권에 총 70조가 실려 있는데, 매 조마다 4언으로 된 贊語가 있으며 맨 끝에는 總贊이 붙어 있다. 『열선전』은 신선고사의 총집으로서 등장인물 가운데 일부분은 상고시대 신화전설의 인물이고 일부분은 秦·漢의 역사에 기록된 실존인물인데, 그 중 인간과 신의 연애고사와 遊仙故事는 중국 志怪小說의 전형적인 제재이다. 晉代 이후의 신선고사는 대부분 이 책에 근거했으며, 역대 문인들이 전고로 인용한 고사도 많아 문학사적으로도 중요하다.
> 劉向에 대해서는 『列女傳』의 작자 소개를 보라.

蕭史

蕭史者, 秦穆公時人也[1]. 善吹簫, 能致孔雀·白鶴于庭.

穆公有女, 字弄玉, 好之, 公遂以女妻焉[2]. 日敎弄玉作鳳鳴. 居數年, 吹似鳳聲. 鳳凰來止其屋, 公爲作鳳臺, 夫婦止其上. 不下數年[3], 一旦皆隨鳳凰飛去. 故秦人爲作鳳女祠于雍宮中[4], 時有簫聲而已. (卷上)

---

1) 穆(목mù)公: 춘추시대의 秦王으로 五覇 가운데 하나.
2) 妻: 아내 삼게 하다. 즉 시집보내다는 뜻.
3) 下: 내려오다.
4) 雍(옹yōng)宮: '雍'은 춘추시대 秦의 도읍인 '雍邑'을 말함. 지금의 陝西省 鳳翔縣 남쪽에 있었음.

十洲記

> 『십주기』는 일명 『海內十洲記』라고도 하며, 漢 東方朔이 찬했다고 하나 후대 方士의 위작이라는 설도 있다. 『십주기』는 『山海經』의 모방작으로서, 漢 武帝가 10洲[祖洲·瀛洲·玄洲·炎洲·長洲·元洲·流洲·生洲·鳳麟洲·聚窟洲]에 대하여 서왕모(西王母)로부터 듣고 나서 동방삭을 불러 각 지방의 명물 고사를 물은 것을 기술했는데, 산천·지리·신선·異物 및 服食說 등이 많이 기록되어 있어서 도가의 색채가 짙다.
>
> 東方朔은 字가 曼倩이며 平原 厭次[지금의 山東省 陵縣] 사람으로, 한 무제 초년에 천하의 인재를 초빙하자 스스로를 추천하는 상서를 올려 조정에 들어가게 되었다. 벼슬은 常侍郎과 太中大夫給事中을 지냈다. 그는 많은 책을 섭렵하고 기지와 해학에 뛰어났기 때문에 후세에 好事者들이 기이한 이야기를 그에게 결부시키곤 했다. 『史記·滑稽列傳』과 『漢書·東方朔傳』에 그의 사적이 보인다.

徐福求仙草

祖洲, 近在東海之中, 地方五百里[1], 去西岸七萬里. 上有不死之草, 草形如菰苗[2], 長三四尺. 人已死三日者, 以草覆之, 皆當時活也[3]. 服之令人長生[4].

---

1) 方: 사방의 넓이.
2) 菰(고gū): 고미. 줄풀. 아래 문장에서 일명 '養神芝'라고 한 것으로 보아 '菰'는 菌類 식물인 '菇(고gū)'로 보는 것이 타당할 것 같음.

昔秦始皇大苑中多枉死者5), 横道6), 有鳥如烏狀, 銜此草覆死人面, 當時起坐而自活也. 有司聞奏7). 始皇遣使者齎草以問北郭鬼谷先生8). 鬼谷先生云: "此草是東海祖洲上有, 不死之草, 生瓊田中9), 或名爲養神芝. 其葉似菰苗, 叢生. 一株可活一人."

始皇于是慨然言曰: "可采得否?" 乃使使者徐福發童男童女五百人10), 率攝樓船等入海尋祖洲11). 遂不返. 福, 道士也, 字君房, 後亦得道也12).

---

3) 當時: 즉시. 곧바로.
4) 服: 服食하다. 복용하다.
5) 秦始皇: 秦 莊襄王의 아들로 성은 嬴(영yíng), 이름은 政. BC 246년에 즉위하여 6국을 정벌하고 BC 221년에 중국 최초의 통일제국을 세움. / 大苑: 上林苑을 말함. 고대 제왕들이 遊獵하던 장소. / 枉死: 죄 없이 억울하게 죽음.
6) 橫道: 시체가 어지럽게 길에 널려 있다는 뜻. 『史記·秦始皇本紀』에 따르면 진시황 35년(BC 212)에 上林苑 안에 대규모의 阿房宮을 건축하면서 죄수 70여만 명을 동원했다고 함. 아래 문장에서 徐福이 仙草를 구하러 간 때는 진시황 28년(BC 219)이므로 아방궁의 건축과는 관련이 없다.
7) 有司: 上林苑을 관장하는 관리. / 聞奏: 上奏하다. 보고하다.
8) 齎(재jī): 휴대하다. 몸에 지니다. 휴대하다. / 鬼谷先生: 전국시대 縱橫家인 蘇秦과 張儀의 스승. 鬼谷에 은거하여 自號를 鬼谷先生이라 함.
9) 瓊(경qióng)田: 美玉의 밭. 불사의 仙草가 나는 땅을 미화시킨 말.
10) 徐福: 齊나라 사람으로 徐巿(불fú)이라고도 함.
11) 率攝(섭shè): 통솔하다. 거느리다. 이끌다. / 樓船: 大船. 海船.
12) 得道: 신선의 도를 터득함. 신선이 됨.

漢武故事(節錄)

　　『한무고사』는 『漢孝武故事』・『漢武帝故事』라고도 하며, 작자에 대해서는 漢代의 班固, 三國時代人, 南朝 齊의 王儉 등 아직까지 정설이 없다. 원서는 이미 망실되었으며 魯迅의 『古小說鉤沈』에 53조가 비교적 완정하게 집록되어 있다. 내용은 漢 武帝가 猗蘭殿에서 태어나서 사후 茂陵에 장사지내기까지의 雜事를 기록한 것으로 服食・養生에 관한 고사가 많이 들어 있다. 그 중에서 西王母와 한 무제가 만나는 고사는 한대의 가장 우아하고 아름다운 전설 가운데 하나로 꼽힌다. 『한무고사』는 역사전설을 낭만적인 환상과 융합하여 역사적인 인물을 허황된 이야기에 등장시킴으로써 소설적인 색채를 짙게 했다. 또한 언어가 간결・소박하고 대화와 배경묘사가 뛰어나 후대 傳奇小說에도 영향을 미쳤다.

　　班固(32~92)는 자가 孟堅이며 扶風 安陵[지금의 陝西省 咸陽市 동북] 사람이다. 벼슬은 蘭臺令史를 역임했으며 『漢書』를 편찬했다. 『後漢書』 권40에 그의 傳이 있다.

　　王儉(452~489)은 자가 仲寶, 시호가 文憲이며 瑯琊 臨沂[지금의 山東省 臨沂縣] 사람이다. 일찍이 侍中・尙書令・鎭軍將軍 등을 역임했다. 明人이 편찬한 『王文憲集』이 있다. 『南齊書』 권23과 『南史』 권22에 그의 傳이 실려 있다.

武帝見西王母

　帝齋于尋眞臺[1], 設紫羅薦[2]. 王母遣使謂帝曰[3]: "七月七日, 我當暫來." 帝至日, 掃宮內, 然九華燈[4], 上于承華殿齋. 日正中, 忽

見有靑鳥從西方來集殿前. 上問東方朔5), 朔對曰: "西王母暮必降
尊像, 上宜灑掃以待之6)." 上乃施帷帳, 燒兜末香. 香, 兜渠國所獻
也. 香如大豆, 塗宮門, 聞數百里. 關中嘗大疫, 死者相系7), 燒此
香, 死者止8). 是夜漏七刻9), 空中無雲, 隱如雷聲, 竟天紫色. 有
頃10), 王母至, 乘紫車, 玉女夾馭11), 載七勝12), 履玄瓊鳳文之
舃13), 靑氣如雲, 有二靑鳥如烏, 夾侍母傍. 下去, 上迎拜, 延母坐,

---

1) 帝: 前漢 景帝의 아들로 이름은 徹. BC 140~BC 85 재위. / 齋(재zhāi): 齋戒하
다. 제사나 典禮를 행하기 전에 정갈히 목욕하고 옷을 갈아입고 술과 고기를 금
함으로써 경건함을 나타냄.
2) 紫羅薦: 자주색 비단으로 만든 자리.
3) 王母: 西王母를 말함. 서왕모는 신화 속의 인물로 仙山인 崑崙山에 살았다고 함.
4) 然: '燃'과 같음. 불을 켜다. 태우다. / 九華燈: 화려하게 장식한 등을 말함. '九'는
장식이 매우 많음을 뜻하고, '華'는 그 색채가 현란함을 뜻함.
5) 東方朔: 字는 曼倩이며 平原 厭次[지금의 山東省 陵縣] 사람으로 常侍郞과 太
中大夫給事中을 지냄. 골계와 해학을 좋아하고 辭賦에 능했음. 『史記·滑稽列傳』
과 『漢書·東方朔傳』에 그의 사적이 보임.
6) 灑(쇄sǎ)掃: 물 뿌리고 쓸다. 즉 깨끗이 청소하다는 뜻.
7) 死者相系: 죽은 자가 끊임없이 서로 이어짐.
8) 香, ~死者止: 문맥상 이 구절은 아마도 '兜末香'에 대한 주석으로 보아야 할 것
같음.
9) 漏: 물시계. 고대에 시간을 재는 기구. 밑에 구멍이 뚫린 병 속에 물을 넣고 눈
금이 새겨진 화살을 가운데에 꼽아 일정한 속도로 새는 물의 양에 따라 시간을
측정함.
10) 有頃: 잠시 후. 잠깐의 시간이 흐른 후.
11) 玉女: 선녀. / 夾馭(어yù): 양쪽에서 侍位하며 수레를 몰다.
12) 載: '戴'와 같음. 머리에 쓰다. / 七勝: '勝'은 일종의 트레머리로 '花勝'을 말함. 『
山海經·西山經』에서 "西王母, 其狀如人, 豹尾虎齒而善嘯, 蓬發戴勝."이라 했는
데, 이것에 대한 郭璞의 注에서는 "勝, 玉勝也."라 하고, 郝懿行의 箋疏에서는
"郭云玉勝者, 蓋以玉爲花勝也."라고 함. 즉 '七勝'은 옥으로 쪼아 만든 7개의
花勝을 말함. 또는 金勝·銀勝·方勝·織勝·羅勝·花勝·人勝을 '七勝'이라고도
함.

請不死之藥. 母曰: "太上之藥, 有中華紫蜜·雲山朱蜜·玉液金漿, 其次藥有五雲之漿·風實雲子·玄霜絳雪, 上握蘭園之金精, 下摘圓丘之紫柰14). 帝滯情不遣15), 欲心尙多, 不死之藥, 未可致也." 因出桃七枚, 母自啖二枚, 與帝五枚. 帝留核着前. 王母問曰: "用此何爲?" 上曰: "此桃美, 欲種之." 母笑曰: "此桃三千年一著子, 非下土所植也16)." 留至五更, 談語世事, 而不肯言鬼神, 肅然便去. 東方朔于朱鳥牖中窺母17), 母謂帝曰: "此兒好作罪過, 疏妄無賴18), 久被斥退, 不得還天. 然原心無惡, 尋當得還19). 帝善遇之!" 母旣去, 上惆悵良久20).

---

13) 履(리lǚ): 신발을 신다. / 玄瓊(경qióng)鳳文之舄(석xì): 검은 옥에 봉황 무늬를 넣어서 만든 신발.
14) 太上之藥,~下摘圓丘之紫柰(내nài): '太上之藥'은 최고로 좋은 仙藥을 말함. 이 구절에 나오는 여러 가지 仙藥 이름은 모두 신비롭게 미화시킨 것으로 그 구체적인 내용은 미상.
15) 滯情不遣: 마음속에 막혀 있는 욕정을 버리지 못함. '遣'은 '버리다' '제거하다'의 뜻.
16) 下土: 俗塵. 俗世. 俗界.
17) 朱鳥牖(유yǒu): 朱鳥 모양으로 도안한 창. '朱鳥'는 朱雀이라고도 하며 고대 四象[靑龍·白虎·朱雀·玄武] 가운데 하나. / 窺(규kuī): 엿보다.
18) 疏妄無賴(뢰lài): 경거망동하여 미덥지 못함.
19) 尋(심xún): 이내. 곧. 머지 않아.
20) 惆(추chóu)悵(창chàng): 실망하고 낙담하여 슬퍼하는 모양.

笑 林

『소림』은 魏晉南北朝 최초의 志人小說集이자 笑話專集으로 魏나라 邯鄲淳이 찬했다. 이미 망실되었으나 魯迅의 『古小說鉤沈』에 29조가 집록되어 있으며, 최근에 1조가 더 발견되었다. 『소림』은 神怪한 내용이 아닌 실제 인간생활의 여러 단면을 제재로 취하고 인물의 형상화에 비교적 성공했지만, 기술방법이 先秦寓言과 비슷하고 고사의 풍격상 우언의 설교적인 분위기가 남아 있으며 민간고사의 색채가 배어 있다. 그러나 『소림』은 중국 笑話文學의 비조로서 그 해학성과 풍자성은 이후 위진남북조 지인소설의 주요한 내용특성이 되었으며, 그 영향을 받아 창작된 侯白의 『啓顏錄』과 함께 지인소설 중에서 특색 있는 하나의 유파를 형성했다.

邯鄲淳은 일명 竺, 자는 子禮[또는 子叔]이며 삼국시대 魏 潁川[지금의 河南省 禹縣] 사람이다. 박학하고 다재다능하여 魏 文帝 때 博士給事中을 지냈다. 『三國志·魏書』 권21 裴松之注에 인용된 『魏略』과 『後漢書·曹娥傳』에 그의 사적이 실려 있다.

楚人隱形

楚人居貧, 讀『淮南方』[1], 得"螳螂伺蟬自鄣葉可以隱形"[2], 遂於

---

1) 『淮南方』: 漢 淮南王 劉安이 神仙方術을 좋아하여 『淮南子』를 지었으며, 또한 『隋書·經籍志』에는 『淮南萬畢經』과 『淮南變化術』이 저록되어 있는데, 이 두 책은 이미 망실되었으나 남아 있는 遺文을 살펴보면 대부분 본 고사와 비슷하므로, 아마도 『淮南方』도 그와 같은 류로 추측됨.
2) 螳(당táng)螂(랑láng): 사마귀. / 伺: 살펴보다. 엿보다. 노리다. / 自鄣葉: 스스로

樹下仰取葉. 螳螂執葉伺蟬, 以摘之, 葉落樹下. 樹下先有落葉, 不能復分別, 掃取數斗歸. 一一以葉自鄣, 問其妻曰: "汝見我否?" 妻始時恒答言: "見." 經日乃厭倦不堪, 紿云3): "不見." 嘿然大喜4), 齎葉入市, 對面取人物5), 吏遂縛詣縣6). 縣官受辭7), 自說本末, 官大笑, 放而不治8).

의 몸을 안보이게 가릴 수 있는 잎사귀. '鄣'은 '障'과 같음.
3) 紿(태dài): 속이다.
4) 嘿(묵mò)然: '默然'과 같음. 소리내지 않는 모양. 잠자코 있는 모양.
5) 對面: 남의 면전에서. 빤히 얼굴을 맞대고
6) 縛(박fù): 묶다. / 詣(예yì)縣: 현으로 압송하다. 끌고 가다.
7) 受辭: 자백이나 진술을 받다.
8) 治: 죄를 묻다. 죄를 다스리다. 벌주다.

列異傳

　『열이전』은 魏晉南北朝 최초의 志怪小說集이다. 그 작자에 대해서는 魏 文帝 曹丕와 晉 張華라는 설이 있는데, 전자는 고사 가운데 조비가 죽은 이후의 일이 기록되어 있어서 의문의 여지가 있고 후자는 근거가 미약하다. 그러나 南朝 宋 裴松之의 『三國志注』와 北朝 後魏 酈道元의 『水經志注』에 인용된 것으로 보아 魏晉人이 지은 것임에는 틀림없다. 원서는 이미 망실되었으며 魯迅의 『古小說鉤沈』에 50조가 집록되어 있다. 그 내용은 대부분 先秦에서 魏晉까지의 괴이한 일들을 기록해 놓은 것으로 초기 지괴소설의 면모를 잘 살펴볼 수 있다. 일부 고사는 편폭이 비교적 길고 인물묘사에 생동감이 넘쳐 후대 지괴소설에 영향을 미쳤다.

　曹丕(187~226)는 삼국시대 魏나라의 저명한 문학가로 자는 子桓이며 曹操의 둘째 아들이다. 建安 25년(220)에 漢의 帝位를 찬탈하여 魏 文帝가 되었다. 그는 문학을 크게 제창하고 시와 산문에 뛰어났다.

　張華에 대해서는 『博物志』의 작자 소개를 보라.

宋定伯捉鬼

　南陽宋定伯[1], 年少時, 夜行逢鬼. 問曰: "誰?" 鬼曰: "鬼也." 鬼曰: "卿復誰[2]?" 定伯欺之, 言: "我亦鬼也." 鬼問: "欲至何所?" 答

---

1) 南陽: 郡名. 지금의 河南省 서남부와 湖北省 북부 일대에 있었음. / 宋定伯: 『太平御覽』에는 '宗定伯'이라 되어 있음.
2) 卿: 자네. 그대. 당신. 친구 사이에 친밀하게 부르는 호칭.

曰: "欲至宛市3)." 鬼言: "我亦欲至宛市." 共行數里. 鬼言: "步行太亟4), 可共迭相擔也5)." 定伯曰: "大善." 鬼便先擔定伯數里. 鬼言: "卿太重, 將非鬼也6)!" 定伯言: "我新死7), 故重耳." 定伯因復擔鬼, 鬼略無重8), 如是再三. 定伯復言: "我新死, 不知鬼悉何所惡忌9)." 鬼曰: "唯不喜人唾." 於是共道遇水, 定伯因命鬼先渡, 聽之了無聲10). 定伯自渡, 漕漼作聲11).

鬼復言: "何以作聲?" 定伯曰: "新死, 不習渡水耳. 勿怪!" 行欲至宛市, 定伯便擔鬼至頭上, 急持之12). 鬼大呼, 聲咋咋13), 索下14). 不復聽之15), 徑至宛市中16). 著地, 化爲一羊, 便賣之. 恐其便化, 乃唾之. 得錢千五百, 乃去.

於時言17): "定伯賣鬼, 得錢千五百."

---

3) 宛市: 지금의 河南省 南陽市.
4) 亟(극jí): 피곤하다. 지치다.
5) 迭(질dié)相擔: 번갈아 가면서 서로 업어주다.
6) 將非: '將不' '將無' 등과 같은 용법으로 '혹시[거의, 어쩌면, 아무래도]~아닌 듯 하다'의 뜻.
7) 新死: 막 죽다. 갓 죽다. 새로 죽다. 죽은 지 얼마 되지 않았다는 뜻.
8) 略: 거의.
9) 悉(실xī): 모두. / 惡(오wù)忌: 싫어하다. 꺼리다.
10) 了無聲: 전혀 소리가 나지 않다. '了'는 '전혀' '전연'의 뜻.
11) 漕(조cáo)漼(최cuí): 철벅철벅. 의성어로 물을 건너갈 때 나는 소리.
12) 急持之: 귀신을 꽉 붙잡다.
13) 咋咋(책zhā): 꽥꽥. 의성어로 귀신이 외치는 소리.
14) 索(색suǒ)下: 내려달라고 간청하다.
15) 不復聽之: 이 구절의 주어는 송정백인데 생략되었음.
16) 徑(경jìng): 곧바로. 곧장.
17) 於時言: 『法苑珠林』에는 "於時石崇言"이라고 하여 石崇이 한 말로 되어 있음.

博物志

> 『박물지』는 총 10권으로 西晉의 張華가 찬했다. 원서는 400권이었는데, 晉 武帝의 명에 따라 10권으로 줄였다고 한다. 판본으로는 『古今逸史』본·『稗海』본·『士禮居叢書』본 등이 있는데 모두 장화의 원본이 아닌 것으로 추정된다. 1980년 中華書局에서 출판한 范寧의 『博物志校證』은 본문 323조와 일문 212조를 수록하고 歷代著錄, 提要, 各本의 序跋 등을 수록했다. 내용은 38류로 나누어 산천지리·鳥獸·초목·蟲魚·인물전기·신선고사 등을 기록했는데, 그 가운데에 신화·古史·박물·잡설 등의 내용이 포함되어 있어서 '박물'의 특징을 분명하게 보이고 있다. 또한 일부 고사성이 비교적 강한 전설은 그것의 소설적인 색채를 증가시키고 있다. 『박물지』 이후에 宋代 李石의 『續博物志』와 明代 游潛의 『博物志補』등 속작이 계속 나와 『박물지』는 지괴소설 가운데 독특한 일파를 열었다.
>
> 張華(232~300)는 자가 茂先이며 范陽 方城[지금의 河北省 固安縣 남쪽] 사람이다. 西晉의 大臣이자 문학가로 司空을 지냈으며 시를 잘 지었다. 저작에 『張司空集』이 있다. 『晉書』 권36에 그의 傳이 있다.

天河浮槎

舊說云: 天河與海通[1].

近世有人居海渚者[2], 年年八月有浮槎去來[3], 不失期[4]. 人有奇

石崇은 자가 季倫이며 晉代 최고의 부자 귀족임.
1) 天河: 銀河水를 가리킴.

志5), 立飛閣于槎上6), 多齎粮7), 乘槎而去. 十餘日中, 猶觀星月日辰, 自後茫茫忽忽8), 亦不覺晝夜. 去十餘日, 奄至一處9), 有城郭狀, 屋舍甚嚴10), 遙望宮中多織婦. 見一丈夫, 牽牛渚次飮之11). 牽牛人乃驚問曰: "何由至此?" 此人具說來意, 幷問: "此是何處?" 答曰: "君還至蜀郡12), 訪嚴君平則知之13)." 竟不上岸, 因還如期.

後至蜀, 問君平, 曰: "某年月日有客星犯牽牛宿14)." 計年月, 正是此人到天河時也. (卷十)

---

2) 海渚(저zhǔ): 바다 속의 작은 섬. '渚'는 '물 속의 작은 땅' 또는 '물가의 땅'을 뜻함.
3) 浮槎(사): 대나무로 엮어 만든 뗏목. 여기서는 은하수와 바다를 오가는 仙舟를 말함.
4) 不失期: 매년 오가는 기일을 어기지 않다.
5) 奇志: 뗏목을 타고 은하수에 가겠다는 기이한 생각.
6) 飛閣: 뗏목 위에 세운 움집을 말함.
7) 齎(재jī)粮: 식량을 꾸리다. 식량을 휴대하다.
8) 茫茫忽忽: 천지를 분간할 수 없는 혼돈의 상태.
9) 奄(엄yǎn): 문득. 홀연.
10) 屋舍甚嚴: 집들이 매우 가지런하다.
11) 渚次: 물가의 장소. '次'는 '所'의 뜻.
12) 蜀郡: 전국시대 秦나라에서 설치함. 지금의 四川省 成都.
13) 嚴君平: 이름은 遵이며 前漢 蜀 사람. 隱者로서 일생 동안 벼슬하지 않음. 成帝 때 成都에서 점을 쳐서 그 날의 생활비를 벌면 곧장 집으로 돌아가 문을 걸어 잠그고 『老子』를 읽었다고 함. 揚雄이 젊었을 때 그에게서 배웠다고 함. 현재 『道德眞經指歸』 7권이 전함. 『漢書·王貢兩龔鮑傳』에 그의 사적이 실려 있음.
14) 客星: 부정기적으로 출현하는 별. 혜성. 여기서는 뗏목을 타고 간 사람을 말함. / 牽牛宿(수xiù): 견우성좌. '牛郞'이라고도 함. '宿'는 별자리.

西京雜記

> 『서경잡기』의 작자에 대해서는 漢代의 劉歆과 東晉의 葛洪이라는 설이 있는데, 魯迅은 후자가 옳다고 판정했다. 현존하는 판본에는 2권본과 6권 본 2가지가 있다. 총 138조의 고사로 이루어져 있으며 그 내용은 西京(前漢의 수도 長安)의 궁실과 苑囿, 진기한 물건, 輿服과 典章제도, 풍속습관, 方術故事, 괴이한 전설, 문인고사, 高文技藝 등 다방면에 걸쳐 기술되어 있다. 그 중에서 <王嬙>·<司馬相如>와 같은 고사는 구성·제재운용·묘사기교 등이 뛰어나 후대 문학에도 많은 영향을 미쳤다.
>
> 葛洪(281?~341?)은 자가 稚川, 自號가 抱朴子이며 丹陽 句容[지금의 江蘇省 句容縣] 사람이다. 東晉의 저명한 학자로서 干寶와 친한 사이였다. 일찍이 伏波將軍을 지냈으며 關內侯에 봉해졌다. 젊어서부터 神仙養生術과 煉丹術을 좋아했으며, 문학·철학·화학·의학 등에 공헌을 했다. 저작에는 『抱朴子內外篇』·『神仙傳』·『西京雜記』 등이 있다. 『晉書』 권72에 그의 傳이 있다.

王嬙*

元帝後宮旣多[1], 不得常見, 乃使畵工圖形[2], 案圖召幸之[3]. 諸宮

---

* 이 고사는 『漢書』 卷94 <匈奴傳>과 『後漢書』 卷89 <南匈奴傳>에도 기록되어 있는데, 이 두 史書의 기록에는 王嬙이 毛延壽 등 화공에게 뇌물을 바치지 않아서 황제의 사랑을 받지 못했다는 내용이 없으며 전체적으로도 史家의 전형적인 寫實의 측면이 강하다. 이에 반하여 『西京雜記』의 고사는 허구적인 성분

人皆賂畫工4), 多者十萬, 少者亦不減五萬. 獨王嬙不肯5), 遂不得見.

後匈奴入朝, 求美人爲閼氏6), 於是上案圖7), 以昭君行. 及去, 召見, 貌爲後宮第一, 善應對, 擧止嫺雅8). 帝悔之, 而名籍已定9). 帝重信於外國10), 故不得更人.

乃窮案其事11), 畫工皆棄市12), 籍其家資皆巨萬13). 畫工有杜陵

을 가미하여 역사의 기록을 소설화하는데 성공을 거두었다. 이 고사는 이후 詩·詞·小說·戲曲 등 중국문학 전반에 걸쳐 커다란 영향을 미치고 있는데, 李白과 杜甫를 비롯하여 白居易·王安石·歐陽修·蘇軾·陸游·袁枚 등 저명한 詩詞人들이 모두 이 고사를 典故로 삼아 작품을 지었으며, 元代 雜劇의 『漢元帝哭昭君』(關漢卿)·『昭君出塞』(張時起)·『夜月走昭君』(吳昌齡)·『漢宮秋』(馬致遠)와 明淸 傳奇의 『和戎記』·『靑冢記』·『琵琶記』 등도 모두 이 고사를 바탕으로 한 것이다. 이는 史書의 기록보다는 『西京雜記』의 해당고사에 그 큰공이 있는 것이다.

1) 元帝: 漢 宣帝 劉詢의 아들로 이름은 劉奭. BC 49~BC 33년 재위. / 後宮: 妃嬪.
2) 圖形: 초상화를 그리다.
3) 案: 살펴보다. 근거하다. / 幸: 황제가 비빈을 총애하여 잠자리 시중을 들게 하는 것.
4) 宮人: 여기서는 여러 비빈을 가리킴. / 賂(뢰lu): 뇌물을 주다.
5) 王嬙(장qiáng): 자는 昭君 또는 明君·明妃이며 前漢 南郡 姊歸[지금의 湖北省 姊歸縣] 사람이다. 元帝 때 入宮하여 竟寧 원년(BC 33)에 匈奴 呼韓邪單于(호한야선우)가 入朝하여 화친을 청하자 흉노에게 시집가서 寧胡閼氏(녕호연지)가 됨.
6) 閼(연yān)氏(지zhī): 흉노 군주의 正妻를 부르는 호칭.
7) 上: 主上. 황제에 대한 호칭. 여기서는 元帝를 가리킴.
8) 嫺(한xián)雅: 우아하고 고상하다.
9) 名籍已定: 명단이 이미 결정되다.
10) 重信: 신의를 중시하다.
11) 窮案: 사건을 철저히 조사하다.
12) 棄市: 저자거리에서 사형을 집행하여 시체를 버려 두는 형벌.

毛延壽14), 爲人形, 醜好老少, 必得其眞. 安陵陳敞15), 新豊劉白·龔寬16), 並工爲牛馬飛鳥衆勢17), 人形好醜, 不逮延壽18). 下杜陽望亦善畫19), 尤善布色20). 樊育亦善布色21). 同日棄市. 京師畫工22), 於是差稀. (卷二)

13) 籍: 집안을 수색한 후 재산을 등기하여 국고로 몰수하는 것을 말함.
14) 杜陵: 漢代의 縣 이름. 지금의 陝西省 西安市 동남. 宣帝의 陵이 있음. / 毛延壽: 畫工 이름.
15) 安陵: 한대의 현 이름. 지금의 陝西省 咸陽市 동북. 惠帝의 陵이 있음. / 陳敞(창chǎng): 화공 이름.
16) 新豊: 한대의 현 이름. 지금의 陝西省 臨潼縣 동북. / 劉白·龔(공gōng)寬: 모두 화공 이름.
17) 工: 뛰어나다. 훌륭하다. / 衆勢: 여러 가지 자태.
18) 逮(체dài): 미치다. 따라가다.
19) 下杜: 한대의 현 이름. 지금의 陝西省 西安市 남쪽. / 陽望: 화공 이름.
20) 善: 뛰어나다. 훌륭하다. / 布色: 색을 칠하다. 着色하다.
21) 樊(번fán)育: 화공 이름.
22) 京師: 수도. 서울. 長安을 가리킴.

神仙傳

『신선전』은 총 10권이며 東晉의 葛洪이 찬했다. 현재 전하는 판본 중에서 明代 毛晉의 刊本과 『說郛』本에는 84명이 수록되어 있고, 『廣漢魏叢書』本·『龍威秘書』本 등에는 92명이 수록되어 있다. 한편 『文苑英華』에 인용된 梁肅의 <神仙傳論>에 따르면, 그가 본 갈홍의 『신선전』에는 모두 190명이 수록되어 있었다고 한 것으로 보아 현존하는 판본은 후인이 집록한 것으로 보인다. 갈홍은 漢代 劉向의 『列仙傳』을 바탕으로 仙經, 道書, 百家의 설 및 당시에 전해지고 있던 신선고사를 채집하여 『신선전』을 편찬했는데, 『열선전』에 비하여 내용이 풍부하고 줄거리가 복잡하며 묘사가 치밀하고 편폭이 길어져서 소설적인 색채가 훨씬 강하다.

葛洪에 대해서는 『西京雜記』의 작자 소개를 보라.

葛玄

葛玄[1], 字孝先, 從左元放受『九丹金液仙經』[2], 未及合作[3], 常服

---

1) 葛玄: 삼국시대 吳國의 도사로 葛洪의 從祖父이며 閤皂山[지금의 江西省 淸江縣 境內]에서 수도함. 道教에서 葛仙翁으로 존경받으며 太極仙翁이라고도 함.
2) 左元放: 左慈를 말함. 字는 元放이며 廬江[지금의 安徽省 廬江縣] 사람. 後漢 末의 方士로 葛玄의 스승. 『後漢書』 권82에 그의 傳이 있음. / 受『九丹金液仙經』: 葛洪의 『抱朴子·金丹篇』의 기록에 따르면 갈현이 좌자로부터 『太淸丹經』 3권, 『九鼎丹經』 1권, 『金液丹經』 1권을 받았다고 함. 이것은 도교의 煉丹術을 기록한 책임.
3) 合作: 재료를 배합하여 丹藥을 만들다.

餌朮4). 尤長于治病, 鬼魅皆見形, 或遣或殺. 能絶穀連年不饑. 能積薪烈火而坐其上, 薪盡而衣冠不灼. 飮酒一斛, 便入深泉澗中臥, 酒解乃出, 身不濡濕.

玄嘗過主人5), 主人病, 祭祀道精6), 精人而使玄飮酒. 精人言語不遜, 玄大怒曰: "奸鬼敢爾!" 敕五伯曳精人7), 縛柱鞭脊. 卽見如有人牽精人出者, 至庭搶柱解衣投之8), 但聞鞭聲, 血出淋漓9). 精人故作鬼語乞命. 玄曰: "赦汝死罪. 汝能令主人病愈否?" 精人曰: "能." 玄曰: "與汝三日期, 病者不愈, 當治汝." 精人乃見放10).

吳大帝請玄相見11), 欲加榮位12), 玄不聽. 求去不得, 以客待之. 常共遊宴, 坐上見道間人民請雨. 帝曰: "百姓請雨, 安可得乎13)?" 玄曰: "易得耳." 卽便書符著社中14). 一時之間, 天地晦冥, 大雨流注, 中庭平地水尺餘. 帝曰: "水寧可使有魚乎15)?" 玄曰: "可." 復書符水中. 須臾有大魚百許頭16), 亦各長一二尺走水中. 帝曰: "可

---

4) 服: 복용하다. 먹다. / 餌(이ěr)朮(출zhú): 백출로 만든 흰 떡. '朮'은 약초 이름으로 白朮과 蒼朮이 있음.
5) 過: 지나가는 길에 들르다. 방문하다.
6) 道精: 길의 요괴. 『太平御覽』 권886에 인용된 『白澤圖』에서 "道之精名'作器', 狀如丈夫, 善眩人, 以其名呼之則去."라고 함. 아래 문장의 '精人'도 같은 뜻임.
7) 五伯: '伍伯'이라고도 함. 원래는 吏卒을 말하나 여기서는 鬼卒을 뜻함.
8) 搶(창qiǎng): 뛰어들다. 돌진하다.
9) 淋(림lín)漓(리lí): 물이 뚝뚝 떨어지는 모양.
10) 見放: 풀려나다. '見'은 피동의 뜻.
11) 吳大帝: 孫權이 죽은 후 시호를 大皇帝라고 했기 때문에 그를 吳大帝라고 함.
12) 加榮位: 高官에 봉하다. 높은 벼슬을 주다.
13) 安: 어찌. 어떻게 하면.
14) 社: 토지 신에게 제사 드리는 사당.
15) 寧: 진실로. 정말로.

食乎?" 玄曰: "可." 遂使取治之17), 乃眞魚也. 常從帝行舟遇大風18), 百官船無大小多濡沒19), 玄船亦淪失所在. 帝歎曰: "葛公有道, 亦不能免此乎?" 乃登四望山, 使人鉤船, 船沒已經宿20). 忽見玄從水上來, 旣至, 尙有酒色. 謝帝曰: "昨因侍從, 而伍子胥見强牽過21), 卒不得舍去22), 煩勞至尊暴露水次23)."

又玄遊會稽24). 有賈人從中國過神廟25), 廟神使主簿敎語賈人曰26): "欲附一封書與葛公, 可爲致之." 主簿因以函書擲賈人船頭, 如釘着不可取. 及達會稽, 卽以報玄. 玄自取之, 卽得. 語弟子張大言曰27): "吾爲天子所逼留28), 不遑作大藥29), 今當尸解30). 八月十

---

16) 須(수xū)臾(유yú): 금새. 잠깐 사이에. / 百許頭: 백여 마리. '許'는 수량사 뒤에 쓰여 '~쯤' ~정도'의 뜻을 나타냄.
17) 治之: 여기서는 고기를 요리하다는 뜻.
18) 常: '嘗'과 통함. 일찍이. 한번은.
19) 濡(유rú)沒: 침몰하다.
20) 經宿: 하룻밤이 지나다.
21) 伍子胥(서xū): 伍員을 말함. 字는 子胥이며 伍胥라고도 함. 춘추시대 楚國 사람으로 吳國으로 도망가서 오국의 대신이 됨. 나중에 吳王 夫差가 그를 죽여 시체를 강에 던졌다고 하는데, 전설에는 그가 江神이 되었다고 함.
22) 舍去: 버리고 떠나다. '舍'는 '捨'와 통함.
23) 煩勞: 번거롭고 수고롭게 하다. / 至尊: 황제에 대한 호칭. / 暴露: 비바람을 무릅쓰고 다니다. / 水次: 물가에 있는 병사의 집합소. 또는 水路의 宿驛.
24) 會稽(계jī): 會稽山. 지금의 浙江省 중부에 있음.
25) 賈(고gǔ)人: 장사꾼. 상인. / 中國: 曹魏가 통치하던 중원지역을 말함.
26) 主簿: 원래는 郡縣에서 문서를 관리하는 관리를 뜻하나 여기서는 사당지기[廟祝]를 가리킴.
27) 張大言: 人名. 미상.
28) 逼(핍bī)留: 강제로 억류당하다.
29) 不遑(황huáng): ~할 겨를이 없다. / 大藥: 丹藥을 말함.
30) 尸解: 죽은 후 육신은 남고 혼백이 신선으로 化함.

三日日中時當發." 至期, 玄衣冠入室, 臥而氣絶, 其色不變. 弟子燒香守之三日, 夜半忽大風起, 發屋折木, 聲如雷, 炬滅. 良久風止, 忽失玄所在, 但見委衣床上31), 帶無解者. 旦問鄰家, 鄰家人言了無大風32). 風止此一宅, 籬落樹木皆敗折也33). (卷七)

---

31) 委: 남겨 놓다.
32) 了無: 전혀 없다. '了'가 부정사와 함께 쓰일 때는 보통 '전혀"전연"조금도'의 뜻이 됨.
33) 籬落: 울타리. '籬垣"籬柵'과 같은 말.

搜神記

　　『수신기』는 위진남북조 지괴소설의 대표작으로서 東晉의 干寶가 찬했다. 원서는 이미 망실되었으며, 현재 통용되는 20권 본은 후인이 『法苑珠林』·『太平御覽』 등에서 집록하고 증보한 것인데, 주요판본에는 『秘冊彙函』本·『學津討原』本·汪紹楹校注本 등이 있다. 총 464조의 고사가 수록되어 있다. 내용은 經·史의 옛 전적과 민간전설에서 채집한 신비스럽고 기이한 고사가 대부분이며, 그 창작의도는 "귀신의 도가 거짓이 아님을 밝히려는데[發明神道之不誣]"있다. 일부 고사는 비현실적인 기이한 내용을 통하여 일반백성들의 애증과 소망을 표현하기도 했는데, 그러한 예로 <干將莫邪>·<韓憑夫婦>·<李寄斬蛇> 등의 고사를 들 수 있다. 묘사가 비교적 치밀하고 일부 등장인물은 그 형상성이 선명하며 상상과 허구의 표현수법이 높은 경지에 올라 있어서 중국고대소설발전사상 일정한 위치를 차지하고 있다.
　　干寶는 자가 令升이며 新蔡[지금의 河南省 新蔡縣] 사람이다. 東晉의 사학자이자 문학가로서 陰陽術數를 좋아했다. 元帝 때 佐著作郎이 되어 국사 편찬을 맡아 『晉紀』20권을 지었는데 '良史'라는 칭송을 받았다. 벼슬은 散騎侍郎에까지 올랐다. 『晉書』권82에 그의 傳이 있다.

干將莫邪*

楚干將莫邪爲楚王作劍[1], 三年乃成. 王怒, 欲殺之. 劍有雌雄[2].

---

* 이 고사는 『列異傳』 등에도 보이는데, 『수신기』의 고사가 가장 상세하고 뛰어남. 魯迅이 이 고사를 바탕으로 하여 단편 역사소설 『鑄劍』을 지음.

其妻重身當産3). 夫語妻曰: "吾爲王作劍, 三年乃成, 王怒, 往必殺我. 汝若生子是男, 大告之曰4): '出戶望南山, 松生石上, 劍在其背.'" 於是卽將雌劍往見楚王. 王大怒, 使相之5). 劍有二, 一雄一雌, 雌來雄不來. 王怒, 卽殺之.

莫邪子名赤比6), 後長, 乃問其母曰: "吾父所在?" 母曰: "汝父爲楚王作劍, 三年乃成, 王怒, 殺之. 去時囑我7): '語汝子: "出戶望南山, 松生石上, 劍在其背."'" 於是子出戶南望, 不見有山, 但睹堂前松柱下石低之上8). 卽以斧破其背, 得劍, 日夜思欲報楚王.

王夢見一兒眉間廣尺9), 言欲報仇. 王卽購之千金10). 兒聞之亡去, 入山行歌11). 客有逢者, 謂: "子年少, 何哭之甚悲耶?" 曰: "吾干將莫邪子也, 楚王殺吾父, 吾欲報之." 客曰: "聞王購子頭千金, 將子頭與劍來, 爲子報之." 兒曰: "幸甚!" 卽自刎, 兩手捧頭及劍奉之, 立僵12). 客曰: "不負子也13)." 於是尸乃仆14).

---

1) 干將莫邪(야yé): 옛날에 유명한 검 만드는 匠人. 姓는 干將, 이름은 莫邪. 일설에는 干將은 남편이고 莫邪는 부인이라고도 함.
2) 雌雄: 雄劍과 雌劍. '鴛鴦劍'이라고도 함.
3) 重(chóng)身: 임신했다는 뜻./當産: 해산할 날이 임박하다.
4) 大: 장성하다. 성년이 되다.
5) 相: 살펴보다. 조사하다.
6) 赤比: 魯迅의 『古小說鉤沈』에 집록된 『列異傳』에는 '赤鼻'라고 되어 있음. 또한 아래 문장의 "王夢見一兒, 眉間廣尺."이라는 구절을 보면 '尺比'라고 해야 타당할 듯 함. '赤比'·'尺比'·'赤鼻'는 모두 음이 서로 비슷하여 와전됐을 가능성이 있음.
7) 囑(촉zhǔ): 당부하다. 부탁의 말을 하다.
8) 石低: '低'는 마땅히 '砥(지dǐ)'로 해야 함. '石砥'는 돌 주춧돌을 말함.
9) 眉間廣尺: 양 미간의 넓이가 한 자이다.
10) 購之千金: 천금의 현상금을 걸다.
11) 行歌: 걸어가면서 노래하다.

客持頭往見楚王, 王大喜. 客曰: "此乃勇士頭也, 當於湯鑊煮之15)." 王如其言煮頭, 三日三夕不爛. 頭踔出湯中16), 瞋目大怒17). 客曰: "此兒頭不爛, 願王自往臨視之, 是必爛也." 王卽臨之. 客以劍擬王18), 王頭隨墮湯中, 客亦自擬己頭, 頭復墮湯中. 三首俱爛, 不可識別, 乃分其湯肉葬之, 故通名'三王墓'. 今在汝南北宜春縣界19). (卷十一)

---

12) 立僵(강jiāng): 뻣뻣하게 서 있다. '僵'은 '뻣뻣하다'의 뜻.
13) 負: 배반하다. 저버리다.
14) 仆(부pū): 앞으로 고꾸라지다. 쓰러지다.
15) 湯鑊(확huò): 끓는 솥. '湯'은 끓는 물, '鑊'은 다리가 없는 큰솥으로 사람을 삶아 죽일 때 쓰는 刑具.
16) 踔(탁chuō)出: 튀어 오르다. 불쑥 솟구치다.
17) 瞋(지zhì)目: '瞋'는 마땅히 '瞋(진chēn)'으로 해야 함. '瞋目'은 '눈을 부라리다'의 뜻.
18) 擬: 원래는 '재다'‘가늠하다'의 뜻인데, 여기서는 '베다'‘내리치다'의 뜻으로 쓰임.
19) 汝南: 郡名. 지금의 河南省 上蔡縣 서남부. / 北宜春縣: 지금의 河南省 汝南縣 서남부에 있음. 前漢 때에는 '宜春'이라 했다가 後漢 때 '北宜春'으로 개명함.

韓憑夫婦*

　宋康王舍人韓憑1), 娶妻何氏, 美, 康王奪之. 憑怨, 王囚之, 論爲城旦2). 妻密遺憑書, 繆其辭曰3): "其雨淫淫4), 河大水深, 日出當心5)." 既而王得其書, 以示左右, 左右莫解其意. 臣蘇賀對曰6): "'其雨淫淫', 言愁且思也7). '河大水深', 不得往來也. '日出當心', 心有死志也." 俄而憑乃自殺8).

　其妻乃陰腐其衣9). 王與之登臺, 妻遂自投臺下, 左右攬之, 衣不中手而死10). 遺書於帶曰: "王利其生11), 妾利其死12). 願以尸骨,

---

* 唐代 變文 가운데 <韓朋賦>는 이 고사를 근거로 창작됨.
1) 宋康王: 전국시대 宋나라의 마지막 군주로 이름은 偃. 그의 형을 밀어내고 스스로 왕이 됨. 사방으로 전쟁을 일으키고 방탕 무도했으며 여러 신하를 함부로 죽여 諸侯들이 그를 '桀宋'이라 부름. 나중에 齊 湣(민)王이 魏·楚와 함께 宋을 정벌하여 康王을 죽이고 그 땅을 셋으로 나눠 가짐./舍人: 官名. 전국시대에서 漢初까지 王公貴族들이 거느린 측근에 대한 통칭.
2) 論: 법에 의거하여 죄를 논고하다./城旦: 옛날 형벌의 일종. 낮에는 적을 방어하고 밤에는 성을 쌓는 형벌.
3) 繆(무miù)其辭: 말을 빙 둘러서 쉽게 알 수 없게 하다. '繆'는 '繚'와 같은 뜻으로 '얽다''둘리다'의 뜻.
4) 淫淫: 비가 오랫동안 많이 내리는 모양.
5) 日出當心: 태양이 떠서 나의 가슴을 비춘다. '當'은 '正對'의 뜻. 이 구절은 태양에 대고 자신의 변치 않는 마음을 죽음으로 맹세하는 말임.
6) 蘇賀: 人名.
7) 思: 그리움. 사모함.
8) 俄而: 이윽고 곧. 얼마 후에.
9) 陰腐: 몰래 썩혀 놓다.
10) 中(zhòng)手: 손에 잡히다. 손에 들어오다.
11) 王利其生: 왕은 내가 사는 것을 이롭게 여긴다. 즉 내가 사는 것이 왕에게는 이롭다.

賜憑合葬."

　王怒, 不聽13), 使里人埋之14), 冢相望也. 王曰: "爾夫婦相愛不已, 若能使冢合, 則吾不阻也." 宿昔之間15), 便有大梓木生于二冢之端16), 旬日而大盈抱17), 屈體相就, 根交于下, 枝錯于上18). 又有鴛鴦19), 雌雄各一, 恒棲樹上, 晨夕不去, 交頸悲鳴, 音聲感人. 宋人哀之, 遂號其木曰 '相思樹'. '相思'之名起于此也. 南人謂此禽卽韓憑夫婦之精魂.

　今睢陽有韓憑城20), 其歌謠至今猶存21). (卷十一)

---

12) 妾利其死: 소첩은 내 자신이 죽는 것을 이롭게 여긴다. 즉 내 자신이 죽는 것이 첩에게는 이롭다. '其'는 한빙의 처 자신을 가리킴.
13) 不聽: 韓憑 妻의 유언을 들어주지 않다.
14) 里人: 韓憑이 사는 마을 사람들.
15) 宿昔之間: 하룻밤 사이에. 짧은 시간을 의미함. '昔'은 '夕'과 통함.
16) 梓(재zǐ)木: 가래나무. 재질이 훌륭한 낙엽수. / 端: 끝. 가장자리.
17) 盈抱: 한 아름에 가득 차다.
18) 錯: 얽히다. 교착하다.
19) 鴛鴦: 물새의 일종으로 깃털이 아름다움. 늘 암수가 함께 붙어 다니기 때문에 흔히 금실 좋은 부부에 비유됨.
20) 睢(수suī)陽: 춘추시대 宋나라의 땅. 지금의 河南省 商邱市.
21) 歌謠: 민요. 속요. 확실한 내용은 알 수 없지만 『彤管集』의 기록에는 韓憑의 妻 何氏가 다음과 같은 <烏鵲歌>를 지어 부른 뒤 자살했다고 함: "南山有鳥, 北山張羅, 烏自高飛, 羅當奈何!" "烏鵲雙飛, 不樂鳳凰, 妾是庶人, 不樂宋王." 아마도 이와 같은 류의 노래였을 것으로 짐작함.

李寄斬蛇*

東越閩中有庸嶺¹⁾, 高數十里. 其西北隙中有大蛇²⁾, 長七八丈, 大十餘圍³⁾. 土俗常懼⁴⁾, 東治都尉及屬城長吏多有死者⁵⁾. 祭以牛羊, 故不得禍⁶⁾. 或與人夢⁷⁾, 或下諭巫祝⁸⁾, 欲得啗童女十二三者⁹⁾. 都尉令長幷共患之¹⁰⁾, 然氣厲不息¹¹⁾, 共請求人家生婢子¹²⁾, 兼有罪家女¹³⁾. 養之至八月朝¹⁴⁾, 祭送蛇穴口, 蛇出吞嚙之¹⁵⁾. 累年如

---

* 京劇 가운데『童女斬蛇』는 이 고사를 근거로 한 것임.
1) 東越: 漢 武帝 때의 封國. 지금의 福建·浙江省 안에 있었음. / 閩(민mǐn)中: 옛 郡名. 秦이 6국을 멸한 후 閩中郡을 설치했으며, 漢代에 閩越王(東越王의 전신)을 봉함. 그 도성은 東治[지금의 福建省 福州市]에 있었음. / 庸嶺: 지금의 福建省 鷲峰山 일대에 있는 산 이름.
2) 隙(극xì): 원래는 '틈'의 뜻이나 여기서는 '동굴'의 의미로 쓰임.
3) 圍: 아름. 둘레를 재는 단위. 3寸·5寸·1尺·8尺 등 그 설이 다양함.
4) 土俗: 해당 지역의 백성.
5) 都尉: 漢代의 官名. 一郡의 兵事를 관장하는 武官. / 屬城: 해당 郡에서 관할하는 縣城. 여기서는 東治郡 관할의 縣城을 말함. / 長吏: 縣令 다음가는 관리로『漢書·百官公卿表』에서 "縣令·長皆有丞·尉, 秩四百石至二百石, 是爲長吏."라고 함.
6) 故: 여전히. 그대로. / 不得禍: 문맥상 마땅히 '禍'를 '福'으로, 또는 '得禍'를 '免禍'로 해야 뜻이 통함.
7) 與人夢: 사람들의 꿈에 나타나 現夢함.
8) 下諭: 계시를 내림. '諭'는 계시. 암시를 뜻함. / 巫祝: 무당. 당골.
9) 啗(담dàn): '啖'과 통함. 씹어 먹다. 잡아먹다.
10) 令長: 秦·漢代의 제도에 따르면 大縣[萬戶 이상]의 장관을 '令'이라 하고, 小縣[萬戶 이하]의 장관을 '長'이라고 함.
11) 氣厲(려lì): '厲氣'와 같음. 해악. 보통 전염병을 말함.
12) 家生婢子: 옛날에는 노비 소생의 자녀 또한 노비가 되었는데, 남자를 '家生奴'라 하고 여자를 '家生婢'라 했음.
13) 罪家女: 죄를 지은 집의 딸.
14) 朝: 음력 초하루.

此, 已用九女.

　爾時預復募索16), 未得其女. 將樂縣李誕家17), 有六女, 無男. 其小女名寄, 應募欲行, 父母不聽. 寄曰: "父母無相18), 有生六女, 無有一男, 雖有如無. 女無緹縈濟父母之功19), 既不能供養, 徒費衣食20), 生無所益, 不如早死. 賣寄之身, 可得少錢, 以供父母, 豈不善耶?" 父母慈憐, 終不聽去. 寄自潛行, 不可禁止.

　寄乃告請好劍及咋蛇犬21). 至八月朝, 便詣廟中坐, 懷劍將犬22). 先將數石米餈23), 用蜜麨灌之24), 以置穴口. 蛇便出, 頭大如囷25), 目如二尺鏡, 聞餈香氣, 先啖食之. 寄便放犬, 犬就囓咋, 寄從後斫得數創26). 瘡痛急, 蛇因踊出, 至庭而死27). 寄入視穴, 得其九女髑

---

15) 吞(탄tūn)囓(설niè): 씹어서 삼키다.
16) 爾時: 당시. 그 때.
17) 將樂縣: 지금의 福建省 南平縣 남쪽. / 李誕: 人名.
18) 無相: 福相이 없다. 당시에는 男尊女卑 사상이 심했기 때문에 아들을 낳지 못하면 복이 없다고 생각했음.
19) 緹(제tí)縈(영yíng): 漢代의 名醫였던 太倉令 淳于意의 딸 淳于緹縈을 말함. 淳于意는 아들이 없고 딸만 다섯 있었는데, 文帝때 죄를 지어 형벌을 받게 되었을 때 緹縈이 문제에게 상소를 올려 아버지의 죄를 대신하여 官婢가 되겠다고 자청하자, 문제가 그녀의 뜻을 가상히 여겨 아버지의 죄를 용서했다고 함. 『史記』<孝文帝本紀>와 <扁鵲倉公列傳>에 보임.
20) 徒: 다만. 한갓. 헛되이.
21) 告請: 관청에 물건을 신청하여 수령하다. / 咋(색zé)蛇犬: 뱀잡이용 개. '咋'은 '물어뜯다''깨물다''먹다'의 뜻.
22) 懷: 가슴에 품다. 감추다. / 將: 데리고 가다. 끌고 가다.
23) 米餈(자cí): 찹쌀을 쪄서 만든 떡. 속칭 '餈團'이라고 함.
24) 蜜麨(초chǎo): 꿀로 반죽한 볶은 쌀가루나 밀가루. / 灌之: 흘려 넣다. 주입하다.
25) 囷(균qūn): 둥근 모양의 창고.

髏28), 悉擧出, 咤言曰29): "汝曹怯弱30), 爲蛇所食, 甚可哀愍." 于是寄女緩步而歸.

越王聞之, 聘寄女爲后31), 拜其父爲將樂令, 母及姊皆有賞賜. 自是東冶無復妖邪之物32), 其歌謠至今存焉. (卷十九)

---

26) 斫(작zhuó)得數創: 칼로 여러 번 찌르다. '斫'은 '베다''찌르다'의 뜻.
27) 庭: 동굴 앞의 사당 뜰.
28) 髑(촉dú)髏(루lóu): 해골.
29) 咤(타zhà): 원래는 '질타하다''질책하다'의 뜻이나, 여기서는 '탄식하다''비통해하다'의 뜻으로 쓰임.
30) 汝曹: 너희들. '曹'는 무리를 뜻하는 복수 접미사.
31) 聘(빙pìn): 중매인을 통하여 여자 쪽에 예물을 보냄으로써 혼인관계를 결정하는 일. / 后: 王后.
32) 自是: 이후로는. 이 때부터는.

搜神後記

『수신후기』는 총 10권이며 『隋書·經籍志』에 陶潛이 찬했다고 되어 있다. 그러나 고사 가운데 도잠이 죽은 후의 일이 기록되어 있는 것으로 보아 후인의 僞作일 가능성이 높다. 고사는 『搜神記』와 중복된 것이 많고 史書와 別集의 기록을 그대로 옮겨 놓은 것이 많아 제재운용상 창작성이 뒤진다. 『수신기』에 비교하면 요괴고사는 줄어든 반면 신선고사가 늘어났으며 일부 고사는 구성이 정제되어 있고 문장이 고아하다. 1981년 北京 中華書局에서 발행한 汪紹楹의 『搜神後記校注』가 있다.

陶潛(365~427)은 일명 淵明, 자가 元亮이며 潯陽 柴桑[지금의 江西省 九江縣 서남부] 사람이다. 東晉의 유명한 시인으로 江州祭酒·鎭軍參軍·彭澤縣令을 지냈으며 팽택현령을 사직하고 은거했다. 죽은 후 친구 顔延之 등이 靖節이라는 시호를 붙여 주었다. 저작에 『陶淵明集』이 있다. 『晉書』 권94, 『宋書』 권93, 『南史』 권75에 그의 傳이 있다.

白水素女*

晉安帝時侯官人謝端1), 少喪父母, 無有親屬, 爲鄰人所養2). 至

---

* 唐末 黃甫氏가 이 고사를 증보·개작하여 <吳堪> 고사를 지어 『原化記』에 수록함.
1) 晉安帝: 東晉 말엽의 군주 司馬德宗. 397~418년 재위. / 侯官: 진대의 현 이름. 지금의 福建省 閩侯縣 동북. / 謝端: 人名. 『太平廣記』 권62에는 "謝端, 晉安侯官人也."라고 되어 있는데, '晉安'은 郡名이며 '侯官'은 진안군의 관할 현임. 역시 문맥이 통함.

年十七八, 恭謹自守3), 不履非法4). 始出居5), 未有妻. 鄰人共憫念之6), 規爲娶婦7), 未得.

端夜臥早起, 躬耕力作, 不舍晝夜8). 後于邑下得一大螺, 如三升壺9), 以爲異物, 取以歸, 貯瓮中, 畜之十數日10). 端每早至野, 還, 見其戶中有飯飲湯火11), 如有人爲者. 端謂鄰人爲之惠也12). 數日如此, 便往謝鄰人. 鄰人曰: "吾初不爲是13), 何見謝也14)?" 端又以鄰人不喩其意15). 然數爾如此16), 後更實問17), 鄰人笑曰: "卿已自娶婦, 密著室中炊爨18), 而言我爲之炊耶?" 端默然心疑19), 不知

---

2) 爲鄰人所養: 이웃 사람에 의하여 길러지다. '爲~所~'는 '~에 의하여 ~되다 [당하다]'의 구문으로 흔히 쓰임.
3) 恭謹自守: 공손하고 신중하며 스스로의 품행을 지키다.
4) 不履非法: 법에 어긋나는 일은 행하지 않다. '履'는 '이행하다' '실행하다'의 뜻.
5) 出居: 이웃집을 떠나 독립생활을 하다.
6) 憫(민mǐn)念: 딱하게 생각하다. 측은하게 여기다.
7) 規: 계획하다. 도모하다. 작정하다.
8) 舍: '捨'와 같음. 그만두다. 멈추다.
9) 三升壺: 3되들이 병.
10) 畜(휵xù): 기르다. 먹여 살리다.
11) 飯飮湯火: 밥 짓고 국 끓이다.
12) 謂: 여기서는 '생각하다'의 뜻으로 쓰임. / 爲之惠: 그에게 은혜를 베풀다.
13) 初: 본디. 애당초.
14) 見謝: 감사를 받다. '見'은 피동의 뜻을 나타냄.
15) 喩其意: 사실을 말해 주다. '喩'는 '말해 주다' '일러 주다'의 뜻.
16) 數(삭shuò)爾: '數然'과 같음. 자주. 여러 번. 여러 차례.
17) 實問: 진정으로 묻다.
18) 密著: 남몰래 데려다 놓다. 몰래 같이 살다. / 炊(취chuī)爨(찬cuàn): 밥하고 불을 때다.
19) 默然: 아무 말 없이. 조용히.

其故.

　後以鷄鳴出去, 平旦潛歸20), 于籬外竊窺其家中21), 見一少女從甕中出, 至竈下燃火22). 端便入門, 徑至甕所視螺23), 但見女24), 乃到竈下, 問之曰: "新婦從何處來, 而相爲炊25)?" 女大惶惑26), 欲還甕中, 不能得去. 答曰: "我天漢中白水素女也27). 天帝哀卿少孤, 恭愼自守, 故使我權爲守舍炊烹28). 十年之中, 使卿居富得婦, 自然還去. 而卿無故竊相窺掩29), 吾形已現, 不能復留, 當相委去30). 雖然, 爾後自當少差31), 勤于田作, 漁採治生32). 留此殼去, 以貯米穀, 常可不乏." 端請留, 終不肯. 時天忽風雨, 翕然而去33).

　端爲立神座34), 時節祭祀35). 居常饒足36), 不致大富耳. 于是鄕

---

20) 平旦: 날이 샜을 때. 태양이 뜨려 할 때. / 潛: 남몰래. 슬그머니.
21) 竊窺: 몰래 엿보다. 훔쳐 보다.
22) 竈(조zào): 부뚜막. 부엌.
23) 徑: 곧장. 곧바로.
24) 但見女: 문맥상 '女'는 '殼'이 되어야 할 것 같음.
25) 相爲炊: 여기서 '相'은 상대방에 대한 행동을 표시하는 것으로 해석하지 않는 것이 오히려 자연스러움.
26) 惶惑: 당황하여 정신이 없다.
27) 天漢: 은하수.
28) 權: 임시로. 잠시 동안. / 守舍炊烹: 집을 지키고 요리하다.
29) 窺掩(엄yǎn): 갑자기 들어와 엿보다. '掩'은 '갑자기[느닷없이] 들이닥치다'의 뜻.
30) 委去: 버리고 떠나다. 남겨 놓고 떠나다.
31) 爾後: 이후. 차후. / 少差: 생활이 조금 나아지다. '差'는 원래 '병이 낫다'의 뜻.
32) 漁採治生: 고기 잡고 나무하여 생계를 꾸려 가다.
33) 翕(흡xì)然: 감쪽같이. 갑자기. 홀연히.
34) 神座: 神位. 位牌.
35) 時節: '時'는 춘·하·추·동 四時를 말하고, '節'은 기념일을 말함.

人以女妻之. 後仕至令長云37). 今道中素女祠是也. (卷五)

---

36) 饒(요ráo)足: 풍족하다. 풍요롭다.
37) 令長: 縣의 장관. 『搜神記』 <李寄斬蛇> 注 10) 참조.

世說新語

『세설신어』는 위진남북조 志人小說의 대표작으로서 南朝 宋 劉義慶이 찬했다. 현재 일반적으로 통행되는 판본은 3권 본이며 「德行」에서 「仇隙」까지 36편으로 분류되어 있다. 주로 後漢 말에서 東晉 말까지 약 200년 간 실존했던 제왕과 고관귀족을 비롯하여 문인·학자·현자·은자·和尙·부녀자 등 600명의 언행과 일화를 총 1130조에 수록했는데, 그 중 70%가 넘는 797조가 동진의 인물에 관한 것이다. 『세설신어』는 내용상 당시의 문학·예술·정치·학술·사상·역사·사회상·인생관 등 인간생활의 전반적인 면모를 기록함으로써 지인소설의 내용 범주를 크게 확대·심화했으며, 형식상 내용적으로 유사한 고사들을 일정한 편목[주제]을 설정하여 분류하고 각 편목의 고사를 다시 등장인물의 시대 순으로 배열함으로써 비교적 엄정한 체재를 갖추었다. 또한 묘사 수법상 간결하고 함축적인 언어 및 대화와 구어를 잘 활용하여 대상인물의 형상을 핍진하게 그려냄으로써 심미성이 풍부한 표현예술의 높은 경지에 이르렀다. 『세설신어』는 전대로부터 전해 온 지인소설적인 여러 요소를 흡수하고 융화·발전시켜 그 자체의 문학적 특성을 확립함과 아울러 후대 소설뿐만 아니라 중국 문학 전반에 걸쳐 많은 영향을 미쳤다. 또한 남조 梁 劉孝標의 注는 그 인용서목의 방대함뿐만 아니라 인용서 중 거의 대부분이 오늘날 전하지 않는 것이기 때문에 문헌자료적 가치가 대단히 높다.

劉義慶(403~444)은 彭城 綏里[지금의 江蘇省 銅山縣] 사람으로 宋 武帝 劉裕의 조카이다. 숙부 劉道規가 아들이 없어서 그의 후사가 되어 臨川王을 襲封했으며, 豫州刺史·荊州刺史 등을 지냈다. 문학을 애호하고 많은 문인들을 초빙하여 그들과 함께 여러 저작을 편찬한 것으로 보인다. 작품에는 『세설신어』 외에 순수한 志怪小說集인 『幽明錄』과 『宣驗記』 등이 있다. 『宋書』 권51과 『南史』 권13에 그의 傳이 있다.

孔文擧

　　孔文擧年十歲1), 隨父到洛2). 時李元禮有盛名3), 爲司隷校尉4). 詣門者, 皆儁才淸稱及中表親戚5), 乃通. 文擧至門, 謂吏曰: "我是李府君親6)." 旣通, 前坐. 元禮問曰: "君與僕有何親7)?" 對曰: "昔先君仲尼8), 與君先人伯陽9), 有師資之尊10), 是僕與君奕世爲通好也11)." 元禮及賓客莫不奇之12). 太中大夫陳韙後至13), 人以其語語之. 韙曰: "小時了了14), 大未必佳." 文擧曰: "想君小時, 必當了

---

1) 孔文擧: 이름은 融, 자는 文擧, 魯國[지금의 山東省 曲阜] 사람. 孔子의 24世孫이며 漢末의 문학가로서 建安七子 가운데 하나. 일찍이 北海[지금의 山東省 壽光]의 장관을 지냈기 때문에 세칭 孔北海라고 함. 나중에 曹操에게 피살됨.
2) 洛: 河南省 洛陽을 말함.
3) 李元禮: 이름은 膺, 자는 元禮, 潁川 襄城[지금의 湖北省 襄陽] 사람. 꼿꼿한 지조를 지니고 문무를 겸비했으며 司隷校尉를 지냄. 그의 문하에 들어가는 것을 '登龍門'했다고 함. 나중에 黨派에 휘말려 자살함./盛名: 훌륭한 명성.
4) 司隷(례lì)校尉: 官名. 주로 도성의 百官을 감찰하는 임무를 맡음. 직급은 州刺史에 상당함.
5) 才淸稱: 뛰어난 재주와 훌륭한 명성을 지닌 사람./中表親戚: 內·外從과 그와 관련된 친척. '中'은 內從, '表'는 外從을 뜻함.
6) 府君: 漢代의 太守에 대한 존칭. 당시 李膺은 河南尹을 겸직하고 있었는데 그 직급이 太守와 동열임.
7) 僕(복pú): 자신에 대한 겸칭.
8) 先君: 자기 조상에 대한 호칭. 孔融은 공자의 24세손임./仲尼: 孔子의 字.
9) 先人: '先君'과 같은 뜻./伯陽: 老子의 字. 노자는 이름이 李耳임.
10) 師資之尊: 스승으로 존대함. '師資'는 '스승'의 뜻. 『史記·老莊申韓列傳』에서 "孔子適周, 將問禮于老子."라고 함. 즉 공자가 노자를 스승으로 존대했다는 말.
11) 奕(혁yì)世: 대대로. 자자손손./通好: 좋은 친분관계를 맺다. 친하게 지내다.
12) 奇之: 기특하게 여기다.
13) 太中大夫: 議論을 관장하는 관리./陳韙(위wěi): 인명.
14) 了了: 똑똑하다. 총명하다.

了." 顗大踧踖15). (「言語」)

周處*

周處年少時1), 兇彊俠氣2), 爲鄕里所患. 又義興水中有蛟3), 山中有邅跡虎4), 並皆暴犯百姓. 義興人謂爲三橫5), 而處尤劇6). 或說處殺虎斬蛟7), 實冀三橫唯餘其一. 處卽刺殺虎, 又入水擊蛟. 蛟或浮或沒, 行數十里, 處與之俱, 經三日三夜. 鄕里皆謂已死, 更相慶. 竟殺蛟而出, 聞里人相慶, 始知爲人情所患, 有自改意8). 乃入吳尋

---

15) 踧(축cù)踖(적jí): 원래는 '조심해서 걷는 공손한 모양'을 뜻하나, '난처해하다' '난감해 하다'의 뜻으로 쓰임.

* 이 고사는 宋·元 戲文의 『周處風雲記』, 元·明 雜劇의 『善蓋厲周處三害』·『豫章三害』, 明·淸 傳奇의 『蛟虎記』·『除三害』 등의 바탕이 되었다.

1) 周處: 字는 子隱, 義興 陽羨[지금의 江蘇省 宜興縣 남쪽] 사람으로 東吳의 명장 周魴의 아들. 나중에 晉으로 들어가 御史中丞을 지냄. 晉 惠帝 元康 6년(296)에 氐族 齊萬年이 반란을 일으키자 출정하여 용감히 싸우다 전사함. 『晉書』 권58에 그의 傳이 있음.
2) 兇彊: 흉악하다. 사납다. / 俠(협xiá)氣: 난폭하다. 거칠다.
3) 義興: 晉代의 郡名. 지금의 江蘇省 宜興縣. / 蛟(교jiāo): 蛟龍. 전설에 따르면 용과 비슷하고 뿔이 없으며 홍수를 일으킨다고 함. 여기서는 악어와 같은 사나운 물고기를 말함.
4) 邅(전zhān)跡虎: 종적이 묘연하여 잡기 어려운 호랑이. '邅'은 '轉'의 뜻. 『晉書·周處傳』에는 "白額虎"라 되어 있음.
5) 三橫: '三害'와 같음. 세 가지 해로운 것.
6) 尤劇: 더욱 심하다. 더욱 지독하다.
7) 或: 어떤 사람. 혹자. / 說(세shuì): 부추기다. 권유하다. 꼬드기다.
8) 改意: 改過遷善하려는 마음.

二陸9), 平原不在10), 正見淸河11), 具以情告, 幷云: "欲自修改, 而年已蹉跎12), 終無所成." 淸河曰: "古人貴朝聞夕死13). 況君前途尙可14). 且人患志之不立15), 亦何憂令名不彰邪16)?" 處遂自改勵17), 終爲忠臣孝子18). (「自新」)

劉伶

劉伶病酒1), 渴甚, 從婦求酒. 婦捐酒毁器2), 涕泣諫曰: "君飮太

---

9) 尋: 수소문하다. 찾다. / 二陸: 陸機와 陸雲 형제를 말함. 모두 東吳의 대장군 陸抗의 아들로서 당시의 저명한 인물임.
10) 平原: 陸機의 字. 晉에서 벼슬하여 平原內史를 지냄.
11) 正: 단지. 다만. / 淸河: 陸雲의 字. 晉에서 벼슬하여 淸河內史를 지냄.
12) 年: 나이. / 蹉(차cuō)跎(타tuó): 세월을 헛되이 보내다.
13) 朝聞夕死: 아침에 도를 깨달으면 저녁에 죽어도 좋다. 『論語·里仁』에서 "朝聞道, 夕死可矣."라고 함.
14) 前途尙可: 앞길이 아직 창창하다. 장래가 아직 유망하다.
15) 患: 근심하다. 걱정하다. / 志之不立: 뜻을 세우지 못함. '志'를 강조하기 위하여 도치된 문장.
16) 令名: 훌륭한 명성. / 彰: 빛나다. 드러나다. / 邪(야yé): 의문을 나타내는 어조사.
17) 改勵(려lì): 개과천선하는 데 힘을 쓰다. 노력하다.
18) 忠臣: 나라를 위해 죽은 일을 가리킴. / 孝子: 연로하신 어머니 때문에 벼슬을 그만 두고 귀향한 일을 가리킴. 『晉書·周處傳』에서 "轉廣漢太守, 以母老罷歸."라고 함.

1) 劉伶: 字는 伯倫, 沛國[지금의 安徽省 宿縣 서북] 사람. 西晉의 명사로서 竹林七賢 가운데 하나. 일찍이 建威參軍을 지냄. 『晉書』 권49에 그의 傳이 있음. / 病酒: 술에 중독되다. 酒毒이 들다.
2) 捐(연juān)酒毁器: 술을 버리고 술그릇을 깨다. '捐'은 '버리다'의 뜻.

過, 非攝生之道3), 必宜斷之." 伶曰: "甚善. 我不能自禁, 惟當祝鬼神4), 誓斷之耳, 便可具酒肉." 婦曰: "敬聞命." 供酒肉于神前, 請伶祝誓. 伶跪而祝曰: "天生劉伶, 以酒爲名. 一飮一斛5), 五斗解酲6), 婦人之言, 愼不可聽." 便引酒進肉, 隗然已醉矣7). (「任誕」)

石崇

石崇每要客燕集1), 常令美人行酒2). 客飮酒不盡者, 使黃門交斬美人3). 王丞相與大將軍嘗共詣崇4). 丞相素不能飮5), 輒自勉彊6), 至於沈醉. 每至大將軍, 固不飮7), 以觀其變. 已斬三人, 顔色如故, 尙不

---

3) 攝生: 몸을 보신하다. 보양하다.
4) 祝: 기도하다. 빌다. / 鬼神: 여기서는 天地神明의 뜻.
5) 斛(곡hú): 고대의 계량기구로 보통 10말을 1곡이라 함.
6) 五斗解酲(정chéng): 해장술로 다섯 말을 먹다. '解酲'은 '숙취를 풀다'의 뜻.
7) 隗(외wěi)然: 거나하게. 술 취한 모양.

1) 石崇: 자는 季倫, 兒名은 齊奴, 靑州[지금의 山東省 益都] 사람. 散騎郞과 荊州刺史 등을 지냄. 당대의 최고 갑부로서 貴戚 王愷·羊琇 등과 富를 다툼. 나중에 趙王 司馬倫에게 살해됨. / 要客: 손님을 초청하다. / 燕集: 연회를 열다. 주연을 베풀다. '燕'은 '宴'과 같음.
2) 行酒: 술을 따르다. 술을 권하다.
3) 黃門交: 즉 黃門校로서 石崇의 호위병.
4) 王丞相: 王導를 말함. 字는 茂弘, 臨沂[지금의 山東省 臨沂縣] 사람. 東晋 때 丞相을 지냄. / 大將軍: 王敦을 말함. 王導의 堂兄으로서 字는 處仲이며 일찍이 征南大將軍을 지냄.
5) 素: 평소.
6) 輒(첩zhé): 문득. / 勉彊: 무리하다. 억지로 하다.

肯飮. 丞相讓之8), 大將軍曰: "自殺伊家人9), 何預卿事10)?" (「汰侈」)

王藍田

　　王藍田性急1). 嘗食鷄子2), 以箸刺之不得, 便大怒, 舉以擲地. 鷄子于地圓轉未止, 仍下地以屐齒蹍之3), 又不得, 瞋甚4), 復于地取內口中5), 嚙破卽吐之6). 王右軍聞而大笑曰7): "使安期有此性8), 猶當無一豪可論9), 況藍田邪!" (「忿狷」)

---

7) 固: 한사코.
8) 讓之: 질책하다. 나무라다.
9) 伊家人: 자기네 집사람. '伊'는 '彼'他'와 통함. '저이''그이'의 뜻.
10) 何預卿事: 당신의 일과 무슨 상관인가? '預'는 '與'와 통하며 '관여하다''상관하다'의 뜻.

1) 王藍田: 王述을 말함. 字는 懷祖이며 散騎常侍·尙書令을 지냄. 藍田侯를 襲封했기 때문에 王藍田이라 부름.
2) 鷄子: 계란. 달걀.
3) 屐(극jī)齒: 나막신의 굽. / 蹍(연 niǎn, 전zhǎn): 밟다.
4) 瞋(진chēn): 성내다. 화내다.
5) 內(납nà): '納'과 통함. 집어넣다.
6) 嚙(설niè)破: 깨물다.
7) 王右軍: 王羲之를 말함. 晉代의 저명한 서예가로 일찍이 右軍將軍을 지냈기 때문에 王右軍이라 부름.
8) 使: 설사. 설령. / 安期: 王承을 말함. 字는 安期이며 王述의 부친. 西晉 때 藍田縣侯를 하사 받고 東海太守를 지냈으며, 동진 때에는 元帝의 從事中郎을 지냄. 성품이 담담하고 욕심이 적었으며 청렴하여 당시에 명망이 있었음.
9) 無一豪可論: '豪'는 '毫'와 통함. 조금도 논할 게 없다. 즉 조금도 언급할 가치가 없다는 뜻. 魏晉代의 名士들은 조용하고 느긋한 풍격을 중시하여 성급한 사람을 좋게 보지 않았음.

幽明錄

『유명록』은 南朝 宋 劉義慶이 찬했다. 원서는 이미 망실되었으며 魯迅의 『古小說鉤沈』에 266조가 집록되어 있다. 내용은 대부분 귀신에 관한 괴이한 고사인데, 그 중에는 佛法을 선양하는 고사도 있으며 비교적 美麗한 민간전설도 담겨 있다.
劉義慶에 대해서는 『世說新語』의 작자 소개를 보라.

賣胡粉女子*

有人家甚富, 止有一男1), 寵恣過常2). 遊市, 見一女子美麗, 賣胡粉3), 愛之, 無由自達4), 乃托買粉, 日往市, 得粉便去, 初無所言. 積漸久, 女深疑之. 明日復來, 問曰: "君買此粉, 將欲何施5)?" 答曰: "意相愛樂6), 不敢自達, 然恒欲相見, 故假此以觀姿耳." 女悵然有感7), 遂相許以私8), 克以明夕9).

---

* 明代의 湯顯祖가 이 고사를 바탕으로 하여 傳奇 『牡丹亭』을 지음.
1) 止: '只'와 통함. 다만. 오직. 오로지.
2) 寵(총chǒng)恣過常: 총애하여 방임함이 보통을 넘다. 즉 지나치게 남달리 총애하다.
3) 胡粉: 부녀자들이 화장할 때 쓰는 鉛白粉.
4) 無由自達: 사랑하는 마음을 상대방에게 전달할 길이 없다.
5) 施: 여기서는 '쓰다'사용하다'의 뜻.
6) 愛樂(요yào): 좋아하다. 사랑하다.

其夜, 安寢堂屋, 以俟女來10). 薄暮果到11), 男不勝其悅12), 把臂曰: "宿願始伸于此13)!" 歡踊邃死. 女惶懼不知所以, 因遁去. 明還粉店.

至食時, 父母怪男不起, 往視, 已死矣. 當就殯殮14), 發篋笥中15), 見百餘裹胡粉16), 大小一積. 其母曰: "殺吾兒子, 必此粉也." 入市遍買胡粉, 次此女17), 比之, 手迹如先. 遂執問女曰: "何殺吾兒?" 女聞嗚咽, 具以實陳18). 父母不信, 遂以訴官. 女曰: "妾豈復吝死19)? 乞一臨尸盡哀!" 縣令許焉. 徑往撫之慟哭, 曰: "不幸至此, 若死魂而靈, 復何恨哉?" 男豁然更生20), 具說情狀, 遂爲夫婦, 子孫繁茂.

---

7) 悵(창chàng)然: 깊이 감동하는 모양.
8) 相許以私: 부모의 허락 없이 사사로이 마음을 서로 허락하다. 私通하기로 서로 허락하다.
9) 克: 단단히 약속하다. 약속을 정하다.
10) 俟(사sì): 기다리다.
11) 薄暮: 어슴푸레한 저녁. / 果到: 과연 도착하다.
12) 不勝其悅: 그 기쁨을 이기지 못하다. 가누지 못하다.
13) 伸: 펼치다. 실현하다.
14) 殯(빈bìn)殮(렴liàn): 죽은 사람에게 囚衣를 입혀 入棺하는 일.
15) 篋(협qiè)笥(사sì): 대나무로 만든 작은 상자.
16) 裹(과guǒ): 봉지. 포장의 단위를 나타내는 양사.
17) 次: 차례가 되다. 차례가 돌아오다.
18) 實陳: 사실대로 진술하다.
19) 吝(린lìn)死: 죽음을 아까워하다.
20) 豁(활 豁huò)然: 갑자기. 벌떡.

續齊諧記

『속제해기』는 南朝 梁 吳均이 찬했으며 총 1권이다. 서명은 『莊子·逍遙遊』의 "제해는 괴이한 일을 기록한 것이다[齊諧者, 志怪也]"라는 구절에서 따왔다. 『隋書·經籍志』의 著錄을 보면 南朝 宋 東陽無疑의 『齊諧記』[이미 망실됨]가 있는데 『속제해기』는 이것의 속서인 것 같다. 내용은 고대 민간전설을 주로 수록했는데 일부 불경고사를 개작한 것도 있어서 불교의 영향을 받은 것이 분명하다.

吳均(469~520)은 자가 叔庠이며 吳興 故鄣[지금의 浙江省 安吉縣 서북] 사람이다. 남조 양의 문학가이자 사학자로 벼슬은 奉朝請에까지 이르렀으며, 시문에 뛰어나 그의 문체를 '吳均體'라고 부른다. 문집으로 『吳朝請集』이 있다. 『梁書』 권49에 그의 傳이 있다.

陽羨書生*

東晉陽羨許彥1), 於綏安山行2), 遇一書生, 年十七八, 臥路側, 云脚痛, 求寄鵝籠中3). 彥以爲戱言. 書生便入籠, 籠亦不更廣, 書生亦不更小, 宛然與雙鵝並坐4), 鵝亦不驚. 彥負籠而去, 都不

---

* 이 고사는 불경고사의 영향을 받은 것으로 『譬喩經』의 <梵志> 고사와 흡사하며, 荀氏 『靈鬼志』의 <外國道人> 고사보다 자세함.
1) 陽羨: 漢代의 縣名으로 吳郡의 屬縣. 지금의 江蘇省 宜興縣 남쪽./許彥: 인명.
2) 綏(수suí)安: 縣名. 지금의 宜興縣 서남쪽.
3) 求寄: 태워 달라고 청하다./鵝(아é)籠: 거위 장.
4) 宛然: 감쪽같이.

覺重5).

　前行息樹下, 書生乃出籠, 謂言曰: "欲爲君薄設6)." 彥曰: "善." 乃口中吐出一銅奩子7), 奩子中具諸飾饌, 珍羞方丈8). 其器皿皆銅物. 氣味香旨, 世所罕見. 酒數行9), 謂言曰: "向將一婦人自隨10), 今欲暫邀之." 彥曰: "善." 又於口中吐一女子, 年可十五六11), 衣服綺麗, 容貌殊絶12), 共坐宴.

　俄而書生醉臥13), 此女謂彥曰: "雖與書生結妻, 而實懷怨. 向亦竊得一男子同行, 書生旣眠, 暫喚之, 願君勿言." 彥曰: "善." 女子於口中吐出一男子, 年可二十三四, 亦穎悟可愛14). 仍與彥叙寒溫15). 書生臥欲覺16), 女子口吐一錦行障遮書生17). 書生乃留女子共臥.

　男子謂彥曰: "此女子雖有心, 情亦不甚向18), 復竊得一女人同行,

---

5) 都不: '都無' 등과 같은 용법으로 '都'는 부정의 의미를 강조함. '전혀[조금도]~하지 않다'의 뜻.
6) 爲(wèi)君: 당신을 위하여. / 薄設: 간소하게 차리다. 변변찮게 차리다.
7) 奩(렴lián)子: 칸막이가 되어 있는 원형 또는 장방형의 작은 찬합.
8) 珍羞: 진수성찬. / 方丈: 사방 한 길의 넓이. 즉 차려 놓은 음식이 굉장히 많다는 뜻.
9) 酒數行: 술이 몇 順杯 돌다. 서로 술을 몇 잔씩 주고받다.
10) 向: 예전. 접때. 아까.
11) 可: 대략.
12) 殊絶: 남달리 뛰어나다. 여기서는 매우 아름답다는 뜻.
13) 俄而: 잠시 후. 이윽고.
14) 穎(영yǐng)悟可愛: 총명하고 사랑스럽다.
15) 仍(잉réng): '乃'와 같음. 이에. / 叙寒溫: 안부를 나누다. 인사를 나누다.
16) 欲覺: 깨어나려고 하다.
17) 錦行障: 비단으로 된 이동식 가리개[병풍].

今欲暫見之, 願君勿泄." 彦曰: "善." 男子又於口中吐一婦人, 年可二十許, 共酌, 戲談甚久. 聞書生動聲, 男子曰: "二人眠已覺." 因取所吐女人, 還納口中.

須臾, 書生處女乃出19), 謂彦曰: "書生欲起." 乃吞向男子20), 獨對彦坐. 然後書生起, 謂彦曰: "暫眠遂久, 君獨坐當悒悒耶21)? 日又晚, 當與君別." 遂吞其女子, 諸器皿悉納口中. 留大銅盤, 可二尺廣, 與彦別曰: "無以藉君22), 與君相憶也."

彦太元中23), 爲蘭臺令史24), 以盤餉侍中張散25), 散看其銘題26), 云是永平三年作27).

---

18) 情亦不甚向: 감정이 또한 그다지 그녀에게 향하지[끌리지] 않다.
19) 書生處: 서생이 있는 곳.
20) 向男子: 아까 그 남자. 즉 여자가 토해냈던 그 남자.
21) 悒悒(읍yì): 심심한 모양. 무료한 모양. 답답한 모양.
22) 無以藉(자 藉jiè)君: 달리 당신에게 드릴 것이 없다. '藉'는 '드리다' '보답하다'의 뜻.
23) 太元: 晉 孝武帝 司馬曜의 연호(376~396).
24) 蘭臺令史: 官名. 전적을 교감하고 문서를 관리하는 일을 맡음.
25) 餉(향xiǎng): 선물을 보내다. / 侍中: 관명. 황제 좌우의 侍從官. / 張散: 인명.
26) 銘題: 비석이나 기물에 새겨 놓은 글씨.
27) 永平三年: AD 60년. '永平'은 漢 明帝 劉莊의 연호(58~75).

啓顔錄

> 『계안록』은 隋代 侯白이 찬했다. 원래 10권이었다고 하나 이미 망실되었다. 최근 上海 古籍出版社(1990)에서 나온 曹林娣·李泉의 輯注本에 104조가 집록되어 있는데, 상세한 按語와 校注를 가하여 훌륭한 연구자료가 되고 있다. 그 내용은 先秦·兩漢·三國·晉·南北朝·隋·唐의 인물들에 관한 소화를 모아 놓은 것인데, 그 중 唐人에 관한 기록은 후인이 찬입한 것이 분명하다. 『계안록』은 기본적으로 『笑林』의 영향을 받았지만 거의 대부분의 고사가 실제인물의 실제언행을 묘사하고 있어서 내용상 『소림』처럼 민간고사의 성격이 강하지 않으며, 문체상으로도 『소림』의 질박함에 비하여 훨씬 수식적이다.
> 侯白(580전후)은 자가 君素이며 魏郡 臨漳[지금의 河北省 臨漳縣] 사람이다. 滑稽와 언변에 능하여 우스갯소리를 하길 좋아했다. 작품에는 『계안록』 외에 志怪小說인 『旌異記』가 있다. 『隋書·陸爽傳』에 그의 전이 첨부되어 있다.

山東人

山東人娶蒲州女[1], 多患癭[2], 其妻母項癭甚大. 成婚數月, 婦家疑婿不慧[3], 婦翁置酒盛會親戚[4], 欲以試之. 問曰: "某郎在山東讀

---

1) 山東: 옛날에는 崤山 以東의 광대한 지역을 말함. / 蒲(포pú)州: 州名. 지금의 山東省 永濟縣에 그 치소가 있었음.
2) 多患癭(영yǐng): 혹이 난 사람이 많다. 이 구절의 주어는 '蒲州女'인데 생략되었음. '癭'은 목덜미에 생기는 혹을 말함.

書5), 應識道理6). 鴻鶴能鳴, 何意?" 曰: "天使其然7)." 又曰: "松柏冬靑, 何意?" 曰: "天使其然." 又曰: "道邊樹有骨髓8), 何意?" 曰: "天使其然." 婦翁曰: "某郎全不識道理, 何因浪住山東9)!" 因以戲之, 曰: "鴻鶴能鳴者, 頸項長. 松柏冬靑者, 心中强. 道邊樹有骨髓者, 車撥傷. 豈是天使其然!" 婿曰: "請以所聞見奉酬10), 不知許否?" 曰: "可言之." 婿曰: "蛤蟆能鳴11), 豈是頸項長? 竹亦冬靑, 豈是心中强? 夫人項下癭如許大12), 豈是車撥傷?" 婦翁遂愧, 無以對之.

---

3) 婿(서xù): 사위.
4) 婦翁: 부인의 아버지. 즉 장인. / 置酒: 술자리를 열다. / 盛會: 성대하게 불러 모으다.
5) 某郎: '某'는 사위의 성 대신 쓴 말. '郎'은 우리말에서 사위를 부를 때 쓰는 '서방'에 해당함.
6) 道理: 세상의 이치.
7) 天使其然: 하늘이 그것을 그렇게 하게 했다. 즉 자연적으로 그렇게 되었다는 뜻.
8) 骨髓(굴chū): 종기. 부스럼. 여기서는 나무에 상처가 나서 진액이 엉겨 붙어 혹처럼 된 것을 말함.
9) 浪: 헛되이. 부질없이.
10) 奉酬(수chóu): 삼가 대답하다. '奉'은 동사 앞에 쓰여 상대방에 대한 존경을 나타냄.
11) 蛤(합há)蟆(마má): 개구리와 두꺼비.
12) 如許大: '如此大'와 같음. 이렇게[이와 같이] 크다.

唐代 文言短篇小說

補江總白猿傳
離　魂　記
枕　中　記
李　娃　傳
鶯　鶯　傳
虬髯客傳
傳　　奇
酉　陽　雜　俎
唐　摭　言

補江總白猿傳

『보강총백원전』은 그 작자를 알 수 없다. 『新唐書·藝文志』에는 『보강총백원전』이란 제목으로 저록되어 있는데 작자는 밝히지 않았다. 『太平廣記』 권444에는 <歐陽紇>이란 제목으로 실려 있으며 末尾에 "出『續江氏傳』"이라고 하여 그 출전을 밝혀 놓았다. 여기에서 『강씨전』은 『강총백원전』을 말하는 것인데, 강총은 南朝 梁·陳과 隋代에 벼슬을 했으며 陳 後主 때 僕射尙書令을 지냈기 때문에 세칭 江令이라고 한다. 『보강총백원전』은 바로 강총의 『백원전』을 보충했다는 뜻이다. 내용은 부인을 白猿에게 약탈당한 梁나라 장수 구양흘이 우여곡절 끝에 부인을 구출했지만 그 부인은 이미 백원의 아이를 잉태하여 나중에 歐陽詢을 낳았다는 고사로, 초기 傳奇小說인 『古鏡記』·『遊仙屈』과 함께 神怪類의 대표작이다. 이 작품은 魏晉南北朝 時代에 민간에 널리 퍼져 있던 '獼猴盜劫美婦' 고사를 바탕으로 창작된 것이다. 일설에는 원숭이를 닮은 唐初의 名臣 구양순에게 불만을 품은 자가 그를 모욕하기 위하여 지었다고도 한다. 위진남북조 志怪小說의 영향이 아직 남아 있긴 하지만, 구성·묘사기교·인물형상·언어구사 등에서 훨씬 진일보된 면모를 보여 주고 있다.

梁大同末[1], 遣平南將軍藺欽南征[2], 至桂林[3], 破李師古·陳徹.

---

1) 大同: 南朝 梁 武帝의 年號(535~545).
2) 藺(린lìn)欽: 『南史』<列傳> 제51에는 蘭欽이라 되어 있음. 字는 休明. 梁 武帝 때 主將에 임명되어 南中 5郡의 諸洞을 평정했으며, 나중에 俚帥 陳文徹 형제를 격파하여 平南將軍에 제수됨.
3) 桂林: 지명. 秦始皇 때 설치된 郡으로 지금의 廣西省 象州縣에 있음.

別將歐陽紇略地至長樂4), 悉平諸洞5), 深入險阻. 紇妻纖白6), 甚美. 其部人曰7): "將軍何爲挈麗人經此8)? 地有神, 善竊少女, 而美者尤所難免, 宜謹護之." 紇甚疑懼, 夜勒兵環其廬9), 匿婦密室中, 謹閉甚固, 而以女奴十餘伺守之. 爾夕10), 陰風晦黑, 至五更, 寂然無聞. 守者怠而假寐11), 忽若有物驚寤者12), 卽已失妻矣. 關局如故13), 莫知所出. 出門山嶮, 咫尺迷悶, 不可尋逐. 迨明14), 絶無其跡.

紇大憤痛, 誓不徒還. 因辭疾15), 駐其軍, 日往四邏16), 卽深凌險以索之17). 旣逾月, 忽於百里之外叢篠上18), 得其妻繡履一隻, 雖

---

4) 歐陽紇(흘hé): 唐初의 文人·書法家인 歐陽詢의 아버지. 南朝 梁·陳에서 都督·車騎將軍 등의 관직을 지냄. /略地: 적지를 공략하다. / 長樂: 『太平御覽』 권172에 인용된 『十道志』의 "昭州平樂郡, 秦桂林郡地, 兩漢屬蒼梧郡."이라는 기록으로 보아, '長樂'이 '平樂'의 誤記가 아닌가 함.
5) 諸洞: 당시 廣西省 경내에 있던 소수민족의 거주지를 말함.
6) 纖(섬xiān)白: 몸매가 가냘프고 피부가 희다.
7) 部人: 구양흘이 주둔하고 통치하던 지방의 사람.
8) 挈(설qiè): 데리고 가다. 인솔하다. 거느리다. 이끌다.
9) 勒(륵lè)兵: 군대의 隊伍를 정비·점검하다.
10) 爾夕: 그 날 저녁.
11) 假寐: 언뜻 잠이 들다. 잠깐 잠을 자다.
12) 驚寤: 문뜩 깨우다.
13) 關局(경jiōng): 門戶를 닫아거는 빗장.
14) 迨(태dài)明: 아침에 이르다. '迨'는 이르다·미치다·도달하다는 뜻.
15) 辭疾: 병을 핑계 대다.
16) 四邏: 사방. 주위.
17) 卽深凌險: 깊은 계곡으로 나아가고 험준한 산을 넘다. '卽'과 '凌'은 모두 동사로 쓰였음.
18) 叢篠(소xiǎo): 야생의 가는 대나무 떨기.

爲雨侵濡, 猶可辨識. 紇尤悽悼, 求之益堅. 選壯士三十人, 持兵負糧, 巖棲野食. 又旬餘, 遠所舍約二百里, 南望一山, 蒼秀迥出19). 至其下, 有深溪環之, 乃編木以度20). 絶巖翠竹之間, 時見紅彩, 聞笑語音. 捫蘿引絙21), 而陟其上, 則嘉樹列植, 間以名花, 其下綠蕪22), 豊軟如毯. 淸迥岑寂23), 杳然殊境. 東向石門, 有婦人數十, 帔服鮮澤, 嬉游歌笑, 出入其中. 見人皆慢視遲立24), 至則問曰: "何因來此?" 紇具以對. 相視歎曰: "賢妻至此月餘矣25), 今病在牀, 宜遣視之." 入其門, 以木爲扉. 中寬闢若堂者三, 四壁設牀, 悉施錦薦. 其妻臥石榻上, 重茵累席, 珍食盈前. 紇就視之. 迴眸一睇26), 卽疾揮手令去.

諸婦人曰: "我等與公之妻, 比來久者十年27). 此神物所居, 力能殺人, 雖百夫操兵, 不能制也. 幸其未返, 宜速避之. 但求美酒兩斛28), 食犬十頭29), 麻數十斤, 當相與謀殺之. 其來必以正午後, 愼

---

19) 蒼秀迥(형jiǒng)出: 푸른 숲이 수려하고 멀리 우뚝 솟아 있다. '蒼'은 푸르다, '迥'은 멀다는 뜻.
20) 度: '渡'와 통함. 건너다.
21) 捫蘿引絙(긍gēng): 덩굴을 거머잡고 밧줄을 끌어 잡다. '絙'은 밧줄·새끼줄.
22) 綠蕪: 푸른 풀밭.
23) 淸迥: 산의 풍경이 수려하고 그윽하다. / 岑寂: 고요하다.
24) 慢視遲立: 걸음을 멈추고 물끄러미 바라보다.
25) 賢妻: 당신의 부인. '賢'은 상대방에 대한 존칭.
26) 迴眸(모móu)一睇(제dì): 눈을 돌려 한번 흘끔 보다. 이 구절의 주어는 구양흘의 처임.
27) 比來: 보통 '요사이' '근래'의 뜻으로 쓰이는데, 여기서는 문맥상 '이곳에 오다'의 뜻으로 쓰임. '比'는 '此'의 誤記로 보임.
28) 斛(곡hú): 용량의 단위로 처음에는 10말을 1곡이라 했으나 南宋 末에는 5말을 1곡이라 함.

勿太早. 以十日爲期." 因促之去. 紇亦遽退. 遂求醇醪與麻·犬30), 如期而往. 婦人曰: "彼好酒, 往往致醉31). 醉必騁力32), 俾吾等以綵練縛手足於牀, 一踊皆斷. 常紉三幅33), 則力盡不解. 今麻隱帛中束之, 度不能矣34). 遍體皆如鐵, 唯臍下數寸, 常護蔽之, 此必不能禦兵刃." 指其傍一巖曰: "此其食廩. 當隱於是, 靜而伺之. 酒置花下, 犬散林中, 待吾計成, 招之卽出." 如其言, 屛氣以俟35).

日晡36), 有物如匹練37), 自他山下, 透至若飛38), 徑入洞中. 少選39), 有美髯丈夫, 長六尺餘, 白衣曳杖, 擁諸婦人而出. 見犬驚視, 騰身執之, 披裂吮咀40), 食之致飽. 婦人競以玉杯進酒, 諧笑甚歡. 旣飮數斗, 則扶之而去. 又聞嬉笑之音. 良久, 婦人出招之, 乃持兵而入. 見大白猿, 縛四足於牀頭, 顧人蹙縮41), 求脫不得, 目光

---

29) 食犬: 식용 개.
30) 醇(순chún)醪(료láo): 순수하고 진한 술.
31) 致醉: 실컷 취하다. 진탕 취하다.
32) 騁(빙chěng)力: 힘을 발산하다.
33) 紉(인rèn): 붙들어 매다. 묶다. / 三幅: 세 겹.
34) 度(탁度duó): 헤아리다. 생각하다. 짐작하다.
35) 屛氣: 숨을 죽이다.
36) 日晡(포bū): 해질 무렵. '晡'는 申時로서 오후 3시부터 5시까지의 시간.
37) 匹練: 원래는 한 필의 흰 명주를 말하나 보통 白馬가 날 듯이 질주하는 것을 형용할 때 씀. 옛날 顔回가 멀리서 吳門을 바라보고 있을 때 한 필의 명주를 보았는데 그것이 바로 백마였다고 함. 李白의 시에도 "馬如一匹練, 明日過吳門"이라는 구절이 있음.
38) 透至: 곧장 이르다. 쏜살같이 이르다.
39) 少選: '少時'와 같음. 잠시 후. 잠깐 뒤에.
40) 吮(연shǔn)咀(저jǔ): 피를 빨고 고기를 씹다.
41) 蹙(축cù)縮: 몸을 움츠리다. 여기서는 결박을 풀려고 애쓰는 모습을 나타냄.

如電. 競兵之⁴²⁾, 如中鐵石. 刺其臍下, 卽飮刃⁴³⁾, 血射如注. 乃大歎咤曰⁴⁴⁾: "此天殺我, 豈爾之能? 然爾婦已孕, 勿殺其子, 將逢聖帝⁴⁵⁾, 必大其宗." 言絶乃死.

搜其藏, 寶器豊積, 珍羞盈品, 羅列案几. 凡人世所珍, 靡不充備⁴⁶⁾. 名香數斛, 寶劍一雙. 婦人三十輩, 皆絶其色, 久者至十年. 云, 色衰必被提去, 莫知所置. 又捕採唯止其身⁴⁷⁾, 更無黨類. 且盥洗⁴⁸⁾, 著帽, 加白袷⁴⁹⁾, 被素羅衣, 不知寒暑. 遍身白毛, 長數寸. 所居常讀木簡⁵⁰⁾, 字若符篆, 了不可識⁵¹⁾, 已則置石磴下. 晴晝或舞雙劍, 環身電飛, 光圓若月. 其飮食無常⁵²⁾, 喜啗果栗, 尤嗜犬, 咀而飮其血. 日始逾午, 卽欻然而逝⁵³⁾. 半晝往返數千里, 及晚必歸, 此其常也. 所須無不立得⁵⁴⁾. 夜就諸牀嬲戲⁵⁵⁾, 一夕皆周, 未嘗

---

42) 兵之: 무기로 찌르다. '兵'은 동사로 쓰임.
43) 飮刃: 칼날을 받아들이다. 즉 칼날이 들어갔다는 뜻.
44) 歎咤(타zhà): 탄식하면서 질타하다.
45) 聖帝: 唐 太宗 李世民을 가리킴.
46) 靡不充備: 갖추어져 있지 않은 것이 없다. '靡'는 '無'의 뜻.
47) 捕採唯止其身: 붙잡아 오는 것은 오로지 그 자신뿐이다. 즉 美女를 약탈해 오는 일은 白猿 혼자서 한다는 뜻. '止'는 '只'와 통함.
48) 盥(관guàn)洗: 세수하다.
49) 白袷(겁jié): 흰 동구레 깃. '袷'은 가슴 앞에 길게 걸치는 깃.
50) 簡: 戰國時代에서 魏·晉時代까지 종이 대신 사용한 가늘고 긴 형태의 판때기로, 나무로 된 것은 木簡, 대나무로 된 것은 竹簡이라고 함.
51) 了: 전혀. 조금도. 도무지.
52) 飮食無常: 먹고 마시는 데 일정한 시간이나 음식물이 없다는 뜻.
53) 欻(홀xū)然: '忽然'과 같음. 훌쩍. 갑자기.
54) 所須無不立得: 필요한 것은 즉시 얻지 못한 적이 없다. '立'은 즉시·당장.
55) 嬲(뇨niǎo)戲: 희롱하다.

寢寐. 言語淹詳56), 華旨會利57). 然其狀, 卽猳玃類也58). 今歲木落之初59), 忽愴然曰: "吾爲山神所訴, 將得死罪. 亦求護之於衆靈, 庶幾可免60)." 前月哉生魄61), 石磴生火, 焚其簡書, 悵然自失曰: "吾已千歲, 而無子. 今有子, 死期至矣." 因顧諸女, 汍瀾者久之62), 且曰: "此山峻絶, 未嘗有人至. 上高而望, 絶不見樵者, 下多虎狼怪獸. 今能至者, 非天假之, 何耶?"

紇卽取寶玉珍麗及諸婦人以歸, 猶有知其家者. 紇妻周歲生一子63), 厥狀肖焉64). 後紇爲陳武帝所誅65). 素與江總善66), 愛其子聰悟絶人, 常留養之, 故免於難. 及長, 果文學善書, 知名於是.

---

56) 言語淹詳: 하는 말이 해박하고 분명하다. '淹'은 넓고 깊다는 뜻.
57) 華旨會利: 깊은 뜻이 사리에 들어맞고 예리하다. '會'는 '適'의 뜻.
58) 猳(가jiá)玃(확jué): 전설상의 동물로 '猴玃' 또는 '馬化'라고도 함. 전설에 따르면 원숭이 같은 모습에 키는 7척이며 사람처럼 잘 달릴 수 있고 종종 아리따운 여자를 납치해 간다고 함. 魏晉南北朝 志怪小說인 『博物志』·『述異記』 등에 보임.
59) 木落之初: 처음 낙엽이 지는 때. 즉 초가을.
60) 庶幾: 아마도, 거의.
61) 哉生魄: 처음 달빛이 생겨나는 때. 보통 음력 초이틀이나 초사흘을 가리킴. '哉'는 '始'의 뜻. '魄'은 달빛을 뜻함. 또는 '魄'을 검은 자위로 해석하여 달에 처음으로 검은 자위가 생겨나는 때, 즉 음력 16일을 뜻한다고도 함.
62) 汍(환wán)瀾: 눈물을 주르륵 흘리는 모양.
63) 周歲: 만 1년.
64) 厥狀肖焉: 그 모습이 白猿을 닮았다. '厥'은 '其'의 뜻.
65) 陳武帝: 성은 陳, 이름은 霸先, 자는 興國. 梁나라를 이어 陳나라를 세워 2년간 (557~558) 재위함.
66) 江總: 519~594. 자는 總持. 일찍이 梁나라에서 太子中宮舍人을 지낸 뒤 陳나라 때는 太子詹事를 거쳐 僕射尙書令에 올랐으며, 隋나라 때는 上開府에 임명됨. 특히 陳 後主 때 정무를 돌보지 않고 매일 연회와 사치를 일삼아 '君臣皆昏'이라는 비판을 받음.

離魂記

> 『이혼기』는 唐代 陳玄祐가 지었다. 『太平廣記』 권385에는 <王宙>라는 제목으로 실려 있으며, "出『離魂記』"라고 출전을 밝혀 놓았다. 문장 중간에 "事出陳玄祐『離魂記』"라는 구절이 들어 있는 것으로 보아 원래 『이혼기』에는 <왕주> 고사 외에 다른 문장도 있었던 것으로 추정할 수 있다. 그러나 『태평광기』는 대부분 人名을 제목으로 했기 때문에 『이혼기』 대신 <왕주>라는 제목으로 바꾸었을 가능성이 높다. 내용은 현실생활에서 이룰 수 없는 두 남녀의 기이한 사랑을 묘사한 것으로, 애정고사에 신괴적인 요소가 가미되어 있다. 이 작품은 元代 鄭光祖의 雜劇 『迷靑瑣倩女離魂』의 바탕이 되었으며, 기타 詩文에도 자주 인용되는 典故 가운데 하나이다.
>
> 陳玄祐는 唐 代宗[李豫] 大曆年間(766~779) 때 사람이며, 기타 자세한 사적은 알 수가 없다.

　　天授三年[1], 淸河張鎰[2], 因官家於衡州[3]. 性簡靜, 寡知友. 無子, 有女二人. 其長早亡, 幼女倩娘[4], 端姸絶倫[5]. 鎰外甥太原王宙[6],

---

1) 天授三年: AD 692년. '天授'는 唐 則天武后의 연호(690~692).
2) 淸河: 郡名. 貝州라고도 함. 治所는 지금의 河北省 淸河縣. / 張鎰(일yì): 人名.
3) 家: 거주하다. 거처를 정하다. / 衡州: 郡名. 衡陽郡이라고도 함. 治所는 지금의 湖南省 衡陽市.
4) 幼女: 작은 딸. 막내 딸. / 倩(천qiàn)娘: 人名.
5) 端姸(연yán): 단정하고 아름답다. 端雅하다. / 絶倫: 무리 중에서 뛰어나다. 매우 빼어나다.
6) 外甥(생shēng): 생질. 조카. / 太原: 府名. 幷州라고도 함. 治所는 지금의 山西省

幼聰悟, 美容範7). 鎰常器重8), 每曰: "他時當以倩娘妻之9)."

後各長成. 宙與倩娘相私感想於寤寐10), 家人莫知其狀. 後有賓寮之選者求之11), 鎰許焉. 女聞而鬱抑12), 宙亦心恚恨13). 託以當調14), 請赴京, 止之不可, 遂厚遣之15). 宙陰恨悲慟16), 決別上船. 日暮, 至山郭數里. 夜方半, 宙不寐, 忽聞岸上有一人行聲甚速, 須臾至船17). 問之, 乃倩娘徒行跣足而至18). 宙驚喜發狂19), 執手問其從來20). 泣曰: "君厚意如此, 寢夢相感. 今將奪我此志, 又知君深情不易, 思將殺身奉報, 是以亡命來奔21)." 宙非意所望22), 欣躍

太原市. / 王宙: 人名.
7) 美容範: 용모와 예의범절이 훌륭하다.
8) 器重: 기량을 중히 여기다. 중시하다. 신임하다.
9) 他時: 다른 날. 훗날. / 妻之: 아내로 삼게 하다. 즉 시집보내다.
10) 寤(오wù)寐(매mèi): 깨어 있을 때와 잠을 잘 때. 자나깨나. 언제나.
11) 賓寮之選者: 幕僚 중에서 選部[吏部]의 관리 선발에 응시하려는 자. '寮'는 '僚'와 같음. '之'는 '가다'는 동사로 쓰임. '選'은 選部, 즉 吏部로서 전국 관리의 任免과 인사이동을 관장함. 唐代에는 科擧 及第者가 다시 吏部의 관리 선발에 응시하여 합격해야만 비로소 관직에 임명될 수 있었음.
12) 鬱(울yù)抑: 마음이 울적하고 답답하다.
13) 恚(에huì)恨: 몹시 원망스럽다. 원망에 사무치다.
14) 託以當調: 관리 선발에 응시하는 것을 핑계로 삼다. '託'은 '핑계 대다''빌미로 삼다'의 뜻. '調'는 '고르다''선발하다''전형하다'의 뜻.
15) 厚遣之: 후하게 대접하여 떠나 보내다. 경비를 두둑이 주어 보내다.
16) 陰: 남몰래. 속으로.
17) 須臾(유yú): 잠시 후. 곧.
18) 徒行: 걷다. 도보로 가다. / 跣(선xiǎn)足: 맨발.
19) 發狂: 몹시 흥분하다. 미칠 것 같다.
20) 從來: 자초지종. 일이 여기까지 이르게 된 연유.
21) 亡命: 도망가다. '명'은 호적을 말함. 옛날에는 도망자의 이름을 호적에서 삭제했는데 이를 '亡命'이라 함. / 奔(분bēn): 남녀가 정식 혼례 절차를 밟지 않고 私

特甚. 遂匿倩娘於船23), 連夜遁去24). 倍道兼行25), 數月至蜀26).

凡五年, 生兩子, 與鎰絶信27). 其妻常思父母, 涕泣言曰: "吾曩日不能相負28), 棄大義而來奔君29). 向今五年30), 恩慈間阻31). 覆載之下32), 胡顔獨存也33)?" 宙哀之, 曰: "將歸, 無苦34)." 遂俱歸衡州.

旣至, 宙獨身先至鎰家, 首謝其事35). 鎰曰: "倩娘病在閨中數年, 何其詭說也36)!" 宙曰: "見在舟中37)." 鎰大驚, 促使人驗之38). 果見倩娘在船中, 顔色怡暢39), 訊使者曰: "大人安否40)?" 家人異之,

---

通하는 것을 '奔'이라 하는데, 보통 여자가 남자를 찾아 나서는 경우를 말함.
22) 非意: 不意에. 뜻밖에. 생각지도 않게.
23) 匿(닉nì): 숨기다.
24) 連夜: 계속 밤을 도타서. / 遁去: 도망가다.
25) 倍道兼行: 길을 재촉하여 빨리 가다.
26) 蜀: 지금의 四川省 지역.
27) 絶信: 소식을 끊다. '信'은 '書信''소식'의 뜻.
28) 曩(낭nǎng)日: 지난 날. / 負: 저버리다. 배반하다.
29) 棄大義: 禮義를 버리다. 예의를 무시하다.
30) 向今: 옛날부터 지금까지.
31) 恩慈: 부모를 뜻함. / 間阻: 막혀 있다. 떨어져 있다.
32) 覆載之下: 세상 천지. '覆載'는 '天覆地載'의 뜻으로 '천지''세상'을 말함.
33) 胡顔: 무슨 낯으로. 무슨 얼굴로. '胡'는 '何'와 같음.
34) 無苦: 걱정하지 말라. '無'는 금지를 나타내는 '勿'과 같음.
35) 首謝: 스스로 사죄하다. '首'는 '자수하다'의 뜻.
36) 詭(궤guǐ)說: 터무니없는 괴상한 말.
37) 見: '現'과 통함.
38) 驗之: 證驗하다. 사실을 확인하다.
39) 怡(이yí)暢: 온화하고 환하다. 기쁘고 즐겁다.
40) 大人: 부모나 손윗사람에 대한 존칭.

疾走報鎰. 室中女聞喜而起, 飾粧更衣41), 笑而不語, 出與相迎, 翕然而合爲一體42), 其衣裳皆重43). 其家以事不正44), 秘之. 惟親戚間有潛知之者45). 後四十年間, 夫妻皆喪. 二男並孝廉擢第46), 至丞·尉47). [事出陳玄祐『離魂記』云.]

玄祐少常聞此說, 而多異同, 或謂其虛. 大曆末48), 遇萊蕪縣令張仲覝49), 因備述其本末. 鎰則仲覝堂叔, 而說極備悉50), 故記之.

---

41) 飾粧更衣: 단장하고 옷을 갈아입다.
42) 翕(흡xī)然: 감쪽같이. 두 물건이 하나로 합쳐지는 모양.
43) 重(chóng): 겹치다. 중복되다.
44) 不正: 괴이한 일이 벌어진 것과 여자가 '私奔'한 것을 두고 한 말.
45) 潛知: 암암리에 알다. 비밀리에 알다.
46) 孝廉擢(탁zhuó)第: 孝廉의 신분으로 明經科 또는 進士科에 급제하다. 여기에서의 '孝廉'은 품행이 효성스럽고 청렴하여 州郡에서 과거 응시에 추천한 사람을 말함.
47) 丞: 縣丞을 말함. 縣令을 도와 縣의 政務를 처리하는 관리. / 尉: 縣尉를 말함. 縣의 치안을 책임지는 관리.
48) 大曆: 唐 代宗 李豫의 연호(766~779).
49) 萊蕪縣: 지금의 山東省에 속함. / 張仲覝: 人名. 미상.
50) 備悉: 모두 갖추다. 자세하게 구비하다.

枕中記

『침중기』는 唐代 沈旣濟가 지었다. 『太平廣記』 권82에는 <呂翁>이라는 제목으로 실려 있고 말미에 "出『異聞集』"이라고 그 출전을 밝혀 놓았다. 『이문집』은 唐代 陳翰이 편찬한 傳奇集이다. 또한 『文苑英華』 권833에는 『침중기』라는 제목으로 실려 있는데, 『태평광기』의 문장과 많이 다르다. 한편 『搜神記』의 佚文에 들어 있는 <楊林> 고사는 그 기본 줄거리가 『침중기』와 흡사하여 『침중기』의 창작에 직접적인 영향을 미친 것으로 보인다. 『침중기』는 『南柯太守傳』과 함께 夢幻類 傳奇小說의 대표작으로서, 속세에서 부귀영화를 추구하는 사람들을 우회적으로 비판하고 있으며, 인생은 한낱 꿈에 불과하다는 주제는 佛道思想의 영향을 받았음을 보여준다. 이 작품은 '邯鄲之夢'·'黃粱一夢'이라는 고사성어의 출전이 되었으며, 후대 戱曲 작품 가운데 元代 馬致遠의 『邯鄲道省悟黃粱夢』, 明代 蘇漢英의 『呂眞人黃粱夢境記』, 湯顯祖의 『邯鄲記』 등이 모두 그 영향을 받았다.

沈旣濟(약750~800)는 蘇州 吳[지금의 江蘇省 蘇州市] 사람으로 唐代의 문학가·역사가이다. 經學과 史學에 정통했으며, 德宗 때 楊炎의 추천으로 左拾遺와 史館修撰에 임명되어 『建中實錄』 10권을 편찬했는데, 훌륭하다는 평을 받았다. 貞元年間(785~804)에 楊炎이 죄를 짓자 그 사건에 연루되어 處州 司戶參軍으로 좌천되었다가, 나중에 다시 入朝하여 禮部員外郎을 역임했다. 傳奇 작품에는 『침중기』 외에 『任氏傳』이 있다.

開元十九年[1], 道者呂翁經邯鄲道上[2], 邸舍中設榻施席[3], 擔囊

---
1) 開元十九年: AD 731년. '開元'은 唐 玄宗 李隆基의 연호(713~741)

而坐4). 俄有邑中少年盧生5), 衣短褐, 乘靑駒, 將適於田6), 亦止邸中. 與翁接席, 言笑殊暢7). 久之, 盧生顧其衣裝弊褻8), 乃歎曰: "大丈夫生世不諧9), 而困如是乎?" 翁曰: "觀子膚極腴10), 體胖無恙11), 談諧方適12), 而歎其困者, 何也?" 生曰: "吾此苟生耳13), 何適之爲?" 翁曰: "此而不適, 而何爲適?" 生曰: "當建功樹名, 出將入相14), 列鼎而食15), 選聲而聽, 使族益茂而家用肥16), 然後可以言其適. 吾志於學而游於藝17), 自惟當年朱紫可拾18). 今已過壯

---

2) 道者: 道士. 道術과 神仙術을 부리는 사람. / 呂翁: 呂氏 姓을 가진 노인. / 邯(한hán)鄲(단dān): 지금의 河北省 邯鄲市. 전국시대에는 趙國의 도성으로서 趙王城이라 했으며 고대 상업 중심지 가운데 하나.
3) 邸(저dǐ)舍: 원래는 諸侯들이 入朝하여 수도에서 머무르는 집을 뜻했으나, 나중에는 旅館이나 客舍의 의미로 쓰임.
4) 擔: 둘러메다. 『太平廣記』明鈔本에는 '解'로 되어 있음. / 囊(낭náng): 자루. 부대. 봇짐.
5) 俄: 잠시 후. / 邑: '縣'과 같은 뜻. 여기서는 邯鄲縣을 말함. / 少年: 젊은이. / 盧生: 盧氏 姓을 가진 젊은이. '生'은 청년남자에 대한 호칭.
6) 適: '가다'는 동사로 쓰임.
7) 殊暢: 매우 유쾌하다. 매우 즐겁다.
8) 弊褻(설xiè): 헤어지고 더럽다. 떨어지고 지저분하다.
9) 不諧: 원하는 바와 일치되지 않다. 뜻한 바대로 되지 않다. 만족스럽지 않다.
10) 腴(유yú): '腴'와 통함. 매끄럽다. 기름지다.
11) 胖(반pán): 편안하고 안락하다. / 恙(양yàng): 질병. 근심. 걱정.
12) 適: 뜻에 적합하다. 만족하다. 흡족하다.
13) 苟生: 구차하게 살아가다.
14) 出將入相: 조정을 나와서는 장수가 되고 조정에 들어가서는 재상이 되다.
15) 列鼎而食: 요리 솥을 늘어놓고 식사하다. 즉 호사스런 생활을 말함.
16) 族: 一族. / 肥: 풍부하다.
17) 志於學而游於藝: 학문에 뜻을 두고 技藝를 익히다. '藝'는 禮·樂·射·御·書·數의 육예를 말함. 『論語·爲政』에서 나온 말.

室19), 猶勤田畝20), 非困而何?" 言訖21), 目昏思寐. 是時主人蒸黃粱爲饌22), 翁乃探囊中枕以授之曰: "子枕此, 當令子榮適如志23)."

其枕瓷而竅其兩端24). 生俯首就之. 寐中, 見其竅大而明朗可處25). 擧身而入, 遂至其家. 娶淸河崔氏女26), 女容甚麗而産甚殷27), 由是衣裘服御28), 日已華侈. 明年, 擧進士, 登甲科29), 解褐授校書郞30). 應制擧31), 授渭南縣尉32). 遷監察御史33), 轉起居舍

---

18) 自惟: 스스로 생각하다. / 朱紫: 唐代의 官服은 색깔에 따라 등급을 나누었는데 朱色과 紫色은 최고의 品級임. 여기서는 高官을 말함. / 可拾: 여기서는 물건을 줍듯이 쉽다는 뜻.
19) 壯室: 30세. 옛날에는 30세를 '壯'이라 함.
20) 田畝(무mǔ): 논[밭] 두렁.
21) 訖(흘qì): 말을 마치다. 끝내다.
22) 蒸黃粱爲饌: 黃粱을 쪄서 밥을 짓다. '黃粱'은 메조를 말함.
23) 榮適如志: 영화가 뜻대로 이루어지다.
24) 其枕瓷而竅(규qiào)其兩端: 그 베개는 瓷器로 되어 있고 양끝에 구멍이 나 있다.
25) 明朗: 밝다. 훤하다. / 可處: 몸을 들일 만 하다.
26) 淸河崔氏: 唐代 三大 族姓 가운데 하나. '淸河'는 지금의 河北省에 속함.
27) 殷: 풍족하다. 풍부하다.
28) 服御: 입는 것과 타는 것.
29) 登: 登第하다. 합격하다. / 甲科: 唐代의 과거제도는 進士科에 甲·乙 二科가 있었음.
30) 解褐(갈hè): '解'는 '벗다', '褐'은 '거친 베 옷'의 뜻. 즉 빈천한 사람이 입는 거친 베옷을 벗고 관복을 입는 다는 뜻으로 처음 관리가 되는 것을 말함. / 校書郞: 秘書省에 속하는 관리로 전적의 교정을 맡음.
31) 制擧: 일단 과거에 합격한 사람이 다시 황제 앞에서 직접 시험보는 것을 말함. 고정된 과목은 없었음.
32) 授: 除授하다. 임명하다. '授'"除"拜'는 모두 임명하다는 뜻. / 渭南縣尉: 官名. 渭南縣의 縣尉. 渭南縣은 지금의 陝西省 渭河의 남쪽에 있었음. 縣尉는 縣令의 屬官으로서 치안을 담당함.
33) 監察御史: 官名. 주로 百官을 감찰하고 州縣의 訟事·軍事·出納 등을 조사하

人爲制誥34). 三年卽眞35), 出典同州36), 尋轉陝州37). 生好土功38), 自陝西開河八十里39), 以濟不通. 邦人賴之, 立碑頌德. 遷汴州嶺南道採訪使40), 入京爲京兆尹41). 是時, 神武皇帝方事夷狄42), 吐蕃新諾羅・龍莽布攻陷瓜沙43), 節度使王君㚟與之戰於河湟44), 敗績45). 帝思將帥之任, 遂除生御史中丞・河西隴右節度使. 大破戎

는 관리.

34) 起居舍人爲制誥: 起居舍人의 신분으로 知制誥의 직무를 대행하다. '起居舍人'은 詔令・侍從・宣旨・慰勞 등의 일을 관장하며, '知制誥'는 詔令의 초안을 맡음.

35) 卽眞: 대리직으로부터 실제직을 맡다. '卽'은 '나아가다'의 뜻.

36) 出典同州: 지방으로 나가 동주를 다스리다. '典'은 '맡다''다스리다'의 뜻. '同州'는 州名으로 지금의 陝西省 渭水 이북과 洛水 이동 지역.

37) 陝(섬shǎn)州: 州名. 지금의 河南省 三門峽市 부근에 治所가 있었음.

38) 好(hào)土功: 토목공사 일으키는 것을 좋아하다.

39) 開河: 운하를 뚫다.

40) 汴(변biàn)州: 州名. 지금의 河南省 開封市에 治所가 있었음. 당시에는 河南道에 속함. / 採訪使: 官名. 즉 採訪處置使를 말함. 각 道에 설치하여 소속 州縣 관리의 탄핵과 천거를 맡음.

41) 京兆尹: 관명. 수도 지역의 책임을 맡은 장관.

42) 神武皇帝: 唐 玄宗에 대한 尊號. 정식 호칭은 '開元天寶聖文神武應道皇帝'임. / 方事夷狄: 바야흐로 夷狄과 일이 벌어짐[전쟁이 일어남]. 여기서 '夷狄'은 吐蕃을 말함.

43) 吐蕃新諾羅・龍莽布攻陷瓜沙: 『舊唐書・吐蕃傳』의 기록에 따르면 開元 15년 (756) 9월에 吐蕃大將 悉諾邏恭祿과 蜀龍莽布支가 瓜州城을 공격하여 함락시켰으며, 河西節度使 王君㚟은 迴紇 殘黨에게 살해당했다고 함. '瓜沙'는 瓜州로 唐나라 때 西沙州로 개칭했으며, 지금의 甘肅省 敦煌縣에 있었음.

44) 節度使王君㚟(작)與之戰於河湟: 『舊唐書・玄宗本紀』의 기록에 따르면 開元 15년 9월에 迴紇部落이 甘州의 鞏筆驛에서 王君㚟을 죽였다고 함. 따라서 王君㚟은 吐蕃에게 살해된 것이 아니라 迴紇에게 살해되었으므로 본문의 내용과는 다름. 王君㚟은 開元年間에 河西隴右節度使를 지냄. '河湟'은 黃河와 湟水 일대를 말함.

45) 敗績: 패하다.

虜46), 斬首七千級47), 開地九百里, 築三大城以防要害48). 北邊賴
之, 以石紀功焉. 歸朝策勳49), 恩禮極崇. 轉御史大夫·吏部侍郎50),
物望淸重51), 羣情翕習52). 大爲當時宰相所忌, 以飛語中之53), 貶
端州刺史54). 三年徵還, 除戶部尙書55). 未幾56), 拜中書侍郎同中
書門下平章事57). 與蕭令嵩·裴侍中光庭同掌大政十年58). 嘉謀密
命59), 一日三接60), 獻替啓沃61), 號爲賢相. 同列者害之, 遂誣與邊

---

46) 戎虜(로lǔ): 오랑캐. '戎'은 서쪽 外族, '虜'는 북쪽 外族에 대한 卑稱.
47) 級: 목잘린 머리를 세는 단위.
48) 要害: 지형이 적을 막기에 편리한 곳. 즉 요충지.
49) 策勳: 공훈을 기록하다. 論功行賞하다.
50) 御史大夫: 官名. 御史臺의 臺長. 御史臺는 중앙의 최고 職權이 있는 곳으로 臺院[侍御史]·殿院[殿中侍御史]·察院[監察御史]로 나뉘어져 있는데, 御史大夫는 실질적인 업무를 직접 관리하지는 않음. / 吏部侍郎: 官名. 吏部尙書의 副職. 吏部는 내외 관리의 선발·책봉·탄핵 등을 관장함.
51) 物望: 名望. 威望. / 淸重: 뛰어나고 대단함.
52) 羣情: 여러 사람의 마음. 즉 인심. / 翕(흡xī)習: 한 곳으로 모이는 모양.
53) 飛語: 流言蜚語. 근거 없는 말. 떠도는 말. / 中(zhòng)之: 中傷하다.
54) 端州: 州名. 지금의 廣東省 肇慶市에 治所가 있었음. / 刺史: 州郡의 최고 행정 장관. 太守와 같은 말.
55) 戶部尙書: 官名. 戶部의 장관. 戶部는 원래 '民部'라고 했으나 唐 高宗 때 太宗 李世民의 이름을 避諱하여 '戶部'로 고침. 국가의 재무행정을 관장하는 최고 기구.
56) 未幾: 시간적으로 얼마 되지 않아서.
57) 中書侍郎同中書門下平章事: 官名. '中書侍郎'은 中書省의 장관. 唐代의 중앙 행정기구는 中書·門下·尙書의 3省으로 나뉘어져 있었는데, 中書省에서 정책을 결정하면 門下省의 심의를 거쳐 尙書省에서 집행했음. '中書侍郎同中書門下平章事'는 宰相에 해당함.
58) 蕭令嵩: 中書令 蕭嵩. 開元年間에 兵部尙書·中書令 등을 지냄. / 裴侍中光庭: 侍中 裴光庭. 字는 連城이며 侍中·吏部尙書·弘文館學士 등을 지냄.
59) 嘉謀密命: 황제에게 바치는 훌륭한 계책과 황제가 내리는 은밀한 詔令.

將交結, 所圖不軌62), 下獄. 府吏引從至其門, 追之甚急. 生惶駭不測63), 泣謂其妻子曰: "吾家本山東64), 良田數頃, 足以禦寒餒65), 何故求祿? 而今及此, 思復衣短裘, 乘靑駒, 行邯鄲道中, 不可得也." 引刀欲自裁, 其妻救之, 得免. 共罪者皆死, 生獨有中人保護66), 得減死論67), 出授驩牧68). 數歲, 帝知其寃, 復起爲中書令, 封趙國公69), 恩旨殊渥70), 備極一時. 生有五者, 儉·倜·儉·位·倚. 儉爲考貢員外71), 儉爲侍御使72), 位爲太常丞73), 倜爲萬年尉74). 季子倚最賢, 年二十四, 爲右補闕75). 其姻媾皆天下族望76), 有孫

---

60) 一日三接: 하루에 세 번 황제를 접견하다. 즉 황제와의 관계가 매우 가깝다는 뜻.
61) 獻替啓沃: '獻替'는 '獻可替否'의 준말로 좋은 계책은 바치고 좋지 않은 것은 버린다는 뜻. '啓沃'은 자신의 마음을 열어서 황제의 마음을 기름지게 한다는 뜻으로, 자신의 흉금을 털어놓고 생각하는 바를 황제에게 아뢰는 것을 말함.
62) 所圖不軌(궤guǐ): 도모하는 바가 올바르지 않다. 즉 逆謀를 꾀한다는 뜻. '軌'는 '正道' '法道'의 뜻.
63) 惶(황huáng)駭(해hài)不測: 당황하고 두려워서 앞날을 알 수 없다.
64) 本: 근본으로 하다. 본적을 두다. / 山東: 太行山 이동 지역으로 名門大姓들이 많았음. 盧氏도 山東의 大姓 가운데 하나.
65) 寒餒(뇌něi): 춥고 굶주리다.
66) 中人: 中官. 즉 太監으로 조정의 高官貴族.
67) 減死論: 사형 선고를 감하다. 즉 사형을 감형 받다.
68) 驩(환huān)牧: 驩州牧史. '驩州'는 지금의 베트남 북부 지역. 牧史는 太守와 같음.
69) 趙國公: 邯鄲이 옛날 전국시대 趙國에 속했으므로 趙國公에 봉한 것임.
70) 恩旨: 황제의 은총. 은택. / 殊渥(악wò): 특별히 후하다. 두텁다.
71) 考貢員外: 官名. 즉 考貢員外郎. 내외 문무 관리의 공적 심사를 맡음.
72) 侍御使: 官名. '侍御'라고도 함. 관리의 불법을 규찰하거나 어명을 수행하기도 함.
73) 太常丞: 官名. 太常寺(시) 밑의 속관. 주로 종묘제사의 일을 관장함.
74) 萬年尉: 萬年縣의 縣尉. '萬年縣'은 지금의 陝西省 西安市에 治所가 있었음.
75) 右補闕: 官名. 諫官으로 中書省에 속함. 황제에게 간언하거나 詔書의 잘못을

十餘人. 凡兩竄嶺表77), 再登臺鉉78), 出入中外79), 迴翔臺閣80), 三十餘年間, 崇盛赫奕, 一時無比. 末節頗奢湯81), 好逸樂, 後庭聲色皆第一. 前後賜良田·甲第·佳人·名馬82), 不可勝數. 後年漸老, 屢乞骸骨83), 不許. 及病, 中人候望84), 接踵於路85), 名醫上藥畢至焉86). 將終, 上疏曰: "臣本山東書生, 以田圃爲娛. 偶逢聖運, 得列官序. 過蒙榮獎, 特授鴻私87), 出擁旄鉞88), 入升鼎輔89). 周旋中外, 綿歷歲年. 有忝恩造90), 無裨聖化91). 負乘致寇92), 履薄戰

바로잡는 일을 맡음. 左補闕은 門下省에 속함.

76) 姻媾(구gòu): 혼인으로 맺어진 인척관계. / 族望: 名門 閥族. 勢族.
77) 竄(찬cuàn): 좌천 또는 유배 당하다는 뜻. / 嶺表: '表'는 '끝' '가장자리'를 뜻함. 즉 廣東省 일대를 말함.
78) 臺鉉: '臺鼎' '臺衡'이라고도 함. 재상의 직위.
79) 中外: 조정의 안과 밖. 즉 중앙과 지방.
80) 迴翔臺閣: 尙書省에 재직하다. '迴翔'은 '높이 날아 선회하다'의 뜻인데 여기서는 '머물다' '재직하다'의 뜻으로 쓰임. '臺閣'은 尙書省을 가리키는데 궁정 안에 있었기 때문에 '臺閣'이라고 부름.
81) 末節: 말년. 노년.
82) 甲第: 최고로 좋은 집. '第'은 저택을 뜻함.
83) 乞骸骨: 늙음을 이유로 사직하고 귀향할 것을 청하다. '乞'은 '청하다'의 뜻.
84) 候望: 問候하다. 문안하다.
85) 接踵(종zhǒng)於路: 길에서 발뒤꿈치가 이어지다. 즉 발길이 끊이지 않다.
86) 上藥: 최고로 좋은 약. / 畢: 모두. 전부.
87) 鴻私: 황제의 크나크신 은총. '鴻'은 '크다'의 뜻.
88) 出擁旄(모máo)鉞(월yuè): 조정을 나가서는 旄節과 斧鉞을 쥐다. 즉 대장의 병권을 장악하다는 뜻. '旄'는 쇠꼬리로 만든 깃발, '鉞'은 큰 도끼로 모두 의장용에 쓰임.
89) 入升鼎輔: 조정을 들어가서는 재상에 오르다. '鼎輔'는 '宰輔', 즉 재상을 말함.
90) 有忝(첨tiǎn)恩造: 황송하게도 황제의 은덕을 입다. '忝'은 '황송하게' '분에 넘치게' '송구스럽게'의 뜻으로 겸손의 말.

兢93), 日極一日, 不知老之將至. 今年逾八十, 位歷三公94), 鐘漏幷
歇95), 筋骸俱弊, 彌留沈困96), 殆將溘盡97). 顧無誠效98), 上答休
明99), 空負深恩, 永辭聖代. 無任感戀之至100). 謹奉表稱謝以聞."
詔曰: "卿以俊德, 作朕元輔101). 出雄藩垣102), 入贊緝熙103). 昇平
二紀104), 寔卿是賴. 比因疾累105), 日謂痊除106). 豈遽沈頓107), 良

91) 裨(비bì): 보탬이 되다. / 聖化: 聖君의 교화.
92) 負乘致寇: 분에 넘치는 직분을 맡아 화를 이르게 하다. 『易經·繫辭上』에서 "負且乘, 致寇至."라 하고, 그 疏에서 "乘者, 君子之器也. 負者, 小人之事也. 施之於人, 卽在車騎之上, 而負於物也, 故寇盜知其非己所有, 於事竟欲奪之, 故曰: '負且乘, 致寇至'也."라고 함.
93) 履薄戰兢: 살얼음을 밟듯이 조심하다. 『詩經·小雅·小旻』에서 "戰戰兢兢, 如臨深淵, 如履薄冰."이라 함.
94) 三公: '三司'라고도 함. 漢代에는 丞相[大司徒]·太尉[大司馬]·御史大夫[大司空]를 '三公'이라 했는데, 唐代에 이를 답습하여 太尉·司徒·司空을 '三公'이라 함.
95) 鐘漏幷歇(헐xiē): 새벽을 알리는 종과 밤을 재는 물시계가 모두 멈추다. 즉 이미 목숨이 끝나간다는 뜻. '歇'은 '멈추다''그치다''다하다'의 뜻. 『三國志·魏書·田豫傳』에서 "年過七十, 而以居位, 譬猶鐘鳴漏盡而夜行不休, 是罪人也."라고 함.
96) 彌留: 병이 심하여 치유할 수 없거나 병이 위중하여 임종이 가까운 상태를 말함. / 沈困: 몹시 쇠약하다. 건강이 매우 좋지 않다.
97) 溘(합kè): 갑자기. 돌연 / 盡: 여기서는 '죽다'의 뜻.
98) 誠效: 정성을 다하다.
99) 休明: 훌륭하신 聖德. '休'는 '훌륭하다''아름답다'의 뜻.
100) 無任感戀之至: 감격과 사모의 지극한 마음을 감당할 길이 없다. '任'은 '감당하다''이겨내다'의 뜻.
101) 元輔: '鼎輔''宰輔'와 같은 뜻. 즉 재상.
102) 出雄藩垣(원yuán): 조정을 나가서는 藩鎭에서 雄威를 떨치다.
103) 入贊緝(집jī)熙: 조정을 들어와서는 광명스런 조정을 돕다. '緝熙'는 '光明'의 뜻.
104) 昇平: '升平''太平'과 같음. 태평성세. / 二紀: 24년. 1紀는 12년.
105) 比: 요즈음. 근자에. 근래에.

深憫默108).今遣驃騎大將軍高力士就第候省109), 其勉加針灸, 爲朕自愛. 燕冀無妄110), 期丁有喜111)." 其夕卒.

盧生欠伸而寤112), 見方偃於邸中, 顧呂翁在旁, 主人蒸黃粱尙未熟, 觸類如故113). 蹶然而興曰114): "豈其夢寐耶!" 翁笑謂曰: "人世之事, 亦猶是矣." 生撫然良久115), 謝曰: "夫寵辱之數116), 得喪之理, 生死之情, 盡知之矣. 此先生所以窒吾欲也117), 敢不受教!" 再拜而去.

---

106) 痊(전quán)除: 병이 낫다. 병이 호전되다.
107) 遽: 갑자기. / 沈頓(돈dùn): 기력이 쇠하여 병이 위중해짐.
108) 憫(민mǐn)默: 매우 딱하다. 가엽다.
109) 驃騎大將軍: 官名. 唐代의 一品 武官. / 高力士: 唐代의 宦官. 원래는 馮盎의 증손이었으나 高延福의 양자가 되어 姓을 高氏로 바꿈. 玄宗의 지극한 총애와 신임을 받아 驃騎大將軍·開府儀同三司 등을 지냄. 나중에 李國輔의 탄핵을 받아 巫州로 유배당함. / 第: 집. 저택. / 候省: 問候하다. 안부를 묻다.
110) 燕冀無妄: '燕'은 '편안하다'. '冀'는 '바라다'. 편안한 마음으로 망령된 일이 없기를 바라다.
111) 期丁有喜: '期'는 '기대하다'. '丁'은 '정녕'. 정녕 기쁜 소식이 있기를 기대하다.
112) 欠(흠qiàn)伸: 하품하고 기지개를 켜다.
113) 觸類如故: 눈에 보이고 손에 닿는 모든 것이 예전 그대로다.
114) 蹶(궐juě)然: 깜짝 놀라서 벌떡 일어나는 모양. / 興: 일어나다.
115) 撫然: 실심한 모양. 충격을 받아 멍한 모양.
116) 數: 운수. 운명.
117) 窒(질zhì): 막다.

李娃傳

『이와전』은 『汧國夫人傳』이라고도 하며 唐代 白行簡이 지었다. 『太平廣記』 권484에 수록되어 있으며 末尾에 "出『異聞集』"이라고 하여 그 출전을 밝혀 놓았다.[『異聞集』은 唐 陳翰이 편찬함] 『태평광기』 권484 이하의 9권에는 모두 단행본이 수록된 것으로 보아 『이와전』도 당시에 단행본으로 통행되었던 것 같다. 이와에 관한 고사는 당시 민간에서 널리 유전되어 민간 說話人들이 그녀를 '一枝花'라고 불렀는데, 『이와전』은 바로 그 <一枝花> 說話를 정리·가공하여 창작된 것이다. 그 내용은 기생 이와와 귀족 자제 鄭生의 파란만장한 애정고사로서 행복한 결말을 맺고 있는데, 자유롭고 진지한 사랑을 구가하는 한편 당시의 문벌혼인제도에 대한 일종의 풍자를 드리우고 있다. 『이와전』은 구상이 특이하고 구성이 치밀하며 묘사 기교가 탁월하고 내용 전개에 기복이 많아 唐代 傳奇小說 가운데 백미로 손꼽힌다. 元代 石君寶의 雜劇 『李亞仙花酒曲江池』와 明代 薛近袞의 傳奇 『繡襦記』 등은 모두 이 작품을 바탕으로 창작된 것이다.

白行簡(776~826)은 字가 知退이며 下邽[지금의 陝西省 渭南縣] 사람으로 저명한 시인 白居易의 동생이다. 唐 德宗 貞元 말년에 進士가 되어 憲宗 元和 15년(820)에 左拾遺에 제수된 뒤 司門員外郞과 主客郞中을 역임했으며 寶曆 2년(826)에 病死했다. 저작으로는 문집 20권이 있었다고 하나 이미 망실되었으며, 현존하는 것으로는 『이와전』 외에 또 다른 전기소설인 『三夢記』가 있다. 『舊唐書』와 『新唐書』의 <白居易傳> 뒤에 그의 傳이 첨부되어 있다.

汧國夫人李娃¹⁾, 長安之倡女也²⁾. 節行瓌奇³⁾, 有足稱者, 故監察御史白行簡爲傳述⁴⁾.

天寶中⁵⁾, 有常州刺史滎陽公者⁶⁾, 略其名氏, 不書. 時望甚崇, 家徒甚殷⁷⁾. 知命之年⁸⁾, 有一子, 始弱冠矣⁹⁾, 雋朗有詞藻¹⁰⁾, 迥然不群¹¹⁾, 深爲時輩推伏¹²⁾. 其父愛而器之¹³⁾, 曰: "此吾家千里駒也¹⁴⁾." 應鄉賦秀才擧¹⁵⁾, 將行, 乃盛其服玩車馬之飾, 計其京師薪

---

1) 汧(견qiān)國夫人: 汧國은 唐나라 때의 汧陽郡으로 隴州라고도 함. 치소는 지금의 陝西省 汧陽縣에 있었음. 國夫人은 命婦의 칭호로서『新唐書·百官志』에 "文武官一品, 國公之母妻, 爲國夫人."이라 함. / 李娃(와wá): 이씨 성을 가진 미모의 아가씨. '娃'는 미녀에 대한 통칭.
2) 倡女: 娼妓. 妓生. '倡'은 '娼'과 통함.
3) 節行瓌(괴guī)奇: 節操와 品行이 고귀하고 뛰어나다.
4) 監察御史: 隋·唐 때의 관명. 百官을 규찰하고 州縣을 순시하는 임무를 맡음.
5) 天寶: 唐 玄宗 李隆基의 연호(742~756).
6) 常州: 당대의 州名으로 치소는 지금이 江蘇省 武進縣. / 刺史: 당대에 州의 장관을 일컫던 말. / 滎(형xíng)陽公: '鄭公'이라고 하는 것과 같음. 당대에 정씨는 형양[지금의 河南省 滎陽縣]의 望族이었기 때문에 형양이 정씨의 代稱으로 쓰이기도 함.
7) 家徒甚殷: 집안에서 부리는 奴僕과 侍婢가 매우 많다. '殷'은 많다·풍부하다의 뜻.
8) 知命之年: 50세를 가리킴.『論語·爲政』에서 "五十而知天命."이라고 함.
9) 弱冠: 20세를 가리킴. 옛날에는 남자가 20살이 되면 冠禮를 행하여 성년이 되었음을 나타내지만 아직 壯年에 이르지는 않았기 때문에 그렇게 부름.
10) 雋朗: 영준하고 총명하다. '雋'은 '俊'과 같음. / 有詞藻: 文才가 있다.
11) 迥(형jiǒng)然不群: 특출하여 무리 짓지 않다. 즉 남달리 매우 뛰어나다는 뜻.
12) 推伏: 받들어 칭송하며 감복하다. '伏'은 '服'과 같음.
13) 器之: 중시하다. 신임하다.
14) 千里駒: 千里馬. 재능이 출중한 젊은이를 비유함.『三國志·魏書·曹休傳』에서 曹操가 조휴를 가리켜 "此吾家千里駒也."라고 함.
15) 應鄉賦秀才擧: 州縣의 천거를 받아 수도에서 과거시험에 응시하는 것을 말함.

儲之費16), 謂之曰: "吾觀爾之才, 當一戰而霸17). 今備二載之用, 且豊爾之給, 將爲其志也18)." 生亦自負, 視上第如指掌19).

自毗陵發20), 月餘抵長安, 居於布政里21). 嘗遊東市還, 自平康東門入22), 將訪友於西南. 至鳴珂曲23), 見一宅, 門庭不甚廣, 而室宇嚴邃24). 闔一扉25), 有娃方凭一雙鬟靑衣立26), 妖姿要妙27), 絶代未有. 生忽見之, 不覺停驂久之28), 徘徊不能去. 乃詐墜鞭於地, 候其從者, 勑取之29). 累眄於娃30), 娃回眸凝睇31), 情甚相慕. 竟不

당대의 과거제도에서는 주현에서 선발된 사람을 '鄕貢'이라 하고 과거 응시자를 통 털어 '秀才'라고 했는데, '鄕賦'는 바로 '鄕貢'을 말함. '賦'는 會試에 합격한 사람[貢士]을 가리킴. 수재는 보통 鄕試·會試·殿試의 세 단계 시험을 거침.

16) 薪儲(저chǔ)之費: 땔감·쌀 등을 포함한 생활비용.
17) 一戰而霸: 한번 응시하여 합격하다. 옛날에는 과거시험을 '文戰'이라고 함.
18) 爲(wèi)其志: 과거시험에서 及第하고자 하는 너의 뜻을 위하여.
19) 上第: 급제하다. 합격하다./指掌: 자기 손바닥을 가리키다. 일이 매우 쉬운 것을 비유함. '反掌'과 비슷한 뜻으로 쓰임. 『論語·八佾』에서 "知其說者之於天下也, 其如示諸斯乎! 指其掌."이라 함.
20) 毗(비pí)陵: 당대의 郡名으로 원래는 常州郡이었음. 치소는 지금의 江蘇省 武進縣.
21) 布政里: 즉 布政坊을 말함. 宋敏求의『長安志』卷10에 따르면, 포정리는 朱雀街 서쪽 第3街[皇城 第1街] 第4坊에 있었다고 함.
22) 平康: 장안의 平康里를 말함. 北里라고도 함. 당시에 기녀들이 모여 살던 곳.
23) 鳴珂曲: 平康里 안에 있던 작은 거리 이름.
24) 嚴邃(수suì): 엄숙하고 幽深하다.
25) 闔(합hé)一扉: 한쪽 사립문을 닫아 놓다. '闔'은 닫다·잠그다.
26) 雙鬟(환huán)靑衣: 두 갈래로 머리를 딴 하녀. '靑衣'는 하녀·婢女.
27) 妖姿要(요yāo)妙: 자태가 곱고 아름답다. '要妙'는 '要眇'라고도 하며 아름다운 모습을 뜻함.『九歌·湘夫人』에서 "美要眇兮宜修"라고 함.
28) 停驂(참cān): 말을 멈추다. '驂'은 수레를 끄는 4필의 말 중 양 옆의 곁말을 가리킴.
29) 勑(칙chì)取之: 채찍을 주워 오라고 명하다. '勑'은 '勅'과 같음. 원래 帝王의 勅

敢措辭而去.

　　生自爾意若有失, 乃密徵其友遊長安之熟者32), 以訊之. 友曰: "此狹邪女李氏宅也33)." 曰: "娃可求乎?" 對曰: "李氏頗贍. 前與通之者多貴戚豪族, 所得甚廣. 非累百萬, 不能動其志也." 生曰: "苟患其不諧34), 雖百萬, 何惜!"

　　他日, 乃潔其衣服, 盛賓從而往. 扣其門35), 俄有侍兒啓扃36). 生曰: "此誰之第耶?" 侍兒不答, 馳走大呼曰: "前時遺策郎也!" 娃大悅曰: "爾姑止之37). 吾當整妝易服而出." 生聞之私喜. 乃引至蕭牆間38), 見一姥垂白上僂39), 卽娃母也. 生跪拜前致詞曰: "聞茲地有隙院40), 願稅以居, 信乎41)?" 姥曰: "懼其淺陋湫隘42), 不足以辱

　　　令을 뜻하나 여기서는 그냥 '명령하다'의 뜻으로 쓰임.
30) 眄(면miàn): 곁눈질하다.
31) 回眸(모móu)凝睇(제dì): 눈을 돌려 응시하나. '眸'는 눈동자. '凝睇'는 응시하다·수시하다.
32) 徵: 구하다. 청하다.
33) 狹邪女: 妓女. '狹邪'는 '狹斜'라고도 하며 妓院의 대칭으로 쓰임. 옛날에는 기녀들이 대부분 작고 좁은 골목에 거주했기 때문에 이렇게 부름.
34) 苟患其不諧: 다만 그녀와 어울리지[같이 지내지] 못함을 근심하다. '苟'는 '只'의 뜻.
35) 扣(구kòu): 문34) 苟患其不諧: 다만 그녀와 어울리지[같이 지내지] 못함을 근심하다. '苟'는 '只'의 뜻.
36) 俄: 잠시 후. / 啓扃(경jiōng): 문을 열다. '扃'은 빗장.
37) 爾: 너. 2인칭 대명사. / 姑止之: 잠시 그를 붙잡아 두다. '姑'는 잠시·잠깐.
38) 蕭牆: 밖에서 집안이 훤히 들여다보이지 않도록 막은 가림벽.
39) 姥(모mǔ): 늙은 부인. / 垂白上僂(루lǚ): 백발을 늘어뜨리고 상체가 굽다. 즉 머리가 희고 허리가 굽었다는 뜻.
40) 隙(극xì)院: 비어 있는 방.
41) 信乎: 정말입니까? 확실합니까?

長者所處, 安敢言直耶⁴³⁾?" 延生於遲賓之館⁴⁴⁾, 館宇甚麗. 與生偶坐⁴⁵⁾, 因曰: "姥有女嬌小, 技藝薄劣, 欣見賓客, 願將見之." 乃命娃出. 明眸皓腕, 擧步豔冶⁴⁶⁾. 生遽驚起, 莫敢仰視. 與之拜畢, 敍寒燠⁴⁷⁾, 觸類姸媚⁴⁸⁾, 目所未覩. 復坐, 烹茶斟酒, 器用甚潔. 久之, 日暮, 鼓聲四動⁴⁹⁾. 姥訪其居遠近. 生紿之曰⁵⁰⁾: "在延平門外數里⁵¹⁾." 冀其遠而見留也. 姥曰: "鼓已發矣. 當速歸, 無犯禁." 生曰: "幸接歡笑, 不知日之云夕. 道里遼闊, 城內又無親戚, 將若之何?" 娃曰: "不見責僻陋, 方將居之, 宿何害焉." 生數目姥⁵²⁾. 姥曰: "唯唯⁵³⁾." 生乃召其家童, 持雙縑⁵⁴⁾, 請以備一宵之饌. 娃笑而止之曰: "賓主之儀, 且不然也. 今夕之費, 願以賓竁之家⁵⁵⁾, 隨其粗糲以進之⁵⁶⁾. 其餘以俟他辰⁵⁷⁾." 固辭, 終不許. 俄徙坐西堂, 幃

---

42) 湫(추jiǎo)隘(애ài): 낮고 비좁다. '湫'는 움푹 패이고 눅눅하다.
43) 安敢言直: 어찌 감히 방세를 말하겠습니까? '直'은 '値'와 같음.
44) 遲(지zhì)賓之館: 손님을 접대하는 홀. 迎賓館. '遲'는 '접대하다'의 뜻으로 쓰임.
45) 偶坐: 함께 앉다. 마주 앉다.
46) 擧步豔(염yàn)冶(야yě): 손놀림과 발걸음이 매력 있고 아름답다. '豔'은 '艶'과 같음.
47) 敍寒燠(욱yù): 인사를 나누다. '寒燠'은 '寒暄'과 같음. '燠'은 따뜻하다.
48) 觸類姸媚: 一擧一動이 아름답기 그지없다. 모든 것이 몹시 매력적이다.
49) 鼓聲四動: 通禁을 알리는 북소리가 사방에서 울리다.
50) 紿(태dài): 속이다. 거짓말하다.
51) 延平門: 長安의 西城에 있는 3문 가운데 南門. 東城에 있는 平康里와 멀리 떨어져 있음. 『李娃傳』에 묘사된 장안의 거리 위치, 시장 점포, 풍속습관 등은 모두 당시의 실제 모습과 잘 부합됨.
52) 數(삭shuò)目: 여러 번 쳐다 보다.
53) 唯唯: 좋아 좋아. 그래 그래. 되고 말고 긍정하는 대답.
54) 雙縑(겸jiān): 2필의 고운 비단. 당시에 화폐의 대용품으로 쓰였음.
55) 賓竁(구jù): 빈곤하다. 빈천하다. 가난하다.

幬簾榻58), 煥然奪目, 妝奩衾枕, 亦皆侈麗. 乃張燭進饌, 品味甚盛. 徹饌59), 姥起. 生娃談話方切, 詼諧調笑, 無所不至. 生曰: "前偶過卿門, 遇卿適在屛間. 厥後心常勤念60), 雖寢與食, 未嘗或捨61)." 娃答曰: "我心亦如之." 生曰: "今之來, 非直求居而已62), 願償平生之志. 但未知命也若何?" 言未終, 姥至, 詢其故, 具以告. 姥笑曰: "男女之際, 大欲存焉63). 情苟相得, 雖父母之命, 不能制也. 女子固陋, 曷足以薦君子之枕席64)?" 生遂下階, 拜而謝之曰: "願以己爲廝養65)." 姥遂目之爲郞66), 飮酣而散. 及旦, 盡徙其囊橐67), 因家於李之第.

自是生屛跡戢身68), 不復與親知相聞. 日會倡優儕類69), 狎戲遊

---

56) 隨其粗糲(려lì): 변변찮은 음식을 있는 대로 차리다.
57) 他辰: 다른 날. 후일.
58) 幬(위wéi)幕: '帷幕'과 같음. 장막. 휘장. '幬'는 침상의 사방을 두르는 것이고, '幕'은 그 윗부분에 덮는 것임.
59) 徹饌: 식사를 마치다. '徹'은 '撤'과 통함.
60) 厥後: 그 후로.
61) 未嘗或捨: 그녀를 사모하는 마음을 그만 둔 적이 없다.
62) 非直求居而已: 다만 거처할 곳을 구하고자 한 것만은 아니다. '非直'은 '非但'과 같음.
63) 大欲存焉: 남녀간의 애정을 말함. 『禮記·禮運』에서 "飮食男女, 人之大欲存焉." 이라 함.
64) 曷: 어찌. 어떻게. '何'와 통함.
65) 廝(시sī)養: 불 때고 말 기르는 등의 일을 하는 노복. '廝臺'라고도 함.
66) 目之爲郞: 그를 사위로 지목하다.
67) 囊橐(탁tuó): 보따리. 밑이 막힌 것을 '囊'이라 하고, 밑이 터진 것을 '橐'이라 함. 여기서는 짐의 뜻.
68) 屛跡戢(집jí)身: 자취를 감추고 몸을 숨기다. 즉 외부와는 일체 왕래하지 않고 이와의 집에만 틀어박혀 있다는 뜻. '屛'과 '戢'은 모두 '감추다'의 뜻.

宴70). 囊中盡空, 乃鬻駿乘71), 及其家童. 歲餘, 資財僕馬蕩然. 邇來姥意漸怠72), 娃情彌篤.

他日, 娃謂生曰: "與郎相知一年, 尙無孕嗣. 常聞竹林神者, 報應如響73), 將致薦酹求之74), 可乎?" 生不知其計, 大喜. 乃質衣於肆75), 以備牢醴76), 與娃同謁祠宇而禱祝焉, 信宿而返77). 策驢而後, 至里北門78), 娃謂生曰: "此東轉小曲中, 某之姨宅也. 將憩而覲之, 可乎?" 生如其言, 前行不踰百步, 果見一車門79). 窺其際, 甚弘敞. 其靑衣自車後止之曰: "至矣." 生下, 適有一人出訪曰: "誰?" 曰: "李娃也." 乃入告. 俄有一嫗至, 年可四十餘, 與生相迎, 曰: "吾甥來否?" 娃下車, 嫗迎訪之曰: "何久疏絶80)?" 相視而笑. 娃引生拜之. 旣見, 遂偕入西戟門偏院81). 中有山亭, 竹樹葱蒨82),

---

69) 倡優: 기녀와 배우 따위. / 儕(제chái)類: 같은 부류. 동류. 한패.
70) 狎(압xiá)戲: 스스럼없이 놀다. 버릇없이 놀다.
71) 鬻(육yù): 팔다. / 駿乘: 駿馬. 훌륭한 말.
72) 邇來: 그 즈음. 그 후로.
73) 報應如響: 보응이 메아리 같다. 즉 매우 靈驗이 있다는 뜻.
74) 薦酹(뢰lèi): 신에게 제사드리다. 祭物을 바치는 것을 '薦'이라 하고, 술을 땅에 뿌리는 것을 '酹'라고 함.
75) 質: 저당 잡히다.
76) 牢(뢰láo)醴(례lǐ): 祭肉과 단술. '牢'는 牛·羊·猪 3牲을 말함.
77) 信宿: 이틀 밤을 지내다. '信'은 '再宿'의 뜻.
78) 里北門: 『類說』과 『醉翁談錄』에는 "信宿而返" 뒤에 "路出宣陽里"라는 구절이 들어 있는 것으로 보아, '里北門'은 宣陽里의 북문을 가리킴. 선양리는 平康里의 남쪽에 있었음.
79) 車門: 대문 옆에 있는 車馬 출입용 側門.
80) 疏絶: 발길이 뜸하다. 찾아오는 것이 드물다.
81) 西戟(극jǐ)門: '戟門'은 원래 문 앞에 미늘창을 세워 놓은 3品 이상 高官 저택의 문을 가리키지만 여기서는 그냥 大門의 뜻으로 쓰임. '西戟門'은 정문이 아님. /

池榭幽絶83). 生謂娃曰: "此姨之私第耶?" 笑而不答, 以他語對. 俄獻茶果, 甚珍奇. 食頃84), 有一人控大宛85), 汗流馳至, 曰: "姥遇暴疾頗甚, 殆不識人. 宜速歸!" 娃謂姨曰: "方寸亂矣86). 某騎而前去, 當令返乘, 便與郎偕來." 生擬隨之87). 其姨與侍兒偶語88), 以手揮之, 令生止於戶外, 曰: "姥且歿矣89). 當與某議喪事以濟其急. 奈何遽相隨而去?" 乃止, 共計其凶儀齋祭之用90). 日晩, 乘不至. 姨言曰: "無復命91), 何也? 郞驟往覘之92), 某當繼至." 生遂往, 至舊宅, 門扃鑰甚密93), 以泥緘之94). 生大駭, 詰其鄰人. 鄰人曰: "李本稅此而居, 約已周矣95). 第主自收. 姥徙居, 而且再宿矣." 徵徙何處, 曰: "不詳其所." 生將馳赴宣陽, 以詰其姨, 日已晩矣, 計

偏院: 곁 딸린 정원. 側院.
82) 葱蒨(천qiàn): 초목이 짙푸르게 무성한 모양.
83) 池榭(사xiè): 연못가에 지은 정자. '榭'는 원래 樓臺 위에 지은 집을 말함.
84) 食頃: 잠시 후. 식사할 때 걸리는 만큼의 시간을 말함
85) 控大宛(완yuān): 말을 몰다. '大宛'은 漢代 西域의 國名으로 名馬의 생산지. 종종 말의 代稱으로 사용하기도 함.
86) 方寸: 마음을 가리킴.
87) 擬(니nǐ)隨之: 따라가려고 생각하다. '擬'는 생각하다·마음먹다·헤아리다.
88) 偶語: 마주보고 이야기하다. 여기서는 두 사람이 은밀히 속삭이다는 뜻.
89) 且: 장차. 거의.
90) 凶儀齋祭之用: 장례를 치르고 제사를 지낼 때 드는 비용.
91) 復命: 원래는 윗사람이 시킨 일을 하고 돌아와 보고하는 것을 말하나, 여기서는 소식이나 기별의 뜻으로 쓰임.
92) 覘(첨zhān): 엿보다. 살펴보다. 관찰하다.
93) 門扃: 문과 빗장. / 鑰(약yuè): 잠그다. 여기서는 동사로 쓰였음.
94) 緘(함jiān): 봉인하다. 봉함하다.
95) 約已周: 계약 기간이 이미 끝났다. '周'는 만기가 되다.

程不能達. 乃弛其裝服96), 質饌而食97), 賃榻而寢. 生恚怒方甚98), 自昏達旦, 目不交睫99). 質明100), 乃策蹇而去101). 旣至, 連扣其扉, 食頃無人應. 生大呼數四, 有宦者徐出. 生遽訪之: "姨氏在乎?" 曰: "無之." 生曰: "昨暮在此, 何故匿之?" 訪其誰氏之第. 曰: "此崔尙書宅102). 昨者有一人稅此院, 云遲中表之遠至者103). 未暮去矣." 生惶惑發狂, 罔知所措104), 因返訪布政舊邸.

邸主哀而進膳. 生怨懣105), 絶食三日, 遘疾甚篤106), 旬餘愈甚. 邸主懼其不起, 徙之於凶肆之中107). 綿綴移時108), 合肆之人共傷歎而互飼之. 後稍愈, 杖而能起. 由是凶肆日假之109), 令執繐帷110), 獲其直以自給. 累月, 漸復壯, 每聽其哀歌, 自歎不及逝

---

96) 弛(이chí): 짐 따위를 풀어놓다. 옷 따위를 벗다.
97) 質饌而食: 물건을 저당 잡히고 식사를 하다.
98) 恚(에huì)怒: 원망하다. 노하다.
99) 目不交睫(첩jié): 눈을 붙이지 못하다. 즉 한 숨도 자지 못했다는 뜻. '睫'은 속눈썹.
100) 質明: 날이 밝을 때.
101) 策蹇(건jiǎn): 절름거리는 말을 타다.
102) 尙書: 唐代에는 尙書省 각 部의 장관을 '尙書'라고 함.
103) 遲: 접대하다./ 中表: 내외 사촌. 아버지 자매의 자식을 외형제라 하고 어머니 형제자매의 자식을 내 형제라 함. '內'는 '中', '外'는 '表'를 말함. 통칭 '中表親'이라고 함.
104) 罔知所措: 어떻게 해야 할 지 모르다. '罔'은 '不'과 같음.
105) 怨懣(만mèn): 원망하고 고민하다.
106) 遘(구gòu)疾: 병에 걸리다. 병이 들다. '遘'는 만나다.
107) 凶肆: 葬儀社.
108) 綿綴: 목숨이 경각에 달리다. 숨이 끊어질 듯 말 듯하다./ 移時: 한참을 지나다. 한참 뒤에.
109) 日假之: 날마다 정생에게 임시로 일거리를 주었다는 뜻.

者[111], 輒嗚咽流涕, 不能自止. 歸則效之. 生, 聰敏者也. 無何[112], 曲盡其妙, 雖長安無有倫比[113]. 初, 二肆之傭凶器者[114], 互爭勝負. 其東肆車轝皆奇麗, 殆不敵, 唯哀挽劣焉[115]. 其東肆長知生妙絶, 乃醵錢二萬索顧焉[116]. 其黨耆舊[117], 共較其所能者, 陰敎生新聲, 而相讚和. 累旬, 人莫知之. 其二肆長相謂曰: "我欲各閱所傭之器於天門街[118], 以較優劣. 不勝者罰直五萬[119], 以備酒饌之用, 可乎?" 二肆許諾. 乃邀立符契[120], 署以保證, 然後閱之. 士女大和會[121], 聚至數萬. 於是里胥告於賊曹[122], 賊曹聞於京尹[123]. 四方之士, 盡赴趨焉, 巷無居人. 自旦閱之, 及亭午, 歷擧輦轝威儀之

---

110) 繐(세suì)帷: 죽은 사람의 靈前에 드리우는 幕. '繐'는 가늘고 성긴 베.
111) 不及逝者: 죽은 사람만도 못하다.
112) 無何: 얼마 있지 않아서.
113) 無有倫比: 견줄[맞설] 사람이 없다.
114) 凶器: 장례 치를 때 사용하는 용품과 도구.
115) 哀挽: 挽歌. 출상할 때 亡者를 애도하기 위하여 부르는 노래.
116) 醵(갹jù)錢: 돈을 갹출하다. / 索顧: 정생을 고용하겠다고 청하다. '索'은 '求'의 뜻이고 '顧'는 '雇'와 같음.
117) 耆(기qí)舊: 노인. 여기서는 만가를 잘 부르는 늙은이를 말함.
118) 閱: 진열하다. 전시하다. / 天門街: 承天門街. 長安 宮城 正殿의 남쪽에 있는 승천문 밖 남쪽으로 난 남북대로를 승천문가라고 함. 『長安志』 권6·7에 보임.
119) 罰直: 벌금.
120) 立符契: 계약문서를 작성하다.
121) 大和會: 대대적으로 모이다. 雲集하다.
122) 里胥: 한 고을을 관리하는 관리로서 閭胥·里正·里長이라고도 함./ 賊曹: 원래는 漢代의 官名으로 京城 안의 치안을 담당하던 관원.
123) 京尹: 京兆尹을 말함. 경성을 다스리는 최고 행정장관. '京兆'는 당대의 府名으로 도성 長安과 부근 12縣을 관할함. 치소는 지금의 陝西省 長安縣.

具124), 西肆皆不勝, 師有慚色. 乃置層榻於南隅125), 有長髥者, 擁鐸而進126), 翊衛數人127). 於是奮髥揚眉, 扼腕頓顙而登128), 乃歌<白馬>之詞129). 恃其夙勝130), 顧眄左右, 旁若無人. 齊聲讚揚之, 自以爲獨步一時, 不可得而屈也. 有頃, 東肆長於北隅上設連榻131), 有烏巾少年132), 左右五六人, 秉翣而至133), 卽生也. 整衣服, 俯仰甚徐, 申喉發調, 容若不勝134). 乃歌<薤露>之章135), 擧聲淸越136), 響振林木137), 曲度未終, 聞者欷歔掩泣138). 西肆長爲衆所

---

124) 輦(련niǎn)轝(여yú)威儀之具: 상여와 의장용의 도구.
125) 層榻: 사다리 모양의 높은 평상. 무대를 말함.
126) 擁鐸: 큰 방울을 들다. '鐸'은 악기로 사용하는 大鈴을 말함.
127) 翊(익yì)衛: 호위꾼. 조수.
128) 扼腕頓顙(상sǎng): 팔을 맞잡고 머리를 조아리다. '扼腕'은 왼손으로 오른팔을 잡는 동작이고, '頓顙'은 머리를 끄덕이는 동작. 자신 있게 무대에 올라와 청중들에게 인사하는 모습.
129) <白馬>之詞: <白馬歌>를 말함. 옛날 挽歌의 일종.
130) 恃: 믿다. 자신하다. / 夙(숙sù)勝: 이전부터 계속 이기다. '夙'은 줄곧·종래의 뜻.
131) 連榻: 옆으로 길게 늘어놓은 평상. 무대를 말함.
132) 烏巾: 검은 색의 두건.
133) 翣(삽shà): 상여의 양 옆에 다는 큰 깃털 부채 모양의 장식.
134) 容若不勝: 모습이 이기지 못할 것 같다. 즉 겉으로 보기에는 상대방을 누를 만큼 만가를 잘 부르지 못할 것 같다는 뜻.
135) <薤(해xiè)露>之章: <薤露歌>를 말함. 옛 挽歌의 일종으로『古今注』卷中에 실려 있는 가사는 다음과 같음: "薤上露, 何易晞! 露晞明朝更夏落, 人死一去何時歸."
136) 擧聲: 목청을 뽑다. / 淸越: 소리가 맑고 곱다. 낭랑하다.
137) 響振林木: 노랫소리가 숲을 울리다.『列子』에서 秦靑의 노랫소리를 묘사하여 "拊節悲歌, 聲振林木, 響遏行雲."이라 함.
138) 欷(희xī)歔(허xū): 흐느껴 우는 모양.

誚, 益慚恥. 密置所輸之直於前139), 乃潛遁焉. 四坐愕眙140), 莫之測也.

　先是, 天子方下詔, 俾外方之牧141), 歲一至闕下, 謂之入計142). 時也, 適遇生之父在京師, 與同列者易服章竊往觀焉. 有老豎143), 卽生乳母壻也, 見生之擧措辭氣144), 將認之而未敢, 乃泫然流涕145). 生父驚而詰之. 因告曰: "歌者之貌, 酷似郎之亡子146)." 父曰: "吾子以多財爲盜所害. 奚至是耶?" 言訖, 亦泣. 及歸, 豎間馳往147), 訪於同黨曰: "向歌者誰? 若斯之妙歟?" 皆曰: "某氏之子." 徵其名, 且易之矣. 豎凜然大驚148), 徐往, 迫而察之149). 生見豎色動, 回翔將匿於衆中150). 豎遂持其袂曰151): "豈非某乎?" 相持而泣, 遂載以歸. 至其室, 父責曰: "志行若此, 汚辱吾門. 何施面目, 復相見也!" 乃徒行出, 至曲江西杏園東152), 去其衣服, 以馬鞭鞭之

---

139) 所輸之直: 진 대가로 내는 돈.
140) 四坐: 사방의 모든 사람. / 愕(악è)眙(이chì): 깜짝 놀라 멍하니 쳐다보다.
141) 外方之牧: 경성 이외 각 州郡의 행정장관. 즉 刺史를 말함.
142) 入計: 지방장관이 조정에 들어와 그 동안의 행정과 재무를 보고하고 조정의 지시를 청하는 일.
143) 老豎(수shù): 늙은 奴僕.
144) 擧措辭氣: 행동거지와 말투.
145) 泫(현xuàn)然: 눈물을 뚝뚝 흘리는 모양.
146) 酷似: 흡사하다. 매우 비슷하다. / 郎: 주인에 대한 존칭.
147) 間: 몰래 틈을 내다. 시간을 내다.
148) 凜(름lǐn)然: 깜짝 놀라는 모양.
149) 迫: 바짝 다가가다. 접근하다.
150) 回翔: 원래는 새가 빙빙 나는 모양을 뜻하나, 여기서는 서둘러 숨는 모양을 말함.
151) 袂(몌mèi): 옷소매.

數百. 生不勝其苦而斃. 父棄之而去. 其師命相狎暱者陰隨之153), 歸告同黨, 共加傷歎. 令二人齎葦席瘞焉154). 至, 則心下微溫. 擧之, 良久, 氣稍通. 因共荷而歸, 以葦筒灌勺飮, 經宿乃活. 月餘, 手足不能自擧. 其楚撻之處皆潰爛155), 穢甚. 同輩患之, 一夕, 棄於道周156). 行路咸傷之157), 往往投其餘食, 得以充腸. 十旬, 方杖策而起. 被布裘, 裘有百結, 襤褸如懸鶉158). 持一破甌159), 巡於閭里, 以乞食爲事. 自秋徂冬160), 夜入於糞壤窟室, 晝則周遊廛肆161).

一旦大雪, 生爲凍餒所驅162), 冒雪而出, 乞食之聲甚苦. 聞見者莫不悽惻. 時雪方甚, 人家外戶多不發163). 至安邑東門164), 循里垣北轉第七八165), 有一門獨啓左扉, 卽娃之第也. 生不知之, 遂連聲

---

152) 曲江: 연못 이름. 長安縣 동남쪽에 있는 유람지. / 杏園: 曲江의 명승지 가운데 하나로 당시에 새로 進士가 된 사람이 연회를 열던 곳.
153) 狎暱(닐nì)者: 친근하게 지내는 사람.
154) 齎(재jī): 지니다. 휴대하다. 가지고 가다. / 瘞(예yì): 묻다. 매장하다.
155) 楚撻(달tà)之處: 매맞은 상처. '楚'는 매·회초리. '撻'은 치다·때리다. / 潰(궤kuì)爛: 썩어 문드러지다.
156) 道周: 길 가. 길 옆.
157) 行路: 행인. 길가는 사람.
158) 懸鶉(순chún): 매달아 놓은 꽁지 빠진 메추리처럼 옷이 너덜너덜하다는 뜻. '縣鶉' 또는 '鶉衣'는 누더기 옷의 대칭으로 쓰임. 『荀子·大略篇』에서 "子夏貧, 衣若縣鶉."이라고 함.
159) 甌(구ōu): 작은 사발.
160) 自秋徂(조cú)冬: 가을부터 겨울까지. '徂'는 이르다.
161) 廛(전chán)肆: 시장에 밀집되어 있는 점포. 저자 거리.
162) 凍餒(뇌něi)所驅: 추위와 굶주림에 쫓기다.
163) 不發: 不開와 같음. 열어 주지 않다.
164) 安邑: 장안의 마을 이름.

疾呼: "饑凍之甚!" 音響悽切, 所不忍聽. 娃自閤中聞之166), 謂侍兒曰: "此必生也, 我辨其音矣." 連步而出. 見生枯瘠疥厲167), 殆非人狀. 娃意感焉, 乃謂曰: "豈非某郎也?" 生憤懣絶倒, 口不能言, 頷頤而已168). 娃前抱其頸, 以繡襦擁而歸於西廂, 失聲長慟曰: "令子一朝及此, 我之罪也!" 絶而復蘇. 姥大駭, 奔至, 曰: "何也?" 娃曰: "某郎." 姥遽曰: "當逐之. 奈何令至此?" 娃斂容却睇曰169): "不然. 此良家子也. 當昔驅高車, 持金裝, 至某之室, 不踰期而蕩盡170). 且互設詭計, 捨而逐之, 殆非人. 令其失志, 不得齒於人倫171). 父子之道, 天性也. 使其情絶, 殺而棄之. 又困躓若此172). 天下之人盡知爲某也. 生親戚滿朝, 一旦當權者熟察其本末, 禍將及矣. 況欺天負人, 鬼神不祐, 無自貽其殃也173). 某爲姥子, 迨今有二十歲矣. 計其貲174), 不啻直千金175). 今姥年六十餘, 願計二十年衣食之用以贖身, 當與此子別卜所詣176). 所詣非遙, 晨昏得以溫

---

165) 循里垣北轉第七八: 안읍리의 담을 따라 북쪽으로 일곱 여덟 집을 돌아가다.
166) 閤: 여기서는 규방·내실의 뜻으로 쓰임.
167) 枯(고kū)瘠(척jí): 마른 나뭇가지처럼 비쩍 마르다. 수척하다. / 疥(疥jiè)厲(lì): 옴. 개선. '厲'는 '癘'와 같음.
168) 頷(함hàn)頤(이yí): 머리를 끄덕이다. '頷'과 '頤'는 모두 아래턱을 말하나, 여기서 '頷'은 '끄덕이다'는 동사로, '頤'는 '머리'의 뜻으로 쓰임.
169) 斂容却睇(제dì): 얼굴 색을 가다듬고[정색하고] 돌아 보다.
170) 不踰期: 1년을 넘기지 못하다. '期'는 1주년.
171) 不得齒於人倫: 사람 축에 끼지 못하다. 사람 대접을 받지 못하다. '齒'는 동열에 서다, '人倫'은 사람들의 무리.
172) 困躓(지zhì): 몹시 곤궁하다. 고달프다. '躓'는 원래 '걸려 넘어지다'의 뜻.
173) 無自貽(이yí)其殃也: 스스로 재앙을 이르게 하지 말라. 화를 자초하지 말라.
174) 貲: '資'와 같음.
175) 不啻(시chì): ~뿐만이 아니다.

淸177). 某願足矣." 姥度其志不可奪178), 因許之. 給姥之餘, 有百金. 北隅四五家稅一隙院, 乃與生沐浴, 易其衣服, 爲湯粥, 通其腸, 次以酥乳潤其臟179). 旬餘, 方薦水陸之饌180). 頭巾履襪, 皆取珍異者衣之. 未數月, 肌膚稍腴, 卒歲181), 平愈如初.

異時, 娃謂生曰: "體已康矣, 志已壯矣. 淵思寂慮182), 默想曩昔之藝業, 加溫習乎?" 生思之, 曰: "十得二三耳." 娃命車出遊, 生騎而從. 至旗亭南偏門鬻墳典之肆183), 令生揀而市之, 計費百金, 盡載以歸. 因令生斥棄百慮以志學, 俾夜作晝184), 孜孜矻矻185). 娃常偶坐, 宵分乃寐186). 伺其疲倦, 卽諭之綴詩賦187). 二歲而業大

---

176) 別卜所詣: 따로 거처할 곳을 정하다. '卜'은 택하다·정하다. '所詣'는 나아가는 곳, 즉 거처하는 곳을 말함.
177) 晨昏: 昏定晨省. 아침저녁으로 부모님께 문안드리는 예를 말함./ 溫淸(청 qīng): 자식이 부모님을 겨울에는 따뜻하게, 여름에는 시원하게 해 드리는 예를 말함. '淸'은 시원하다·서늘하다.『禮記·曲禮』에서 "凡爲人子之禮, 冬溫而夏淸"이라 함.
178) 度(탁duó): 헤아리다. 생각하다. 추측하다.
179) 酥(소sū)乳: 소나 양의 젖을 발효시켜 만든 유제품.
180) 水陸之饌: 물과 땅에서 나는 온갖 음식. '山海珍味'와 같은 뜻.
181) 卒歲: 1년이 지나다.
182) 淵思寂慮: 깊이 사색하고 고요히 생각하다. 즉 심사숙고 하다는 뜻.
183) 旗亭: 城市 안에 있는 市樓. 이곳에 북을 달아 開市와 罷市의 시간을 알렸다고 함. 또는 酒樓를 말한다고도 함./ 鬻墳典之肆: 典籍을 파는 서점. '墳典'은 '三墳五典'을 가리키는데, '三墳'은 伏義·神農·黃帝의 책을 말하고 '五典'은 少昊·顓頊·高辛·堯·舜의 책을 말함. 여기서는 과거시험에 필요한 典籍을 뜻함.
184) 俾夜作晝: 밤을 낮으로 삼다. 밤낮 없이. '俾'는 '使'의 뜻.
185) 孜孜(자zī)矻矻(굴kù): 쉬지 않고 열심히 노력하는 모양.
186) 宵分: 夜半. 한밤 중.
187) 綴詩賦: 시부를 짓다. '詩賦'는 唐代 進士試驗의 과목이었음. 여기서는 머리를

就, 海內文籍, 莫不該覽188). 生謂娃曰: "可策名試藝矣189)." 娃曰: "未也. 且令精熟, 以俟百戰." 更一年, 曰: "可行矣." 於是遂一上登甲科190), 聲振禮闈191). 雖前輩見其文, 罔不斂衽敬羨192), 願友之而不可得. 娃曰: "未也. 今秀士苟獲擢一科第193), 則自謂可以取中朝之顯職, 擅天下之美名. 子行穢跡鄙194), 不侔於他士195). 當礱淬利器196), 以求再捷. 方可以連衡多士197), 爭霸群英." 生由是益自勤苦, 聲價彌甚. 其年, 遇大比198), 詔徵四方之雋, 生應直言極諫科199), 策名第一200), 授成都府參軍201). 三事以降202), 皆其友也.

식힐 겸 시부나 지으라는 뜻. '綴'은 辭句를 잇다·짓다는 뜻.
188) 該覽: 博覽과 같은 뜻. 널리 보다. 두루 보다.
189) 策名試藝: 이름을 등록하고 과거에 응시하다. '策'은 기록하다·새기다·적다.
190) 一上登甲科: 한 번 응시하여 甲科에 급제하다. 당대의 과거제도에서 進士는 갑·을 2과로, 明經은 갑·을·병·정 4과로 나누어짐. 갑과는 시험이 어려운 만큼 급제하면 비교적 높은 品及의 관직을 받음.
191) 聲振禮闈(위wéi): 명성이 禮部에 자자하다. '禮闈'는 예부로서 과거시험을 주관함.
192) 斂衽(임rèn): 옷깃을 여미다. 상대방에 대한 존경의 태도.
193) 秀士: 과거 응시자에 대한 통칭.
194) 行穢跡鄙: 행적이 떳떳하지 못하고 비천하다.
195) 不侔(모móu)於他士: 다른 선비들과 같지 않다.
196) 礱(롱lóng)淬(쉬cuì)利器: 刻苦의 노력을 기울여 실력을 키우다는 뜻. '礱'은 갈다. '淬'는 담금질하다. '器'는 學業을 비유함.
197) 連衡: 여기서는 '서로 사귀다' '교제하다'의 뜻으로 쓰임.
198) 大比: 3년마다 한 번씩 거행하는 과거시험을 말함.
199) 直言極諫科: 唐代에 특별히 설치한 과거 과목 가운데 하나로 進士가 응시함. 여기에 합격하면 곧장 벼슬이 주어짐.
200) 策名第一: 對策에서 장원급제함. '對策'은 응시자가 주어진 문제에 대하여 조목조목 자신의 견해를 진술하는 것을 말함.
201) 成都府: 당시 益州를 말하며, 치소는 지금의 四川省 成都市.

將之官, 娃謂生曰: "今之復子本軀, 某不相負也. 願以殘年, 歸養老姥. 君當結媛鼎族203), 以奉蒸嘗204). 中外婚媾205), 無自瀆也206). 勉思自愛. 某從此去矣." 生泣曰: "子若棄我, 當自到以就死.207)" 娃固辭不從, 生勤請彌懇. 娃曰: "送子涉江208), 至於劍門209), 當令我回." 生許諾.

月餘, 至劍門. 未及發而除書至210), 生父由常州詔入, 拜成都尹, 兼劍南採訪使211). 浹辰212), 父到. 生因投刺213), 謁於郵亭214). 父不敢認, 見其祖父官諱215), 方大驚, 命登階, 撫背慟哭移時, 曰:

---

202) 三事以降: 三公 이하. '三公'은 품계가 가장 높은 관리로서 太師·太傅·太保 또는 大司馬·大司徒·大司空을 말함.
203) 結媛鼎族: 귀족 집안의 규수와 결혼하다. '媛'은 미녀. '鼎族'은 세발솥을 늘어 늘어놓고 식사하는 權門貴族을 말함.
204) 奉蒸嘗: 제사를 받들다. '蒸'은 겨울 제사, '嘗'은 가을 제사를 말함. 옛날의 예법에는 아들을 낳지 못한 妻나 妾은 제사를 지낼 수 없었음.
205) 中外: 원래는 中表親을 뜻하나 여기서는 皇親國戚을 말함.
206) 自瀆(독dú): 스스로 오점을 남기다. '瀆'은 '더럽히다' '욕되게 하다'의 뜻.
207) 自到(경jǐng): 자살하다. 자결하다. '到'은 목을 베다.
208) 涉江: 강을 건너다. 여기서 '江'은 長江의 상류에 있는 嘉陵江을 가리킴.
209) 劍門: 당대의 縣名. 치소는 지금의 四川省 劍閣縣 동북.
210) 除書: 관직에 除授하는 詔書. '除'는 舊官을 제거하고 新官에 임명한다는 뜻.
211) 劍南: 당대의 道名. 치소는 지금의 四川省 成都市. / 採訪使: 唐代 開元 연간에 각 道의 按察使를 採訪處置使로 바꾸어 州縣의 관리를 관할·감찰케 함. 乾元 연간 초에 다시 觀察處置使로 바꿈.
212) 浹(협jiā)辰: 子부터 亥까지의 12時辰, 즉 12日을 말함. '浹'은 一周하다[한 바퀴 돌다].
213) 投刺: 명함을 전하다.
214) 郵亭: 공문을 전달하거나 관원을 마중·배웅하는 데 쓰이는 驛站.
215) 官諱(휘huì): 관직과 성명. '諱'는 웃어른의 이름을 함부로 부르는 것을 꺼리는 일을 말함.

"吾與爾父子如初." 因詰其由, 具陳其本末. 大奇之, 詰娃安在216).
曰: "送某至此, 當令復還." 父曰: "不可." 翌日, 命駕與生先之成
都, 留娃於劍門, 築別館以處之. 明日, 命媒氏通二姓之好, 備六禮
以迎之217), 遂如秦晉之偶218).

娃旣備禮219), 歲時伏臘220), 婦道甚修, 治家嚴整, 極爲親所
眷221). 向後數歲, 生父母偕殁, 持孝甚至. 有靈芝産於倚廬222), 一
穗三秀223). 本道上聞224). 又有白鷰數十225), 巢其層甍226). 天子異
之, 寵錫加等227). 終制228), 累遷淸顯之任229). 十年間, 至數郡. 娃
封汧國夫人. 有四子, 皆爲大官, 其卑者猶爲太原尹230). 第兄姻媾

216) 安在: 어디에 있는가? '安'은 '何處'의 뜻.
217) 六禮: 옛날 혼례에서 지켜야 할 6가지 순서, 즉 納采·問名·納吉·納徵·請期·親迎을 말함.
218) 秦晉之偶: 周代에 秦나라와 晉나라가 대대로 혼인을 맺어 우호가 두터웠기 때문에 훗날 결혼하는 것을 '結秦晉之好'라고 함.
219) 旣備禮: 이미 혼례를 갖춘 후. 즉 결혼한 뒤.
220) 歲時伏臘: 설이나 명절을 쇠다. '伏'은 여름 제사. '臘'은 겨울 제사.
221) 爲親所眷: 친지들로부터 사랑을 받다. '眷'은 총애하다.
222) 倚廬: 상주가 居喪하는 동안 임시로 거처하는 초막.
223) 一穗(수suì)三秀: 한 이삭에 세 개의 꽃이 피다. 옛날에는 이러한 일을 상서로운 징조로 여겼음.
224) 本道: 劍南道를 말함./上聞: 상부에 보고하다. 천자에게 아뢰다.
225) 白鷰: '鷰'은 '燕'과 같음. 흰 제비. 옛날에는 흰 제비의 출현을 나라의 상서로운 징조로 여겼음.
226) 層甍(맹méng): 높다란 대마루.
227) 寵錫(사xī)加等: 특별히 상을 내려 장려하다. '錫'은 '賜'와 통함.
228) 終制: 3년 居喪 기간을 마치다.
229) 淸顯之任: 고귀하고 현달한 관직.
230) 太原: 당대의 府名. 치소는 지금의 山西省 太原市.

皆甲門231), 內外隆盛, 莫之與京232).

嗟乎! 倡蕩之姬, 節行如是, 雖古先烈女, 不能踰也. 焉得不爲之歎息哉233)!

予伯祖嘗牧晉州234), 轉戶部235), 爲水陸運使236), 三任皆與生爲代237), 故暗詳其事. 貞元中238), 予與隴西李公佐話婦人操烈之品格239), 因遂述沂國之事. 公佐拊掌竦聽240), 命予爲傳. 乃握管濡翰241), 疏而存之242). 時乙亥歲秋八月243), 太原白行簡云.

---

231) 甲門: 名門大家. 權門貴族.
232) 莫之與京: 아무도 견줄 사람이 없다는 뜻. '京'은 '크다' '높다'의 뜻.
233) 焉: 어찌. '何'와 통함.
234) 牧晉州: 晉州의 刺史가 되었다는 뜻. 진주의 치소는 지금의 山西省 臨汾縣.
235) 戶部: 尙書省의 6部 가운데 하나로 전국의 토지·호적·조세 등의 업무를 관장함.
236) 水陸運使: 戶部에 속하는 관직으로 주로 洛陽에서 長安까지의 糧米 수송 업무를 맡음.
237) 三任皆與生爲代: 세 번의 관직을 모두 鄭生과 교대했다. 즉 세 번의 임명이 모두 정생의 前任이거나 後任이었다는 뜻.
238) 貞元: 唐 德宗 李适의 연호(785~805).
239) 隴西: 李氏의 本鄕. / 李公佐: 『南柯太守傳』의 작자.
240) 拊(부fǔ)掌: '拍掌'과 같음. 손뼉을 치다. 경탄하는 모양. / 竦(송sǒng)聽: 경청하다. 귀를 기울이다.
241) 握管濡翰: 붓을 잡고 먹을 적시다. 즉 글을 쓴다는 뜻. '管'은 붓 대롱. '翰'은 붓 털.
242) 疏: 여기서는 상세히 기록하다는 뜻.
243) 乙亥歲: 唐 德宗 貞元 11년(795).

鶯鶯傳

　　『앵앵전』은 일명 『會眞記』라고도 하며 唐代 元稹이 지었다. 『太平廣記』 권488에 수록되어 있는데 末尾에 출전을 밝히지 않은 것으로 보아 단행본으로 통행되었던 것 같다. 그 내용은 崔鶯鶯과 張生의 비극적인 연애고사로서 魏晉南北朝 志人小說 가운데 『郭子』와 『世說新語』에 실려 있는 <韓壽偸香> 고사의 영향을 부분적으로 받은 것으로 보인다. 일설에는 작품 속의 남자주인공인 장생은 원진 자신을 모델로 한 것이라고도 한다. 『앵앵전』은 『霍小玉傳』·『李娃傳』과 함께 唐代 愛情類 傳奇小說의 대표작으로 손꼽히며, 특히 후대 문학에 끼친 영향이 지대하다. 唐代 楊巨源의 <崔娘詩>, 李紳의 <鶯鶯歌>, 金代 董解元의 『西廂記諸宮調』, 元代 王實甫의 『西廂記』, 關漢卿의 『續西廂記』, 明代 李日華와 陸天地의 『南西廂記』, 周公魯의 『翻西廂記』, 淸代 査繼佐의 『續西廂雜劇』 등은 모두 앵앵 고사를 바탕으로 창작된 것이다.

　　元稹(779~831)은 자가 微之이며 河南府[지금의 河南省 洛陽市 부근] 사람이다. 貞元年間(785~804)에 明經科에 급제하여 校書郞과 左拾遺를 지냈으며, 監察御史로 있을 때 환관 및 수구관료들과 투쟁하다가 通州司馬로 좌천되었다. 그 후 여러 관직을 전전하다가 환관의 도움을 빌어 工部侍郞에 다시 기용되었으며, 穆宗의 신임을 받아 長慶 2년(822)에 裴度와 함께 재상에 임명되었다. 그는 中唐의 저명한 시인으로서 白居易와 교분이 두터웠고 문학 견해와 詩風이 서로 비슷하여 세칭 '元白'이라고 한다. 저작에 『元氏長慶集』이 있다. 『舊唐書』 권166과 『新唐書』 권172에 그의 傳이 있다.

貞元中1), 有張生者2), 性溫茂3), 美風容, 內秉堅孤4), 非禮不可入. 或朋從游宴, 擾雜其間, 他人皆洶洶拳拳5), 若將不及6), 張生容順而已7), 終不能亂. 以是年二十三, 未嘗近女色. 知者詰之8). 謝而言曰9): "登徒子非好色者10), 是有凶行. 余眞好色者, 而適不我値11). 何以言之? 大凡物之尤者12), 未嘗不留連於心13), 是知其非忘情者也." 詰者識之.

無幾何14), 張生遊於蒲15). 蒲之東十餘里, 有僧舍曰普救寺16),

---

1) 貞元: 唐 德宗 李适의 연호(785~805).
2) 張生: 장씨 성을 가진 젊은이. '生'은 젊은 남자에 대한 호칭. 宋代 王楙의 『野客叢書』 권29에서는 "張君瑞"라고 했으며, 金代 董解元의 『西廂記諸宮調』와 元代 王實甫의 『西廂記』에서는 '姓張, 名珙, 字君瑞, 西雒人也."라고 함.
3) 性溫茂: 성품이 온화하고 훌륭하다. '茂'는 '훌륭하다'·'뛰어나다'의 뜻.
4) 堅孤: 의지가 견고하고 時流에 휩쓸리지 않다.
5) 洶洶(흉xiōng)拳拳(권quán): 계속해서 시끄럽게 떠드는 모양. 왁자지껄한 모양.
6) 若將不及: 마치 자신이 남에게 미치지 못하는 것처럼 하다.
7) 容順: 조용하고 다소곳하다. / 而已: ~할 따름이다. 강한 단정을 나타내는 어조사.
8) 詰(힐jié): 힐문하다. 캐묻다. 따져 묻다.
9) 謝: 변명하다.
10) 登徒子: 전국시대 楚나라의 大夫 登徒子가 楚王에게 宋玉이 女色을 좋아하므로 그와 함께 후궁을 출입해서는 안된다고 말하자, 송옥은 도리어 등도자는 그 아내가 매우 못생겼는데도 그녀를 사랑하여 자식 5명을 낳았으므로 등도자가 바로 好色漢이라고 공박했다고 함. 『文選』 권19 宋玉의 <登徒子好色賦>에 보임.
11) 適不我値: 다만 나는 美色을 만나지 못했다. '適'은 '다만'. '値'는 '만나다'.
12) 尤者: 뛰어나게 아름다운 것. 특히 미모가 빼어난 여자를 '尤物'이라고 함.
13) 留連: 차마 떠나지 못하고 계속 머무르다. 여기서는 '간직하다'·'새기다'의 뜻.
14) 無幾何: 시간적으로 얼마 되지 않아서.
15) 蒲(포pú): 州名. 蒲州. 河東郡·河中府라고도 함. 지금의 山西省 運城縣 蒲州鎭

張生寓焉. 適有崔氏孀婦17), 將歸長安, 路出於蒲, 亦止茲寺. 崔氏婦, 鄭女也. 張出於鄭, 緒其親18), 乃異派之從母19).

是歲, 渾瑊薨於蒲20). 有中人丁文雅21), 不善於軍22), 軍人因喪而擾, 大掠蒲人. 崔氏之家, 財産甚厚23), 多奴僕. 旅寓惶駭24), 不知所托. 先是, 張與蒲將之黨有善25), 請吏護之, 遂不及於難. 十餘日, 廉使杜確將天子命以總戎節26), 令於軍, 軍由是戢27).

鄭厚張之德甚28), 因飾饌以命張29), 中堂宴之. 復謂張曰: "姨之

에 治所가 있었음.

16) 僧舍: 사찰. 절. / 普救寺: 당시의 유명한 대 사찰. 『續高僧傳』권29 <興福篇>에 보임.
17) 適: 그때 마침. / 崔氏孀婦: 최씨 집안의 과부. 최씨 성을 가진 과부라는 뜻이 아님.
18) 緒其親: 친척 관계를 따지다. '緒'는 '실마리''실마리를 풀다'의 뜻.
19) 異派之從母: 계파가 다른 이모. '從母'는 '이모'.
20) 渾瑊(감zhēn): 唐代의 장군. 西域 鐵勒九族의 渾部人으로 일찍이 郭子儀의 副將이 되었으며 代宗·德宗 때 여러 번 戰功을 세움. / 薨(훙hōng): 죽다. 옛날 제후나 고관이 죽었을 때 쓰는 말.
21) 中人: 宦官. 中官이라고도 함. 개원연간 이후에 환관이 군대를 감독했는데 권세가 대단했음. / 丁文雅: 당시 渾瑊의 군대를 감독하던 환관 이름.
22) 不善於軍: 군대를 잘 통제하지 못하다.
23) 厚: 많다. 풍부하다.
24) 旅寓: 객지에서 머물다. / 惶(황huáng)駭(해hài): 당황하고 두려워하다.
25) 蒲將之黨有善: 포주 장군의 무리와 사이가 좋다.
26) 廉使: 廉訪使. 觀察使라고도 함. 唐代 安史의 亂 후 節度使가 없는 지역에 관찰사를 파견하여 軍政을 다스리게 했음. / 杜確(확què): 人名. 생평은 미상. / 總戎節: 軍政을 주관하다. '戎節'은 '군대의 政務'.
27) 戢(집jí): 그치다. 멈추다. 수습되다.
28) 厚張之德甚: 張生의 은덕에 깊이 감사하다. 감격하다.
29) 命張: 장생을 초청하다.

孤嫠未亡30), 提攜幼稚. 不幸屬師徒大潰31), 實不保其身. 弱子幼
女, 猶君之生32). 豈可比常恩哉33)! 今俾以仁兄禮奉見34), 冀所以
報恩也." 命其子曰歡郎, 年十餘歲, 容甚溫美. 次命女: "出拜爾
兄35), 爾兄活爾." 久之, 辭疾36). 鄭怒曰: "張兄保爾之命. 不然,
爾且擄矣. 能復遠嫌乎37)?" 久之, 乃至. 常服睟容38), 不加新飾,
垂鬟接黛39), 雙臉銷紅而已40). 顔色艷異, 光輝動人. 張驚, 爲之
禮41). 因坐鄭旁, 以鄭之抑而見也42), 凝睇怨絶43), 若不勝其體者.
問其年紀. 鄭曰: "今天子甲子歲之七月44), 終於貞元庚辰45), 生年

30) 孤嫠(리lí): 과부. / 未亡: 未亡人. 아직 남편을 따라 죽지 못한 사람이란 뜻으로 과부 자신을 일컫는 말.
31) 屬(촉zhǔ): 만나다. 마주치다. / 師徒: 군대의 무리. / 大潰(괴kuì): '大亂'과 같음. 크게 난동을 부리다.
32) 猶君之生: 그대가 살려준 것이나 다름없다. '猶'는 '如'와 같음.
33) 常恩: 보통의 은혜. 일반적인 은혜.
34) 俾(비bǐ): '使'와 같음. ~으로 하여금.
35) 爾: 너. 이인칭 대명사.
36) 辭疾: 병을 핑계 대다.
37) 遠嫌(혐xián): 멀리하고 싫어하다.
38) 睟(수suì)容: 온화하고 윤택한 얼굴. '睟'는 '함치르르하다' '윤택하다'의 뜻.
39) 垂鬟(환huán)接黛(대dài): 쪽진 머리가 흘러 내려 눈썹에 닿다. 머리 모양에 신경을 안 썼다는 뜻. '鬟'은 '쪽진 머리' '트레머리'. '黛'는 '눈썹 그리는 먹'으로 보통 눈썹의 代稱으로 쓰임.
40) 銷(소xiāo)紅: 얼굴에 紅潮를 띠다.
41) 爲之禮: 그녀에게 인사하다.
42) 抑而見: 억지로 만나 보게 하다.
43) 凝睇(제dì)怨絶: 곁눈질하면서 매우 원망스러워 하다. '睇'는 '곁눈질하다' '흘끔 보다'의 뜻.
44) 今天子: 唐 德宗 李适을 말함. / 甲子歲: 興元 원년, 즉 AD 784년.
45) 貞元庚辰: 정원 16년, 즉 AD 800년.

十七矣46)." 張生稍以詞導之47), 不對. 終席而罷.

　張自是惑之, 願致其情, 無由得也. 崔之婢曰紅娘. 生私爲之禮者數四48), 乘間遂道其衷49). 婢果驚沮50), 腆然而奔51). 張生悔之. 翼日52), 婢復至. 張生乃羞而謝之, 不復云所求矣. 婢因謂張曰: "郎之言, 所不敢言, 亦不敢泄. 然而崔之姻族53), 君所詳也. 何不因其德而求娶焉?" 張曰: "余始自孩提54), 性不苟合55). 或時紈綺間居56), 曾莫流盼57). 不爲當年, 終有所蔽58). 昨日一席間, 幾不自持59). 數日來, 行忘止, 食忘飽, 恐不能逾旦暮60), 若因媒氏而娶61), 納采問名62), 則三數月間, 索我於枯魚之肆矣63). 爾其謂我

---

46) 生年: 나이. / 十七: 여기서는 세는 나이를 말함.
47) 以詞導之: 말을 건네서 대답을 유도하다.
48) 爲之禮: 紅娘에게 선물을 주었다는 뜻. / 數四: 서너 번. 여러 차례.
49) 乘間: 틈을 봐서. / 道其衷: 속마음을 털어놓다. '道'는 '말하다'의 뜻.
50) 驚沮(저jǔ): 몹시 놀라다.
51) 腆(전tiǎn)然: 부끄러워하는 모양. '腆'은 '悿'과 같음.
52) 翼日: 다음 날. '翌日'과 같음.
53) 姻族: 혼인관계로 맺어진 친족. 여기서는 그냥 '친척'의 뜻으로 쓰임.
54) 孩提: 어릴 때. 유년 시절. '孩提'는 웃을 줄 알고 안을 만한 나이, 즉 2~3세를 말함.
55) 性不苟合: 성품이 구차하게 시류에 어울리지 않다.
56) 紈(환wán)綺(기qǐ)間居: 여자들 사이에 거하다. '紈'은 '희고 고운 비단', '綺'는 '무늬 놓은 비단'으로 여자들이 쓰는 의상·부채·수건 등을 말하는데, 여기서는 '여자'의 代稱으로 쓰임.
57) 流盼(반pàn): 눈길을 주다. '盼'은 '돌아보다'흘겨보다'의 뜻.
58) 終有所蔽: 결국 여자[鶯鶯]에게 미혹 당하다. '蔽'는 '덮이다''미혹되다'의 뜻.
59) 幾不自持: 거의 스스로를 지탱[제어]하지 못하다.
60) 不能逾旦暮: 아침과 저녁을 넘길 수 없다. 잠시라도 견딜 수 없다는 뜻.
61) 媒氏: 媒婆. 중매쟁이.

何64)?" 婢曰: "崔之貞愼自保, 雖所尊不可以非語犯之65). 下人之謀, 固難入矣. 然而善屬文66), 往往沈吟章句67), 怨慕者久之68). 君試爲唯情詩以亂之69). 不然, 則無由也." 張大喜, 立綴<春詞>二首以授之70). 是夕, 紅娘復至, 持綵牋以授張71), 曰: "崔所命也." 題其篇曰<明月三五夜>72). 其詞曰:

待月西廂下73),　迎風戶半開.

62) 納采問名: 옛날 혼인할 때의 六禮[納采·問名·納吉·納徵·請期·親迎] 가운데 두 가지. '納采'는 남자 쪽에서 여자 쪽에 보내는 예물인데 唐代에는 羔·雁·幣·錦의 네 가지 물건을 사용했음. '問名'은 여자 쪽의 성명·생년월일을 알아서 혼례의 길일을 잡는 것을 말함.
63) 索我於枯魚之肆矣: 나를 건어물 가게에서 찾게 될 것이다. 그 때쯤 되면 나는 이미 죽어 있을 것이라는 뜻. 옛날 孔子의 제자 子路가 길을 가다가 조금의 물을 떠와서 살려 달라고 하는 수레바퀴 자국 속의 붕어를 만났는데, 자로가 吳·越의 왕에게 유세하여 西江의 물을 끌어와서 살려 주겠다고 말하자, 붕어가 그렇다면 나를 건어물 가게에서 찾는 게 낫겠다고 했다 함.『莊子·外物篇』에 보임.
64) 爾其謂我何: 너는 내가 어떻게 하는 것이 좋은 지 말해 봐라.
65) 所尊: 존귀하신 분. 여기서는 鶯鶯의 부모를 말함. / 非語: 예의에 어긋나는 말.
66) 善屬(촉zhǔ)文: 문장을 짓는 일에 뛰어남. 문장을 잘 지음.
67) 沈吟章句: 詩文을 낮은 소리로 읊조리다. '章句'는 여기서는 '詩文'을 가리킴.
68) 怨慕: 원망하고 흠모하다. 즉 자신의 짝을 만나지 못한 것을 원망하고 남의 행복한 만남을 흠모한다는 말.
69) 試: 시험삼아. / 唯: 설명하다. 알리다. 고하다. / 情詩: 연애시. 애정시 / 亂之: 마음을 동요시키다.
70) 立綴(철zhuì)<春詞>二首: '立'은 '곧장' 즉시'. '綴'은 '문장을 엮다[짓다]'.『元氏長慶集』에 실려 있는 <古艶詩>의 注에 "一作春詞"라고 되어 있는데, 그 내용은 다음과 같다: "春來頻到宋家東, 垂袖開懷待好風. 鶯藏柳暗無人語, 惟有牆花滿樹紅."
71) 綵牋(전jiān): 채색 비단에 쓴 편지. '牋'은 '箋'과 같으며, 간단한 시 한 수나 편지를 쓰는 데 사용하는 폭이 좁은 종이를 말함.
72) 明月: 밝은 달. 보름 달. / 三五: 즉 음력 15일.

拂牆花影動74),　　疑是玉人來75).

張亦微喩其旨76).

是夕, 歲二月旬有四日矣77). 崔之東有杏花一株, 攀援可踰. 旣望之夕78), 張因梯其樹而踰焉79). 達於西廂, 則戶牛開矣. 紅娘寢於牀, 生因驚之80). 紅娘駭曰: "郞何以至?" 張因紿之曰81): "崔氏之牋召我也. 爾爲我告之." 無幾, 紅娘復來, 連曰: "至矣! 至矣!" 張生且喜且駭, 必謂獲濟82). 及崔至, 則端服嚴容83), 大數張曰84): "兄之恩, 活我之家, 厚矣. 是以慈母以弱子幼女見託. 奈何因不令之婢85), 致淫逸之詞86)? 始以護人之亂爲義, 而終掠亂以求之87).

---

73) 待月西廂(상xiāng): '廂'은 '사랑채'·'행랑채'. 元代 王實甫의 雜劇 『西廂記』의 완전한 명칭이 『崔鶯鶯待月西廂記』임.
74) 拂牆花影動: 이 구절의 주어는 '바람'인데 생략되었음.
75) 疑是玉人來: 아마도 님이 오시는 것인가 보다. '玉人'은 '儀容이 훌륭한 사람'을 말하는데, 여기서는 '님'의 뜻으로 쓰임.
76) 微唯: 은밀하게 알아차리다. 몰래 눈치 채다.
77) 旬有四日: 음력 14일. '旬'은 10일, '有'는 '又'의 뜻.
78) 旣望: 이미 보름이 되다. '望'은 음력 15일을 말함.
79) 梯(제tī): 여기서는 '사다리로 삼다'·'오르다'의 동사로 쓰임.
80) 驚: 여기서는 '깨우다'의 뜻으로 쓰임.
81) 紿(태dài): 속이다. 기만하다.
82) 必謂獲濟: 틀림없이 일이 성공했다고 생각하다. '謂'는 여기서는 '생각하다'의 뜻.
83) 端服嚴容: 옷차림이 단정하고 몸가짐이 엄숙하다.
84) 大數張: 큰 소리로 장생의 잘못을 열거하며 질책하다. '數'는 '數罪'의 뜻으로 남의 잘못을 열거하면서 꾸짖는 것을 말함.
85) 不令: '不善'·'不好'와 같음. 품행이나 예의가 좋지 못하다.
86) 淫逸之詞: 음란한 글[말].
87) 掠亂: 어지러운 틈을 타다. 어지러움을 미끼로 삼다.

是以亂易亂, 其去幾何88)? 誠欲寢其詞89), 則保人之姦, 不義. 明之於母90), 則背人之惠, 不祥. 將寄於婢僕91), 又懼不得發其眞誠. 是用託短章, 願自陳啓, 猶懼兄之見難92). 是用鄙靡之詞93), 以求其必至. 非禮之動, 能不媿心94)? 特願以禮自持, 毋及於亂!" 言畢, 翻然而逝95). 張自失者久之96). 復踰而出, 於是絶望.

數夕, 張生臨軒獨寢, 忽有人覺之. 驚駭而起, 則紅娘斂衾攜枕而至, 撫張曰: "至矣! 至矣! 睡何爲哉!" 並枕重衾而去97). 張生拭目危坐久之98), 猶疑夢寐, 然而修謹以俟. 俄而紅娘捧崔氏而至99). 至, 則嬌羞融冶100), 力不能運支體, 曩時端莊101), 不復同矣. 是夕, 旬有八日也. 斜月晶瑩102), 幽輝半牀103). 張生飄飄然104), 且疑神

---

88) 其去幾何: 그 차이가 얼마나 되겠는가? 차이가 없다는 뜻.
89) 寢: 여기서는 '숨기다'공개하지 않다'의 뜻으로 쓰임.
90) 明: 밝히다. 알리다.
91) 寄於婢僕: 비녀[紅娘] 편에 부치다. 전달하다.
92) 見難: 난처해하다. 거북해 하다.
93) 鄙靡(미靡mǐ): 비루하고 음란하다.
94) 媿(괴kuì): '愧'와 같음. 부끄럽다.
95) 翻然: 휙 돌아서는 모양./逝(서shì): 가다.
96) 自失者久之: 한참 동안 망연자실하다.
97) 並枕重(chóng)衾: 베개를 나란히 놓고 이불을 포개 놓다. 즉 이부자리를 깔다는 뜻.
98) 拭目: 눈을 비비다./危坐: 곧추 앉다. 똑바로 앉다.
99) 俄而: 잠시 후. 곧.
100) 嬌羞融冶(야yě): 교태롭고 수줍은 자태가 매우 곱다.
101) 曩(낭nǎng)時: 접때. 지난 날. 옛날.
102) 晶瑩(형yíng): 수정처럼 맑고 밝다.
103) 幽輝半牀: 달빛이 침상 절반을 그윽하게 비추다.
104) 飄飄(표piāo)然: 정신이 아득한 모양. 기분이 좋은 모양.

仙之徒, 不謂從人間至矣. 有頃[105], 寺鐘鳴, 天將曉. 紅娘促去. 崔氏嬌啼宛轉[106], 紅娘又捧之而去, 終夕無一言. 張生辨色而興[107], 自疑曰: "豈其夢邪?" 及明, 覩妝在臂[108], 香在衣, 淚光熒熒然[109], 猶瑩於茵席而已[110].

是後又十餘日, 杳不復知[111]. 張生賦<會眞詩>三十韻[112], 未畢, 而紅娘適至, 因授之, 以貽崔氏. 自是復容之[113]. 朝隱而出, 暮隱而入, 同安於曩所謂西廂者[114], 幾一月矣. 張生常詰鄭氏之情. 則曰: "我不可奈何矣." 因欲就成之[115].

無何, 張生將之長安[116], 先以情諭之. 崔氏宛無難詞[117], 然而愁怨之容動人矣. 將行之再夕[118], 不復可見, 而張生遂西下[119].

---

105) 有頃: 잠시 시간이 흐른 뒤에.
106) 嬌啼(제tí)宛轉: 애교스럽게 울먹이며 누워서 뒤적이다. 즉 떠나기 싫다는 뜻.
107) 辨色: 하늘색을 판별하다. 날이 새는 것을 보다.
108) 覩(도dǔ): '睹'와 같음. 보다. / 妝(장zhuāng)在臂: 화장이 팔에 묻어 있다.
109) 熒熒(형yíng)然: 희미하게 반짝이는 모양.
110) 茵(인yīn)席: 자리. 요.
111) 杳(묘yǎo): 까마득히. 묘연히.
112) 賦: 짓다. / 會眞: 신선을 만나다. '眞'은 眞人, 즉 신선을 말함. 여기서는 鶯鶯을 가리킴. 『唐代叢書』에는 이 작품의 제목이 『會眞記』로 되어 있음. / 三十韻: 60句로 이루어진 律詩.
113) 容之: 받아들이다. 허락하다.
114) 安: 거하다. 머물다. 안주하다.
115) 欲就成之: 곧장 혼인을 성사시키려고 하다.
116) 之: '가다'는 동사로 쓰임.
117) 宛無難詞: 조금도 싫다는 말을 하지 않다.
118) 再夕: 이틀 전 밤.
119) 西下: 서쪽으로 내려가다. 長安은 蒲州의 서쪽에 있음.

數月, 復游於蒲, 會於崔氏者又累月. 崔氏甚工刀札[120], 善屬文. 求索再三, 終不可見. 往往張生自以文挑[121], 亦不甚覩覽. 大略崔之出人者, 藝必窮極, 而貌若不知[122], 言則敏辯, 而寡於酬對[123]. 待張之意甚厚, 然未嘗以詞繼之[124]. 時愁艷幽邃[125], 恒若不識, 喜慍之容, 亦罕形見[126]. 異時獨夜操琴[127], 愁弄悽惻[128]. 張竊聽之. 求之, 則終不復鼓矣[129]. 以是愈惑之.

張生俄以文調及期[130], 又當西去. 當去之夕, 不復自言其情, 愁歎於崔氏之側. 崔已陰知將訣矣, 恭貌怡聲[131], 徐謂張曰: "始亂之, 終棄之, 固其宜矣. 愚不敢恨[132]. 必也君亂之, 君終之, 君之惠也. 則沒身之誓[133], 其有終矣[134]. 又何必深感於此行? 然而君旣

---

120) 工刀札(찰zhá): 서예에 뛰어나다. '刀'는 칼, '札'은 木簡이나 竹簡을 말하는데, 옛날에는 붓과 종이 대신 刀와 札을 썼음. 여기서는 '글씨를 쓰다'의 뜻으로 쓰임.
121) 以文挑: 문장으로 유혹하다. 꼬이다.
122) 貌: 여기서는 '겉으로는'의 뜻으로 쓰임.
123) 酬(수chóu)對: 응대하다. 응답하다.
124) 以詞繼之: 말로써 잇다. 즉 말로 표현하다는 뜻.
125) 愁艷: 사랑의 근심./ 幽邃(수suì): 아득히 깊다. 深遠하다.
126) 形見(현xiàn): 드러내다. 겉으로 나타내다.
127) 異時: 다른 날. 어느 날./ 操琴: 琴을 타다. 연주하다.
128) 愁弄悽惻(측cè): 근심에 젖은 곡조가 처량하고 측은하다. '弄'은 '곡조'를 말함.
129) 鼓: '연주하다'는 동사로 쓰임.
130) 文調及期: 과거시험 볼 날짜가 다가오다.
131) 恭貌怡(이yí)聲: 몸가짐을 공손히 하고 목소리를 부드럽게 하다.
132) 愚: 앵앵 자신의 謙稱.
133) 沒身之誓: 종신토록 변치 않을 서약. 죽음을 두고 한 맹세.
134) 其有終矣: 그 맹세가 죽을 때까지 간다. '終'은 '終身'의 뜻.

不懌135), 無以奉寧136). 君常謂我善鼓琴, 向時羞顔137), 所不能及.
今且往矣, 既君此誠138)." 因命拂琴139), 鼓＜霓裳羽衣＞序140), 不
數聲, 哀音怨亂, 不復知其是曲也. 左右皆歔欷141). 崔亦遽止之,
投琴, 泣下流連, 趨歸鄭所, 遂不復至. 明旦而張行.

明年, 文戰不勝142), 張遂止於京. 因贈書於崔, 以廣其意143). 崔
氏緘報之詞144), 組載於此145), 曰: "捧覽來問, 撫愛過深. 兒女之
情, 悲喜交集. 兼惠花勝一合146), 口脂五寸147), 致燿首膏脣之
飾148). 雖荷殊恩, 誰復爲容149)? 覩物增懷150), 但積悲歎耳. 伏承

---

135) 懌(역yì): 기뻐하다. 좋아하다.
136) 奉寧: 삼가 위로하다. 위안을 드리다. '奉'은 상투적으로 쓰는 존대어.
137) 向時: '曩時'와 같음. 접때. 지난 날.
138) 既君此誠: 당신의 이러한 소원을 이루어 드리겠습니다. 즉 연주하겠다는 뜻. '既'는 '盡'과 같은 의미로 '완성하다' '실현하다'의 뜻으로 쓰임.
139) 命拂琴: 琴을 가져오라고 명하다.
140) ＜霓(예ní)裳羽衣＞: ＜婆羅門＞을 말함. ＜婆羅門＞은 唐代의 유명한 大曲으로 法曲에 속함. 중앙아시아로부터 중국에 전해졌는데 天寶年間에 玄宗이 ＜霓裳羽衣＞로 명칭을 바꾸었다고 함. 宋初까지 그 곡조는 남아 있었으나 이미 춤은 없어졌다고 함./序: 序曲. 前奏.
141) 歔(허xū)欷(희xī): 흐느껴 울다.
142) 文戰不勝: 과거시험에 낙방하다.
143) 廣其意: 그녀의 마음을 달래 주다. 위로하다.
144) 緘(함jiān)報: 편지 답장.
145) 組: 대강. 대략. 대충.
146) 惠: 惠贈하다. 편지에 쓰이는 문투./花勝: 부녀자들의 머리 장식품./合: '盒'과 같음.
147) 口脂: 입술 연지. 립스틱. 루즈.
148) 燿(요yào)首膏脣(순chún): 머리를 빛나게 하고 입술을 매끈하게 하다. '燿'는 '耀'와 같음. '脣'은 '唇'과 같음.
149) 誰復爲容: 다시 누구를 위하여 화장을 한단 말인가? '容'은 '화장하다'의 뜻.

使於京中就業151), 進修之道, 固在便安. 但恨僻陋之人152), 永以遐棄. 命也如此, 知復何言! 自去秋已來, 常忽忽如有所失153). 於喧譁之下154), 或勉爲語笑155), 閒宵自處156), 無不淚零157). 乃至夢寐之間, 亦多感咽, 離憂之思, 綢繆繾綣158), 暫若尋常159), 幽會未終160), 驚魂已斷161). 雖半衾如暖, 而思之甚遙. 一昨拜辭, 倏逾舊歲162). 長安行樂之地, 觸緒牽情163). 何幸不忘幽微164), 眷念無斁165)? 鄙薄之志, 無以奉酬. 至於終始之盟, 則固不忒166). 鄙昔中表相因167), 或同宴處. 婢僕見誘, 遂致私誠168). 兒女之心, 不能自

150) 覩物增懷: 물건을 보니 그리움이 더하다.
151) 伏承: 삼가 듣자오니. 편지에 쓰는 문투. / 就業: 여기서는 '학업에 힘쓰다'의 뜻.
152) 僻陋之人: 궁벽한 곳에 있는 사람. 앵앵 자신을 가리킴.
153) 忽忽: 멍한 모양. / 如有所失: 마치 뭔가 잃은 것이 있는 듯 하다. 즉 정신이 나간 듯 하다는 뜻.
154) 喧(훤xuān)譁(화huá): 시끄럽게 떠들다. 왁자지껄하다.
155) 勉爲語笑: 억지로 떠들고 웃다.
156) 閒宵(소xiāo)自處: 한적한 밤에 홀로 있다.
157) 淚零: 눈물을 흘리다. 떨구다. '零'은 '落'과 같음.
158) 綢(주chóu)繆(무móu)繾(견qiǎn)綣(권quǎn): 가슴속에 서리고 맺히어 잊혀지지 않다. '綢繆繾綣'은 모두 '얽히고 설키다'의 뜻.
159) 尋常: 평상시. 여느 때.
160) 幽會: 꿈속에서의 만남.
161) 驚魂已斷: 놀란 혼백이 이미 끊어지다. 즉 깜짝 놀라 잠에서 깼다는 뜻.
162) 倏(숙shū): 금새. 어느덧.
163) 觸緒牽情: 흥미를 유발하고 마음을 끌다. 즉 유혹하는 것이 많다는 뜻.
164) 何幸: 얼마나 다행인지 모르겠다. / 幽微: 미천한 몸. 앵앵 자신을 가리킴.
165) 眷(권juàn)念無斁(역yì): 싫어하지 않고 돌보아 생각하다. '眷'은 '돌보다', '斁'은 '싫어하다'의 뜻.
166) 忒(특tè): 어긋나다. 틀리다.

固. 君子有援琴之挑169), 鄙人無投梭之拒170). 及薦寢席, 義盛意深. 愚陋之情, 永謂終託171). 豈期旣見君子172), 而不能定情, 致有自獻之羞, 不復明侍巾幘173)? 沒身永恨, 含歎何言! 倘仁人用心174), 俯遂幽眇175), 雖死之日, 猶生之年176). 如或達士略情177), 捨小從大, 以先配爲醜行178), 以要盟爲可欺179), 則當骨化形銷, 丹誠不泯180), 因風委露181), 猶託淸塵182). 存沒之誠183), 言盡於此.

---

167) 中表: 內·外從 관계. 여기서는 이모 자식들 사이의 친척관계를 말함.
168) 致私誠: 부모의 허락 없이 사사로이 사랑을 바치다.
169) 君子: 張生을 가리킴./援琴之挑: 琴을 연주하여 유혹함. 漢나라 때 司馬相如가 琴을 연주하여 卓文君을 유혹했다고 함. 『史記·司馬相如傳』에 보임.
170) 鄙人: 앵앵을 가리킴./投梭(사suō)之拒: 베틀의 북을 던져 거절함. 晉나라 때 謝鯤이 이웃집 여자를 희롱하다가 베를 짜고 있던 그녀가 던진 북에 맞아 이빨이 부러졌다고 함. 『晉書·謝鯤傳』에 보임.
171) 永謂終託: 종신토록 의지할 수 있으리라고 영원히 생각하다.
172) 豈期: 어찌 생각이나 했겠는가?
173) 明侍巾幘(책zé): 떳떳하게 남편으로 모시다. '明'은 '떳떳하게'·'분명하게'의 뜻. '巾幘'은 남자들이 쓰는 두건을 말하는데, 여기서는 '남편'의 代稱으로 쓰임.
174) 倘(당tǎng): 만약./仁人: 어지신 분. 張生을 가리킴.
175) 俯遂: 굽어 살펴 주다./幽眇: 답답하고 아득한 고통.
176) 雖死之日, 猶生之年: 비록 죽는 날일지라도 살아 있는 날과 같다. 즉 당장 죽어도 여한이 없다는 뜻. '日'과 '年'은 같은 의미.
177) 達士: 사리에 통달했다는 사람/略情: 사랑의 감정을 대수롭지 않게 여기다.
178) 先配: 정식으로 결혼하기 전에 맺은 짝.
179) 要(yāo)盟: 원래는 강요하여 맺은 맹약을 뜻하나, 여기서는 위 문장에서 언급한 '沒身之誓'를 말함.
180) 丹誠: 일편단심. 충심./泯(민mǐn): '滅'과 같음. 사라지다. 없어지다.
181) 因風委露: 바람을 타고 이슬에 의지하다.
182) 淸塵: 고귀하신 분. 장생을 가리킴. 원래는 고귀한 사람이 행차할 때 일어나는 먼지를 뜻했으나, 나중에는 상대방에 대한 존칭으로 쓰임.
183) 存沒之誠: 살아서나 죽어서나 변치 않는 진실한 마음. '存沒'은 '生死'와 같음.

臨紙嗚咽, 情不能申. 千萬珍重, 珍重千萬! 玉環一枚, 是兒嬰年所弄184), 寄充君子下體所佩. 玉取其堅潤不渝185), 環取其終始不絶. 兼亂絲一絇186), 文竹茶碾子一枚187). 此數物不足見珍188), 意者欲君子如玉之眞, 弊志如環不解. 淚痕在竹, 愁緖縈絲189). 因物達情, 永以爲好耳. 心邇身遐, 拜會無期. 幽憤所鍾190), 千里神合. 千萬珍重! 春風多厲191), 強飯爲嘉192). 愼言自保193), 無以鄙爲深念."

　　張生發其書於所知194), 由是時人多聞之. 所善楊巨源好屬詞195), 因爲賦<崔娘詩>一絶云:

　　　　淸潤潘郎玉不如196),　中庭蕙草雪銷初197).
　　　　風流才子多春思198),　腸斷蕭娘一紙書199).

---

184) 兒: 옛날 부녀자들의 自稱. / 嬰(영yīng)年: 어렸을 때.
185) 堅潤: 단단하고 윤기 있다. / 渝(유yú): 빛이 바래다. 색이 변하다.
186) 絇(구qú): 실의 묶음. 타래.
187) 文竹: 반점이 있는 대나무. 瀟湘竹이라고도 함. 옛날 湘妃가 남편 舜임금을 그리워하면서 흘린 눈물이 묻어서 얼룩이 졌다고 함. / 茶碾(연niǎn)子: 차 빻는 기구.
188) 見珍: 진귀하게 여겨지다. '見'은 피동의 의미를 나타냄.
189) 愁緖縈(영yíng)絲: 愁心이 실에 얽혀 있다.
190) 幽憤: 애타게 그리운 마음. / 鍾: 여기서는 '모이다'의 뜻으로 쓰임.
191) 厲: '癘'와 통함. 질병.
192) 強飯爲嘉: 억지로라도 밥을 먹는 것이 몸에 좋다.
193) 愼言自保: 신중하게 자신을 保重하다. '言'은 어조사로 뜻이 없음.
194) 發: 보여주다. / 所知: 알고 지내는 사람. 친구. 친지.
195) 楊巨源: 字는 景山이며 蒲州人으로 元稹의 詩友. 禮部員外郎을 지냄.
196) 潘郞: 晉代의 潘岳을 말함. 潘岳은 자가 安仁이며 용모가 준수하여 부녀자들의 흠모의 대상이었다고 함. 여기서는 張生을 비유함.
197) 蕙草: 봄에 꽃이 피는 香草. '蕙蘭'이라고도 함. 여기서는 앵앵을 비유함.
198) 春思: 봄 생각. 봄바람.

河南元稹亦續生＜會眞詩＞三十韻, 詩曰:

微月透簾櫳200),　　螢光度碧空201).
遙天初縹緲202),　　低樹漸葱蘢203).
龍吹過庭竹204),　　鸞歌拂井桐205).
羅綃垂薄霧206),　　環珮響輕風.
絳節隨金母207),　　雲心捧玉童208).
更深人悄悄209),　　晨會雨濛濛210).
珠瑩光文履211),　　花明隱繡龍212).
瑤釵行彩鳳213),　　羅帔掩丹虹214).

---

199) 蕭娘: 唐代에 여자를 부르는 호칭. 남자는 '蕭郞'이라고 함. 여기서는 앵앵을 가리킴.
200) 微月: 초승달. / 簾櫳(룡lóng): 발을 드리운 창.
201) 螢光: 반딧불. / 度: '渡'와 통함. 가로지르다. 지나가다.
202) 縹(표piāo)緲(묘miǎo): 어슴푸레하다. 가물가물하다.
203) 葱蘢(룡lóng): 초목이 푸르고 무성하다.
204) 龍吹: '龍吟'과 같음. 바람이 대나무를 스치면서 내는 소리를 시적으로 표현.
205) 鸞(란luán)歌: 바람이 오동나무를 스치면서 내는 소리를 시적으로 표현. '鸞'은 봉황과 비슷한 새. 봉황은 오동나무에서만 서식한다고 함.
206) 羅綃(초xiāo): 비단과 생 명주로 짠 옷.
207) 絳節: 신선의 儀仗. '絳'은 붉은 색. '節'은 符節. / 金母: 九靈太妙龜山金母, 즉 西王母를 말함. 서쪽은 五行으로 金에 해당하므로 '金母'라고 함. 앵앵을 비유함.
208) 雲心: 구름. / 玉童: 仙童. 장생을 비유함.
209) 更深: 밤이 깊어지다. '更'은 밤 시간을 말함. / 悄悄(초qiǎo): 조용한 모양.
210) 濛濛(몽méng): 비가 부슬부슬 내리는 모양.
211) 珠瑩光文履: 반짝이는 구슬이 무늬[수] 놓은 신발에서 빛난다.
212) 花明隱繡龍: 고운 꽃이 신발에 수놓아 만든 용 사이에서 어른거린다.
213) 瑤釵行彩鳳: 옥비녀는 채색 봉황이 지나가는 것 같다.
214) 羅帔(피pèi)掩丹虹: 비단 숄은 붉은 무지개가 덮인 것 같다. '帔'는 여자들이

言自瑤華浦215),　　將朝碧玉宮216).
因游洛城北217),　　偶向宋家東218).
戲調初微拒219),　　柔情已暗通.
低鬟蟬影動220),　　迴步玉塵蒙.
轉面流花雪,　　　　登床抱綺叢221).
鴛鴦交頸舞,　　　　翡翠合歡籠222).
眉黛羞偏聚223),　　脣朱暖更融.
氣淸蘭蕊馥224),　　膚潤玉肌豐.
無力慵移腕225),　　多嬌愛斂躬226).
汗流珠點點,　　　　髮亂綠葱葱227).

―――――――

어깨에 덮는 천. 솔.
215) 言: 어조사. / 自: ~로부터. / 瑤華浦: 신선이 사는 곳. 앵앵의 거처를 비유함.
216) 朝(cháo): 향하다. / 碧玉宮: 신선이 사는 곳. 장생의 거처를 비유함.
217) 洛城北: 曹植이 수도 洛陽으로 가는 길에 洛水를 지나다가 낙수의 여신을 만났다고 함. 曹植의 <洛神賦>에 보임. 실제로는 낙수는 洛城의 북쪽에 있지 않고 남쪽에 있음. 아마도 詩의 平仄 때문에 '南'을 '北'을 바꾼 듯함. 여기서는 장생이 蒲州를 유람하다가 앵앵을 만난 것을 비유함.
218) 宋家東: 宋玉의 <登徒子好色賦>에서 "臣의 마을의 미인 가운데 동쪽 집의 딸만한 사람이 없네"라고 함. 역시 장생이 앵앵을 만난 것을 비유함.
219) 微拒: 은근히 거절하다.
220) 蟬(선chán)影: '蟬鬢'이라고도 함. 매미 날개 형상의 머리 모양.
221) 綺叢: 비단 뭉치. 비단 이불을 말함.
222) 籠(롱lǒng): 여기서는 '會合' '聚合'의 뜻으로 쓰임. 한데 어울리다. 하나로 뭉치다.
223) 偏聚: 한쪽으로 쏠리다.
224) 氣淸: 숨 내음이 향긋함. / 蕊(예ruǐ): 꽃봉오리. / 馥(복fù): 향기.
225) 慵(용yōng): 게으르다.
226) 斂躬: 몸을 웅크리다.

方喜千年會,	俄聞五夜窮228).
留連時有恨,	繾綣意難終.
慢臉含愁態229),	芳詞誓素衷.
贈環明運合230),	留結表心同231).
啼粉流宵鏡232),	殘燈遠暗蟲233).
華光猶苒苒234),	旭日漸曈曈235).
乘鶩還歸洛236),	吹簫亦上嵩237).
衣香猶染麝,	枕膩尚殘紅.
羃羃臨塘草238),	飄飄思渚蓬239).

---

227) 蔥蔥: 초목이 짙푸르게 무성한 모양. 여기서는 머리카락이 검푸르고 숱이 많은 모양.

228) 俄: 잠시 후. 어느덧. / 五夜窮: 밤이 다 가다. 즉 날이 새려고 한다는 뜻. '五夜'는 '五更'과 같음. 새벽 3~5시.

229) 慢(만màn)臉(검jiǎn): 의기소침한[풀이 죽은] 얼굴 빛. '臉'은 뺨.

230) 運合: 운명이 합쳐짐. 두 사람이 결합할 운명이라는 뜻.

231) 結: '同心結'을 말함. 사랑의 징표로 엮어 만든 매듭.

232) 啼粉: 눈물에 젖은 분.

233) 殘燈: 꺼져 가는 등불. / 遠暗蟲: 멀리서 들려 오는 어둠 속의 벌레 소리. '殘燈'과 '暗蟲'은 모두 날이 새려는 상황을 묘사한 것임.

234) 華光: 鉛華[鉛白粉]의 광채. / 苒苒(염rǎn): 초목이 무성한 모양. 여기서는 화장한 용모가 환히 빛나는 모양을 말함.

235) 旭(욱xù)日: 떠오르는 해. / 曈曈(동tóng): 태양이 점점 떠올라 빛나는 모양.

236) 乘鶩(목wù)還歸洛: 오리를 타고 洛水로 돌아가다. 전설에 따르면 宓羲氏의 딸 宓妃가 洛水에 빠져 죽은 뒤 洛水의 神이 되었다고 함. 여기서 洛神 宓妃는 鶯鶯을 비유하며, 그녀가 자신의 거처로 돌아갔음을 의미함.

237) 吹簫亦上嵩(숭sōng): 퉁소를 불며 또한 嵩山에 오르다. 周 靈王 때에 太子 王子喬가 笙簧을 잘 불었는데 嵩山에 들어가 수도한 뒤 신선이 되었다고 함. 『列仙傳』에 보임. 여기서 王子喬는 張生을 비유하며, 그도 역시 鶯鶯을 떠났음을 의미함.

238) 羃羃(멱mì): 초목이 무성하게 덮인 모양. 여기서는 장생과 앵앵의 사랑이 진

素琴鳴怨鶴240),　　　淸漢望歸鴻241).

海闊誠難渡,　　　　天高不易沖.

行雲無處所242),　　　蕭史在樓中243).

張之友聞之者, 莫不聳異之244), 然而張志亦絶矣. 稹特與張厚245), 因徵其詞246). 張曰:"大凡天之所命尤物也, 不妖其身247), 必妖於人. 使崔氏子遇合富貴, 乘寵嬌, 不爲雲爲雨248), 則爲蛟爲螭249), 吾不知其變化矣. 昔殷之辛250), 周之幽251), 据百萬之國,

---

한 것을 나타냄.
239) 飄飄: 바람에 나부끼는 모양./渚蓬: 물가의 다북쑥. 여기서는 장생과 앵앵의 사랑이 흩어진 것을 나타냄.
240) 素琴: 꾸미지 않은 소박한 琴./怨鶴: 옛 琴曲인 <別鶴操>를 말함. 옛날 商陵 牧子의 처가 자식을 낳지 못하여 牧子의 부형이 그를 다시 장가들게 하려 했는데, 그 처가 이것을 알고 통곡하자 牧子가 슬퍼하면서 이 曲을 지었다고 함. 崔豹의『古今注』卷中에 보임. 이것은 이별 후 앵앵의 슬픔을 나타냄.
241) 淸漢: 은하수./望歸鴻: 소식이 오기를 고대하다. '鴻'은 '큰기러기'로 옛부터 편지를 전달할 때 이용했음. 이것 역시 이별 후 앵앵의 고독함을 나타냄.
242) 行雲: 옛날 楚 懷王이 雲夢澤을 유람하다가 피곤하여 高唐觀에서 잠이 들었을 때 꿈속에서 神女를 만나 즐겁게 놀았는데, 神女가 자신은 "巫山의 남쪽에 살고 있으며" "아침에는 구름이 되어 다니고[旦爲行雲]" "저녁에는 비가 되어 내린다[暮爲行雨]"고 했다 함. 宋玉의 <高唐賦·序>에 보임. 여기서 神女는 앵앵을 비유함.
243) 蕭史: 옛날 춘추시대 蕭史가 퉁소를 잘 불었는데 秦 穆公이 자기의 딸 弄玉을 그에게 시집보냈으며, 그가 弄玉에게 퉁소를 가르쳐 鳳凰의 울음소리를 내게 하자 鳳凰이 정말 날아왔고 나중에 두 사람은 신선이 되어 떠났다고 함.『列仙傳』에 보임. 여기서 蕭史는 장생을 비유함.
244) 聳(용sŏng): 귀를 기울이다. 관심을 갖다.
245) 厚: 친분이 두텁다. 친밀하다.
246) 徵其詞: 그의 말을 청하다. 그의 생각을 묻다. '徵'은 '求' '請'의 뜻.
247) 妖: 해를 끼치다.
248) 爲雲爲雨: 구름과 비가 되다. 즉 神女가 된다는 뜻. 주 241) 참고.

其勢甚厚. 然而一女子敗之, 潰其衆, 屠其身, 至今爲天下僇笑252). 予之德不足以勝妖孽253), 是用忍情." 於是坐者皆爲深歎.

後歲餘, 崔已委身於人254), 張亦有所娶. 適經所居, 乃因其夫言於崔, 求以外兄見255). 夫語之, 而崔終不爲出. 張怨念之誠, 動於顔色. 崔知之, 潛賦一章, 詞曰:

自從消瘦減容光256),　萬轉千回懶下牀257).

不爲旁人羞不起,　爲郞憔悴却羞郞.

竟不之見. 後數日, 張生將行, 又賦一章以謝絶云:

棄置今何道,　　當時且自親.

還將舊時意258),　憐取眼前人259).

自是, 絶不復知矣. 時人多許張爲善補過者260).

予嘗於朋會之中, 往往及此意者, 夫使知者不爲, 爲之者不惑. 貞元歲九月, 執事李公垂宿於予靖安里第261), 語及於是. 公垂卓

---

249) 蛟(교jiāo): 상상의 동물로 뿔 둘 달린 용. / 螭(리chī): 상상의 동물로 뿔없는 용.
250) 殷之辛: 殷 紂王. 이름은 受辛, 시호는 紂. 殷代 마지막 군주로 妲己를 총애하다가 亡國에 이름.
251) 周之幽: 周 幽王. 褒姒를 총애하다가 失政하여 犬戎에게 살해당함.
252) 僇(륙lù)笑: 치욕과 비웃음을 당하다. '僇'은 '辱'과 같음.
253) 妖孽(얼niè): 妖物. 妖魔. 妖怪.
254) 委身於人: 다른 사람에게 몸을 맡기다. 즉 남에게 시집갔다는 뜻.
255) 外兄: 이종사촌 오빠.
256) 消瘦: 수척해지다. 마르다. / 減容光: 美貌가 감소하다.
257) 懶(란lǎn): 귀찮다. 게으르다. / 下牀: 침상을 내려오다.
258) 舊時意: 옛날의 뜻. 즉 옛날에 나를 사랑하던 마음을 말함.
259) 憐(련lián): 예뻐하다. / 眼前人: 눈앞에 있는 사람. 즉 지금의 부인을 말함.
260) 許: 인정하다. / 善補過者: 과실을 잘 고치는 사람.

然稱異262), 遂爲<鶯鶯歌>以傳之263). 崔氏小名鶯鶯264), 公垂以命篇265).

---

261) 執事: 집안 일을 돌보는 사람. 여기서는 친밀한 친구의 뜻으로 쓰임. / 李公垂: 李紳. 字는 公垂이며 尙書右僕射를 지냄. 元稹·白居易와 함께 新樂府運動에 참여함. / 靖安里: 長安 朱雀門街 동쪽의 두 번째 거리에 있었음. / 第: 집. 주택.
262) 卓然: 탁월하게 뛰어난 모양. / 稱異: 특이하다고 칭송하다.
263) <鶯鶯歌>: 李紳의 <鶯鶯歌>는 七言古詩인데,『全唐詩』에는 8句만 수록되어 있으며『西廂記諸宮調』권1·2·3·4에는 총 42句가 실려 있음.
264) 小名: '兒名'과 같음. 어릴 때 부르는 이름.
265) 命篇: 작품의 제목을 달다.

虯髥客傳

『규염객전』은 唐代 杜光庭이 지었다. 『太平廣記』 권193에 수록되어 있는데 출전을 밝히지 않은 것으로 보아 아마도 당시에 단행본으로 통행되었던 것 같다. 또한 『道藏』 恭字에 수록된 두광정의 『神仙感遇傳』 권4에는 『虯鬚客』이라는 제목으로 실려 있는데 내용이 비교적 간략하다. 明代 顧元慶의 『顧氏文房小說』에도 집록되어 있는데 『태평광기』의 문장과 다소 차이가 있다. 魯迅의 『唐宋傳奇集』에 집록된 『규염객전』은 『고씨문방소설』을 저본으로 삼아 『태평광기』를 가지고 교감한 것으로 비교적 완비되어 있다. 한편 명대 陶宗儀의 『說郛』本에는 작자가 張說로 되어 있다. 『규염객전』은 唐代 俠義類 傳奇小說의 대표작으로서, 唐 太宗 李世民의 '王權神授'를 둘러싸고 紅拂·虯髥客·李靖의 이른바 '風塵三俠'이 펼치는 협객담인데, 군웅이 할거하고 전란이 빈번했던 晩唐의 시대상황을 반영하고 있다. 이 작품은 널리 流傳되는 과정에서 부분적으로 증보·윤색되었을 것으로 추정한다. 明代 凌濛初의 雜劇 『虯髥翁』과 張鳳翼의 傳奇 『紅拂記』 등은 이 작품을 바탕으로 창작된 것이다.

杜光庭(850~933)은 字가 聖賓[賓聖이라고도 함]이며 處州 縉雲[지금의 浙江省 縉雲縣] 사람으로 독서를 즐기고 문장 짓는 것을 좋아했다. 唐 懿宗 때 설치한 萬言科에 응시했다가 낙방하여 天台山에 들어가 道士가 되었다. 그 후 난을 피하여 前蜀으로 들어가 前主 王建 밑에서 金紫光祿大夫·諫議大夫를 지냈으며 廣成先生이란 號를 하사받았다. 後主 王衍 때는 傳眞天師·崇眞觀大學士를 지냈다. 만년에는 靑城山 白雲溪에 은거하고 스스로 東瀛子라고 불렀다. 많은 저작이 있으나 현존하는 것은 『廣成集』 17권을 비롯하여 『神仙感遇傳』·『錄異記』 등이다.

隋煬帝之幸江都也1), 命司空楊素守西京2). 素驕貴, 又以時亂, 天下之權重望崇者3), 莫我若也4), 奢貴自奉5), 禮異人臣6). 每公卿入言, 賓客上謁7), 未嘗不踞牀而見8), 令美人捧出9). 侍婢羅列, 頗僭於上10). 末年愈甚, 無復知所負荷11), 有扶危持顚之心12).

一日, 衛公李靖以布衣上謁13), 獻奇策. 素亦踞見. 公前揖曰:

---

1) 隋煬帝(569~618): 성은 楊, 이름은 廣. 隋代의 마지막 황제로 부친[文帝 楊堅]을 죽이고 제위에 올라 주색에 방탕했음. 나중에 江都를 순수하다 于文化及에게 살해당함./ 幸: 제왕의 행차./ 江都: 隋代의 郡名. 본래 이름은 揚州. 지금의 江蘇省 揚州市 동북쪽에 治所가 있었음. 양제가 이곳에 大宮苑을 축조하고 行宮[離宮]으로 정함.
2) 楊素(?~606): 隋代의 개국 공신. 자는 處道이며 華陰[지금의 陝西省 華陰縣] 사람. 文帝 楊堅의 개국을 도운 공로로 越國公에 봉해졌으며, 나중에 煬帝의 제위 찬탈을 도운 공로로 楚國公에 봉해졌고 司空을 지냄./ 西京: 隋代의 수도인 大興城[長安. 지금의 陝西省 西安市]을 말함. 양제는 洛陽을 東京이라 여겼기 때문에 대흥성을 서경이라 함.
3) 權重望崇者: 권세가 대단하고 명망이 높은 사람.
4) 莫我若也: '莫若我也'의 도치문. 나만한 사람이 없다. 내가 최고다.
5) 奢貴自奉: 사치스럽고 진귀한 것으로 자신을 봉양하다. 즉 호사스런 생활을 했다는 뜻.
6) 禮異人臣: 儀禮上 신하로서 누려야 할 범위를 초월하다. 즉 특별한 예우를 받았다는 뜻.
7) 上謁(알yè): 알현하다. 만나 뵙다.
8) 踞(거jù): 걸터앉다. 오만한 모습을 나타냄.
9) 捧出: 둘러싸인 채 나오다.
10) 僭(참jiàn)於上: 皇上을 僭越하다. 즉 신하로서의 본분을 지나치다는 뜻.
11) 負荷: 부담해야 할 책임.
12) 有扶危持顚(전diān)之心: 앞 문장의 '無復'와 연결됨. 즉 더 이상 위험에 빠진 나라를 구할 마음을 갖지 않는다는 뜻.
13) 李靖(571~649): 唐初의 개국 공신, 군사가. 字는 藥師이며 三原[지금의 陝西省 三元縣] 사람. 역사와 병법에 정통함. 처음에는 隋나라에서 벼슬했으나 唐 高祖의 개국을 도운 공로로 太宗 때 衛國公에 봉해짐./ 布衣: 평민. 일반 백성.

"天下方亂, 英雄競起. 公爲帝室重臣14), 須以收羅豪傑爲心, 不宜踞見賓客." 素斂容而起15), 謝公, 與語, 大悅, 收其策而退.

當公之騁辯也16), 一妓有殊色17), 執紅拂18), 立於前, 獨目公. 公旣去, 而執拂者臨軒指吏曰: "問去者處士第幾19), 住何處?" 公具以對. 妓誦而去.

公歸逆旅20). 其夜五更初21), 忽聞叩門而聲低者, 公起問焉, 乃紫衣戴帽人, 杖揭一囊22). 公問誰. 曰: "妾, 楊家之紅拂妓也." 公遽延入23). 脫衣去帽, 乃十八九佳麗人也. 素面畫衣而拜24). 公驚答拜. 曰: "妾侍楊司空久, 閱天下之人多矣, 無如公者. 絲蘿非獨生25), 願託喬木26), 故來奔耳." 公曰: "楊司空權重京師27), 何如?"

---

14) 重臣: 重任을 맡은 대신.
15) 斂容: 얼굴을 가다듬다. 진지함과 엄숙함을 나타냄.
16) 騁(빙chěng)辯: 논변을 거침없이 전개하다. '騁'은 '치달리다'의 뜻.
17) 殊色: 용모가 남다르다. 예쁘다.
18) 紅拂: 붉은 총채. '拂'은 '塵尾'라고도 하며 사슴의 꼬리로 만들어 파리나 모기를 쫓는데 사용하는 물건인데, 옛날 사람들은 멋으로 늘 이것을 들고 담론하곤 했음.
19) 處士: 아직 벼슬하지 않은 선비에 대한 경칭. / 第幾: 형제자매의 行列. 隋唐人들은 항렬로 사람을 부르기 좋아했음.
20) 逆旅: 여관. 客舍. 旅舍.
21) 五更: 새벽 3~5시.
22) 杖揭(게jiē): 지팡이로 메다.
23) 延入: 맞아들이다. '延'은 '迎' '請'의 뜻.
24) 素面: 화장하지 않은 얼굴. / 畫衣: 꽃 문양이 그려진 옷.
25) 絲蘿: 菟絲와 女蘿. 모두 덩굴식물로 다른 나무에 기생하여 살아감. 흔히 여자가 남자에게 의지하거나 부부관계를 비유함. 여기서는 紅拂을 비유함.
26) 託喬(교qiáo)木: 큰 나무에 의탁하다. '喬'는 '大' '高'의 뜻. 여기서는 李靖을 비유함.

曰: "彼屍居餘氣28), 不足畏也. 諸妓知其無成29), 去者衆矣. 彼亦不甚逐也30). 計之詳矣, 幸無疑焉31)." 問其姓. 曰: "張." 問其伯仲之次32). 曰: "最長33)." 觀其肌膚·儀狀·言詞·氣性, 眞天人也. 公不自意獲之34), 愈喜愈懼, 瞬息萬慮不安. 而窺戶者無停履35). 數日, 亦聞追訪之聲, 意亦非峻36). 乃雄服乘馬37), 排闥而去38). 將歸太原39).

行次靈石旅舍40), 旣設牀, 爐中烹肉且熟. 張氏以髮長委地41), 立梳牀前42). 公方刷馬43). 忽有一人, 中形44), 赤髥如虯45), 乘蹇驢

---

27) 京師: 도성. 수도. 서울.
28) 屍居餘氣: 시체에 남은 숨이 붙어 있다. 즉 금방 죽는다는 뜻.
29) 無成: 큰 일을 이루지 못하다. 즉 더 이상 기대할 것이 없다는 뜻.
30) 不甚逐: 그다지 심하게 추적하지 않다.
31) 幸無疑: 의심하지 말기를 바라다. '幸'은 '바라다'의 뜻.
32) 伯仲之次: 형제자매의 항렬. 서열.
33) 崔長(zhǎng): 가장 맏이다. 항렬이 가장 높다.
34) 不自意: 생각지도 않게. 뜻밖에.
35) 窺戶者無停履: 발걸음을 멈추지 않고 수시로 창을 엿보다. 몹시 불안한 모습을 나타냄.
36) 意亦非峻: [찾으려는] 뜻이 또한 준엄하지 않다. 찾으려는 의지가 별로 없다는 뜻.
37) 雄服: 남자 옷을 입다. 男裝하다.
38) 排闥(달tà): 문을 밀쳐 열다. '闥'은 '작은 문''쪽문''샛문'의 뜻.
39) 太原: 隋代의 郡名. 治所는 지금의 山西省 太原市.
40) 次: 머물다. 유숙하다. / 靈石: 隋代의 縣名. 지금의 山西省 靈石縣.
41) 髮長委地: 머리를 길게 땅에 늘어뜨리다.
42) 梳(소shū): 머리를 빗다.
43) 刷(쇄shuā)馬: 말을 솔질하다.
44) 中形: 중간 크기의 몸집.
45) 赤髥(염rán)如虯(규qiú): 붉은 수염이 虯龍과 같다. '髥'은 구레나룻. '虯'는 뿔

而來46). 投革囊於爐前, 取枕欹臥47), 看張梳頭. 公怒甚, 未決48), 猶親刷馬. 張熟視其面, 一手握髮, 一手映身搖示公49), 令勿怒. 急急梳頭畢50), 斂衽前問其姓51). 臥客答曰: "姓張." 對曰: "妾亦姓張, 合是妹52)." 遽拜之53). 問第幾. 曰: "第三." 問妹第幾. 曰: "最長." 遂喜曰: "今夕多幸逢一妹." 張氏遙呼: "李郎且來見三兄!" 公驟拜之54). 遂環坐. 曰: "煮者何肉?" 曰: "羊肉, 計已熟矣55)." 客曰: "饑." 公出市胡餠56). 客抽腰間匕首, 切肉共食. 食竟, 餘肉亂切送驢前食之, 甚速. 客曰: "觀李郎之行57), 貧士也. 何以致斯異人58)?" 曰: "靖雖貧, 亦有心者焉59). 他人見問, 故不言60). 兄之問, 則不隱耳." 具言其由. 曰: "然則將何之61)?" 曰: "將避地太

이 둘 달린 용.
46) 蹇(건jiǎn)驢(려lú): 절름거리는 나귀.
47) 欹(의yī)臥: 비스듬히 눕다.
48) 未決: 決行치 않다. 행동으로 옮기지 않다.
49) 一手映身搖示公: 한 손을 몸 뒤로 감추고서 공에게 멀리 손짓하다. '映'은 '가리다'"감추다'의 뜻.
50) 急急: 급히 서두르는 모양.
51) 斂衽(임rèn): 옷깃을 여미다. 존경하는 태도를 나타냄.
52) 合: 여기서는 '마땅히'"응당'의 뜻으로 쓰임.
53) 遽(거jù): 재빨리. 급히. 서둘러.
54) 驟(취zhòu): 황급히.
55) 計已熟: 이미 익었을 것이라고 생각한다.
56) 市胡餠: 호떡을 사오다. '市'는 '시장보다'"사다'는 동사로 쓰임.
57) 行: 行色. 모양. 모습.
58) 致: 招致하다. 모셔오다. / 異人: 범상치 않은 사람. 여기서는 紅拂을 가리킴.
59) 有心者: 한 번 큰 일을 세우려는 마음을 먹은 사람.
60) 故: 본래. 원래부터.
61) 何之: 어디로 가는가? '之'는 '가다'는 동사로 쓰임.

原." 曰: "然吾故非君所致也62)." 曰: "有酒乎?" 曰: "主人西63), 則酒肆也." 公取酒一斗. 旣巡64), 客曰: "吾有少下酒物65), 李郎能同之乎?" 曰: "不敢66)." 於是開革囊, 取一人頭幷心肝. 却頭囊中67), 以匕首切心肝, 共食之. 曰: "此人天下負心者, 銜之十年68), 今始獲之. 吾憾釋矣69)." 又曰: "觀李郎儀形器宇70), 眞丈夫也. 亦聞太原有異人乎?" 曰: "嘗識一人, 愚謂之眞人也71). 其餘, 將帥而已." 曰: "何姓?" 曰: "靖之同姓." 曰: "年幾?" 曰: "僅二十." 曰: "今何爲?" 曰: "州將之子72)." 曰: "似矣73). 亦須見之. 李郎能致吾一見乎?" 曰: "靖之友劉文靜者74), 與之狎75). 因文靜見之可也. 然

---

62) 吾故非君所致: 나는 진실로 당신이 의탁할 사람이 아니다. '致'는 본래 '초치하다'의 뜻이나 여기서는 '의탁하다'의 뜻으로 쓰임.
63) 主人: 여관 주인. 여기서는 여관의 대신으로 쓰임.
64) 巡: 술잔이 한 바퀴 도는 것을 말함.
65) 酒物: 술안주.
66) 不敢: 감히 청하지는 못하지만 먹고 싶다는 뜻.
67) 却: 도로 집어넣다.
68) 銜(함xián)之十年: 10년 동안 원한을 품다.
69) 憾釋: 원한이 풀리다.
70) 儀形器宇: 儀容과 器量. 풍채와 도량.
71) 愚: 자신에 대한 謙稱. / 謂: 생각하다. 여기다. / 眞人: 眞命天子. 진정으로 천명을 받은 사람. 여기서는 唐 太宗 李世民을 가리킴.
72) 州將之子: 역시 李世民을 가리킴. 그의 아버지인 高祖 李淵이 隋代에 太原留守를 지냈으므로 '州將'이라고 함.
73) 似矣: 만나보려고 하는 사람과 비슷하다는 뜻.
74) 劉文靜: 字는 肇仁, 武功[지금의 陝西省 武功縣] 사람. 隋末에 晉陽[지금의 山西省 太原市]의 현령을 지냈으며 太宗 李世民의 친구로서 함께 군대를 일으킴. 高祖 李淵이 개국한 뒤 戶部尙書·左僕射를 지냈으며 魯國公에 봉해짐. 나중에 論功行賞에 불만을 표시하다가 高祖에게 살해당함.
75) 狎(압xiá): 親狎하다. 친근하다. 사이가 가깝다.

兄何爲?" 曰: "望氣者言太原有奇氣76), 使訪之. 李郎明發77), 何日 到太原?" 靖計之曰78). 曰: "達之明日, 日方曙79), 候我於汾陽 橋80)." 言訖, 乘驢而去, 其行若飛, 回顧已失. 公與張氏且驚且喜, 久之, 曰: "烈士不欺人, 固無畏." 促鞭而行81).

及期, 入太原. 果復相見. 大喜, 偕詣劉氏82). 詐謂文靜曰: "有 善相者思見郎君83), 請迎之." 文靜素奇其人84), 一旦聞有客善相, 遽致使迎之. 使回而至85), 不衫不履86), 裼裘而來87), 神氣揚揚88), 貌與常異. 虯髥默然居末坐, 見之心死89). 飮數杯, 招靖曰: "眞天 子也!" 公以告劉, 劉益喜, 自負. 旣出, 而虯髥曰: "吾得十八九 矣90). 然須道兄見之. 李郎宜與一妹復入京, 某日午時, 訪我於馬

---

76) 望氣者: 天氣를 살펴 장차 일어날 일을 미리 알 수 있는 사람. / 奇氣: 여기서는 제왕이 나타날 기운을 말함.
77) 明發: 내일 출발하다.
78) 計之曰: 날짜를 계산하다.
79) 日方曙(서shǔ): 날이 바야흐로 새려 하다. 해뜰 무렵. 여명.
80) 候: 기다리다. / 汾(분fén)陽橋: 太原城 동쪽 汾河 위에 있는 다리.
81) 促鞭: 채찍질을 재촉하다. 말을 빨리 몰다.
82) 偕(해xié)詣(예yì): 함께 찾아가다.
83) 善相者: 관상을 잘 보는 사람.
84) 素奇其人: 평소에 그 사람[李世民]이 비범하다고 여기다.
85) 使回而至: 심부름 보낸 사람이 돌아올 때 함께 도착하다.
86) 不衫不履: 적삼을 입지 않고 신발을 신지 않다. '衫'은 가죽 옷 겉에 입는 홑옷.
87) 裼(석xī)裘(구qiú): 갖옷의 소매를 걷어 부치다. '裼'은 '소매를 걷다'의 뜻. 옛날에는 일반적으로 갖옷을 입을 때 겉에 正服을 입었는데, 정복의 소매를 걷어 갖옷의 털을 드러내 놓는 것을 '裼裘'라고 함. 앞 구절과 함께 이러한 모습은 세세한 예절에는 신경 쓰지 않는 대범한 성격을 나타냄.
88) 神氣揚揚: 의기양양하다. 정신과 기력이 당당하다.
89) 心死: 마음이 철렁 내려앉다. 마음이 썰렁하다.

行東酒樓91), 下有此驢及瘦驢, 卽我與道兄俱在其上矣. 到卽登焉." 又別而去.

公與張氏復應之. 及期訪焉, 宛見二乘92). 攬衣登樓93), 虯髥與一道士方對飮, 見公驚喜, 召坐. 圍飮十數巡94), 曰: "樓下櫃中有錢十萬. 擇一深隱處, 駐一妹, 某日復會於汾陽橋."

如期至, 卽道士與虯髥已到矣. 俱謁文靜. 時方弈棋95), 揖而話心焉96). 文靜飛書迎文皇看棋97). 道士對弈, 虯髥與公傍侍焉. 俄而文皇到來98), 精彩驚人, 長揖而坐. 神氣淸朗, 滿坐風生, 顧盼煒如也99). 道士一見慘然100), 下棋子曰101): "此局全輸矣102)! 於此失却局哉! 救無路矣! 復奚言103)!" 罷弈而請去. 旣出, 謂虯髥曰: "此

---

90) 吾得十八九矣: 내 판단이 십중팔구 맞는 것 같다.
91) 馬行: 大興城[長安]의 거리 이름.
92) 宛見: 분명히[틀림없이, 과연] 보이다. / 二乘: 두 마리의 말. 원래는 말 4필이 1乘인데, 여기서는 그냥 '馬'의 대칭으로 쓰임.
93) 攬衣: 옷을 걷어올리다.
94) 圍飮: 둘러앉아서 마시다.
95) 弈(혁yì)棋(기qí): 바둑. 바둑을 두다.
96) 話心: 속마음을 얘기하다. 마음을 터놓고 얘기하다.
97) 飛書: 급히 서찰을 보내다. / 文皇: 李世民을 말함. 李世民은 廟號가 '太宗', 諡號가 '文'이었기 때문에 후대에 그를 '태종문황제'라고 부름.
98) 俄而: 잠시 후. 이윽고.
99) 顧盼(반pàn)煒(위wěi)如: 돌아보는 눈빛이 빛나다. '煒如'는 '煒然'과 같으며 광채가 나는 모양을 말함.
100) 慘(참cǎn)然: 참담한 모양. 매우 상심한 모양.
101) 下棋子: 바둑알을 내 던지다.
102) 輸(수shū): 지다. 패하다. 겉으로는 바둑에서 졌음을 뜻하지만 실제로는 천하를 이세민에게 넘겨주게 된 것을 의미함.
103) 奚(해xī)言: 무슨 말을 하겠는가? '奚'는 '何'와 같음.

世界非公世界, 他方可也104). 勉之, 勿以爲念105)." 因共入京. 虯
髥曰: "計李郎之程, 某日方到. 到之明日, 可與一妹同詣某坊曲小
宅相訪. 李郎相從一妹, 懸然如磬106). 欲令新婦祗謁107), 兼議從
容108), 無前却也109)." 言畢, 吁嗟而去110).

公策馬而歸. 卽到京, 遂與張氏同往. 乃一小版門子111), 叩之,
有應者, 拜曰: "三郞令候李郎·一娘子久矣." 延入重門, 門愈壯.
婢四十人, 羅列庭前. 奴二十人, 引公入東廳. 廳之陳設, 窮極珍
異, 巾箱·妝奩·冠鏡·首飾之盛112), 非人間之物. 巾櫛妝飾畢113),
請更衣, 衣又珍異. 旣畢, 傳云: "三郞來!" 乃虯髥紗帽裼裘而來,
亦有龍虎之狀114), 歡然相見. 催其妻出拜, 蓋亦天人耳. 遂延中堂,
陳設盤筵之盛, 雖王公家不侔也115). 四人對饌訖, 陳女樂二十人,
列奏於前, 若從天降, 非人間之曲. 食畢, 行酒116). 家人自堂東舁

---

104) 他方可也: 다른 곳에서 帝位를 도모하면 가능하다는 뜻.
105) 勿以爲念: 괘념치 말라. 걱정하지 말라.
106) 懸然如磬(경qìng): 집안에 아무 것도 없다. 몹시 가난하다는 뜻. '懸'은 '걸다' '매달다'의 뜻. '磬'은 돌로 만든 악기의 일종으로 ㄱ자 모양의 石片을 여러 개 매달아 두드려서 연주함. 집에 아무 것도 없고 대들보와 서까래만 덩그렇게 있는 것을 비유함.
107) 新婦: 여기서는 虯髥客의 부인을 가리킴. / 祗(지zhī)謁: 삼가 뵙다. '祗'는 '敬'의 뜻.
108) 議從容: 조용히 의논하다.
109) 無前却: 미리 사양하지 말라. '却'은 '물리치다' '사양하다'의 뜻.
110) 吁(우xū)嗟(차jiē): 탄식하다. 한숨쉬다.
111) 小版門子: 작은 나무 판자 문.
112) 巾箱: 수건 상자. / 妝奩(렴lián): 화장 상자. 화장품. / 冠鏡: 장식된 거울.
113) 櫛(즐zhì): 빗. 빗질하다. 머리 빗다.
114) 龍虎之狀: 비범한 모습. 이것은 虯髥客이 一國의 君王이 될 수 있음을 암시함.
115) 侔(모móu): 비슷하다. 맞먹다.

出二十牀117), 各以錦繡帕覆之118). 旣陳, 盡去其帕, 乃文簿鑰匙耳119). 虬髥曰: "此盡寶貨泉貝之數120). 吾之所有, 悉以充贈121). 何者? 欲於此世界救事, 當或龍戰三二十載122), 建少功業. 今旣有主, 住亦何爲? 太原李氏, 眞英主也. 三五年內, 卽當太平. 李郎以奇特之才, 輔淸平之主, 竭心盡善, 必極人臣123). 一妹以天人之姿, 蘊不世之藝124), 從夫之貴, 以盛軒裳125). 非一妹不能識李郎, 非李郎不能榮一妹. 起陸之貴126), 際會如期127), 虎嘯風生, 龍吟雲萃128), 固非偶然也. 持余之贈, 以佐眞主, 贊功業也, 勉之哉! 此後十年, 當東南數千里外有異事, 是吾得事之秋也129). 一妹與李郎可瀝酒東南相賀130)." 因命家童列拜, 曰: "李郎·一妹, 是汝主也!"

---

116) 行酒: 술을 따르다. 술을 권하다.
117) 舁(예yú): 들다. 들어올리다.
118) 帕(피pà): 수건. 덮개.
119) 文簿: 재산을 기록해 둔 장부. / 鑰(약yào)匙(시shi): 열쇠.
120) 泉貝: 돈. '泉'은 돈이 샘물처럼 널리 유통된다는 뜻에서 나온 말이고, '貝'는 화폐가 없던 옛날에 조개껍질을 돈의 대용으로 사용했음.
121) 悉以充贈: 모든 것을 그대에게 증정하다. '悉'은 '모두' '전부'의 뜻.
122) 龍戰: 帝位 쟁탈을 둘러 싼 전쟁. '龍'은 황제를 상징함.
123) 極人臣: 신하 가운데 최고의 지위에 오르다.
124) 蘊: 지니고 있다. 갖고 있다. / 不世之藝: 세상에서 보기 드문 재주와 기예.
125) 盛軒(헌xuān)裳: 수레와 의복이 융성하다. 즉 영화와 부귀를 누린다는 뜻.
126) 起陸: 蟄龍이 땅을 날아 올라 승천한다는 뜻으로 제왕의 창업을 비유함.
127) 際會: 임금과 신하의 만남. / 如期: 약속이라도 한 듯이.
128) 虎嘯風生, 龍吟雲萃(췌cuì): 호랑이가 소리치니 바람이 일고, 용이 소리치니 구름이 모인다. 즉 眞命天子가 등장하자 영웅호걸들이 그에게 모여든다는 뜻. 『周易·乾卦』에서 "雲從龍, 風從虎."라고 함.
129) 得事之秋: 일을 성취한 때. 여기서 '秋'는 '時'의 뜻으로 쓰임.
130) 瀝(력lì): 떨구다. 뿌리다.

言訖, 與其妻從一奴, 乘馬而去. 數步, 遂不復見.

公据其宅, 乃爲豪家, 得以助文皇締構之資131), 遂匡天下132).

貞觀十年133), 公以左僕射平章事134). 適南蠻入奏曰135): "有海船千艘136), 甲兵十萬, 入夫餘國137), 殺其主自立. 國已定矣." 公心知虬髥得事也. 歸告張氏, 具衣拜賀, 瀝酒東南祝拜之.

乃知眞人之興也, 非英雄所冀138). 況非英雄者乎? 人臣之謬思亂者139), 乃螳臂之拒走輪耳140). 我皇家垂福萬葉141), 豈虛然哉! 或曰: "衛公之兵法142), 半乃虬髥所傳耳."

---

131) 締(체dì)構: 원래는 큰집을 짓는 것을 뜻하나 여기서는 국가의 건립을 말함.
132) 匡(광kuāng)天下: 천하를 바로 잡다. 천하를 평정하다.
133) 貞觀十年: AD 636년. '貞觀'은 唐 太宗 李世民의 연호(627~649).
134) 左僕射(야yè)平章事: 宰相을 말함. 唐初에는 尙書令을 설치하지 않고 '僕射'가 尙書省의 장관이 되어 中書令·侍中과 함께 재상이 되었으나 玄宗 이후에는 '平章事'가 붙어야만 재상이 될 수 있었음.
135) 南蠻(만mán): 남방의 소수민족을 卑下하여 일컫는 말.
136) 艘(소sāo): '船'과 같음. 배의 총칭.
137) 夫餘國: 國名. 지금의 吉林省·遼寧省 일대에 있었음. 그러나 본문에 의하면 '夫餘國'은 長安의 동남쪽에 있다고 했으므로 동북쪽의 '夫餘國'은 아닌 듯함. 아마도 '扶南國'의 誤記로 보임. '扶南國'은 지금의 羅東部에 있었는데, 漢代에 가장 번성했으며 唐代에는 眞臘[지금의 캄푸차(캄보디아)]에 병합됨. 일설에는 작자가 꾸며낸 상상의 나라라고도 함.
138) 非英雄所冀: 영웅이 바란다고 해서 될 수 있는 것이 아니다. 즉 제왕의 출현은 天命에 따른 것이므로 인간의 힘으로는 실현할 수 없다는 뜻.
139) 謬(류miù)思亂: 터무니없이 난을 일으키려고 생각하다. '謬'는 '황당하다'의 뜻.
140) 螳(당táng)臂之拒走輪: 사마귀의 팔로 구르는 수레바퀴를 막다. 즉 자기 분수도 모르고 무모하게 덤벼든다는 뜻.
141) 皇家: 唐의 皇室./ 萬葉: 萬代. 萬歲. 즉 영원하다는 뜻.
142) 衛公之兵法: 李靖은 兵法에 정통하여 일찍이 『衛公法』을 지었는데 이미 망실됨. 지금 전하는 『李衛公問對』 3권은 阮逸이 지은 것임.

傳 奇

『전기』는 唐代 裴鉶이 지었다. 원서는 3권이었으나 이미 망실되었으며 『太平廣記』에 일부가 남아 있다. 1980년 上海 古籍出版社에서 간행한 『裴鉶傳奇』 輯本이 있다. 『전기』는 宋代에 널리 유행하여 宋代人들이 唐代小說을 '傳奇'라고 통칭하기도 했다. 중국 소설을 분류할 때 사용하는 '傳奇'라는 용어가 바로 이 책에서 비롯되었다. 그 내용은 대부분 신선에 관한 기이한 고사인데, 그 가운데 일부는 후대 소설과 희곡의 창작에 좋은 제재를 제공해 주었다.

裴鉶은 생졸년과 사적이 거의 알려져 있지 않다. 그러나 『唐詩紀事』 권67과 『全唐詩』 권805의 기록에 의하면, 그는 咸通연간(860~874)에 靜海軍節度使 高駢의 막료로 들어가 그의 掌書記가 되었으며, 乾符 5년(878)에는 御史大夫로서 成都節度副使를 지냈다.

裴航[*]

長慶中[1], 有裴航秀才[2], 因下第游於鄂渚[3], 謁故舊友人崔相國[4].

---

[*] 宋代 官本雜劇 『裴航相遇樂』, 元代 庚天錫의 雜劇 『裴航遇雲英』, 明代 龍應의 傳奇 『藍橋記』 등은 모두 이 작품을 근거로 창작되었으며, 明末 楊之炯은 여기에 崔護 고사를 덧붙여 傳奇 『玉杵記』를 지었음.
[1] 長慶: 唐 穆宗 李恒의 연호(821~824).
[2] 秀才: 여기서는 과거에 응시한 선비를 가리킴.
[3] 下第: 낙제하다. 낙방하다./鄂(악è)渚: 지명. 鄂州[지금의 湖北省 武昌縣] 서쪽 長江에 있는 모래 섬. 옛날에는 보통 湖北省의 代稱으로 쓰임.
[4] 故舊: 옛 친구./崔相國: 이름은 崔群, 字는 敦詩, 唐代 武城 사람. 일찍이 憲宗

值相國贈錢二十萬, 遠挈歸於京5). 因傭巨舟6), 載於湘漢7).

　　同載有樊夫人8), 乃國色也9). 言詞問接, 帷帳昵洽10). 航雖親切, 無計道達而會面焉11). 因賂侍妾裊烟而求達詩一章12), 曰:

　　　　同爲胡越猶懷想13),　　況遇天仙隔錦屛14).

　　　　儻若玉京朝會去15),　　願隨鸞鶴入靑雲16).

　詩往, 久而無答. 航數詰裊烟17). 烟曰: "娘子見詩若不聞, 如何?" 航無計, 因在道求名醞珍果而獻之18). 夫人乃使裊烟召航相

　　때 中書侍郞·同中書門下平章事[宰相]를 지냈기 때문에 '崔相國'이라 함. '相國'은 宰相의 별칭.
5) 挈(설qiè) 손에 들다. 휴대하다. / 京: 당시의 수도 長安을 가리킴.
6) 傭: 빌리다. 세내다.
7) 載: 몸을 싣다. 타고 가다. / 湘漢: 강 이름. 湘水와 漢水.
8) 樊(번fán)夫人: 女仙. 上虞令 劉綱의 부인인 樊雲翹를 말함. 남편과 함께 신선이 되었다고 함. 貞元年間에 한 노파로 변신하여 湘潭[지금의 湖南省과 湖北省] 지방에서 백성들의 병을 치료해 주었으며, 洞庭湖의 요괴를 제거하여 백성을 구했다고 함. 『太平廣記』 권60에 실려 있는 『女仙傳·樊夫人』에 보임.
9) 國色: 傾國之色의 준말. 미모가 빼어난 여자.
10) 帷帳昵(닐nì)洽(흡qià): 휘장 하나를 사이에 둘 만큼 가깝고 친밀하다. '帷帳'은 휘장, '昵'은 친근하다, '洽'은 사이가 좋다의 뜻.
11) 無計: 방법이 없다. / 道達: 전달하다.
12) 賂(뢰lù): 뇌물 주다. 매수하다. / 裊(뇨niǎo)烟: 樊夫人의 시녀 이름.
13) 胡越: '胡'는 북방, '越'은 남방으로 서로 멀리 떨어져 있음. 여기서는 疏遠한 관계를 비유함.
14) 天仙: 선녀. 여기서는 樊夫人을 비유함.
15) 儻(당tǎng)若: 만약. / 玉京: 天宮. 天帝가 사는 곳. 도교에서는 천상에 黃金闕과 白玉京이 있다고 함.
16) 鸞(란luán)鶴: 신선이 타고 다닌다고 하는 새. '鸞'은 봉황과 비슷한 전설상의 새.
17) 詰(힐jié): 힐문하다. 다그쳐 묻다.
18) 名醞(온yùn)珍果: 이름난 술과 진귀한 과일.

識. 及褰帷19), 而玉瑩光寒20), 花明麗景21), 雲低鬟鬢22), 月淡修
眉23), 擧止烟霞外人24), 肯與塵俗爲偶25)? 航再拜揖, 愕胎良久
之26). 夫人曰: "妾有夫在漢南27), 將欲棄官而幽棲巖谷, 召某一訣
耳28). 深哀草擾29), 慮不及期30), 豈更有情, 留盼他人31), 的不然
耶32)? 但喜與郎君同舟共濟, 無以諧謔爲意耳." 航曰: "不敢." 飮
訖而歸. 操比冰霜33), 不可干冒34). 夫人後使裛烟持詩一章, 曰:

　　　　一飮瓊漿百感生35), 　玄霜搗盡見雲英36).
　　　　藍橋便是神仙窟37), 　何必崎嶇上玉淸38).

────────────
19) 褰(건qiān)帷: 휘장을 걷어올리다.
20) 玉瑩(형yíng)光寒: 피부가 백옥처럼 희고 빛난다는 뜻.
21) 花明麗景: 안색이 꽃처럼 맑고 곱다는 뜻.
22) 雲低鬟(환huán)鬢(빈bìn): 머리카락이 구름처럼 드리워져 있다는 뜻. '鬟'은 쪽
　　진 머리. '鬢'은 귀밑머리.
23) 月淡修眉: 긴 눈썹이 초승달처럼 청순하다는 뜻. '修'는 '長'의 뜻.
24) 擧止: 擧動./烟霞(하xiá)外人: 속세 밖의 사람이란 뜻으로 신선을 가리킴.
25) 肯: '豈肯'의 뜻. 어찌 기꺼이 ~하려고 하겠는가?
26) 愕(악è)胎(치chì): 깜짝 놀라 쳐다 보다.
27) 漢南: 唐代 縣名. 지금의 湖北省 宜城縣.
28) 某: 일인칭대명사.
29) 深哀草擾: 깊은 슬픔으로 마음이 어지럽다. '草擾'는 '심란하다'어지럽다'의 뜻.
30) 慮不及期: 약속한 기일에 맞추지 못할까봐 걱정하다.
31) 留盼(반pàn): 눈길을 주다. 한눈을 팔다.
32) 的: 확실히. 분명히. 틀림없이.
33) 操比冰霜: 지조가 차가운 서리처럼 매섭고 순결하다는 뜻.
34) 干冒: 함부로 범하다.
35) 瓊(경qióng)漿: '玉液'과 같은 말로 美酒를 뜻함./百感: 온갖 생각. 감정.
36) 玄霜: 仙藥의 일종./搗(도dǎo): 빻다. 갈다./雲英: 선약의 일종으로 '雲母'라고
　　도 함. 이것은 裵航이 장차 선녀 雲英과 결합할 것임을 암시함.
37) 藍橋: 다리 이름. 지금의 陝西省 藍田縣 동남쪽 藍溪 위에 있음.

航覽之, 空愧佩而已39), 然亦不能洞達詩之旨趣40). 後更不復見, 但使裊烟達寒暄而已41). 遂抵襄漢42), 與使婢挈粧奩43), 不告辭而去. 人不能知其所造44). 航遍求訪之, 滅跡匿形45), 竟無踪兆46).

遂飾裝歸輦下47). 經藍橋驛側近, 因渴甚, 遂下道求漿而飲48). 見茅屋三四間, 低而復隘49). 有老嫗緝麻苧50). 航揖之, 求漿. 嫗咄曰51): "雲英, 擎一甌漿來52), 郎君要飲." 航訝之53), 憶樊夫人詩有雲英之句, 深不自會54). 俄於葦箔之下55), 出雙玉手, 捧瓷. 航接飲之, 眞玉液也56). 但覺異香氤鬱57), 透於戶外. 因還甌, 遽揭箔58),

---

38) 崎(기qí)嶇(구qū): 길이 울퉁불퉁하다. 험난하다는 뜻. / 玉淸: 道家에서 말하는 三淸仙境[玉淸·上淸·太淸] 가운데 하나.
39) 空: 공연히. 괜스레. / 愧佩: 부끄러우면서도 탄복하다.
40) 洞達: '通達'과 같음. 훤히 알다. 분명하게 알다.
41) 達寒暄(훤xuān): 안부를 전하다. '暄'은 '따뜻하다'의 뜻.
42) 襄(양xiāng)漢: 지명. 지금의 湖北省 襄陽縣. 漢水와 가까이 있기 때문에 '襄漢'이라고 함.
43) 粧奩(렴lián): 화장용품을 담는 원통형의 상자.
44) 所造: 가는 곳. '造'는 '가다''나아가다'의 뜻.
45) 滅跡匿(닉nì)形: 자취를 없애고 몸을 숨기다. 종적을 감춘다는 뜻.
46) 踪兆: 종적의 기미.
47) 飾裝: 행장을 수습하다. 꾸리다. / 輦(연niǎn)下: 도성. 수도. '輦'은 제왕이 타는 수레이기 때문에 '輦下'는 '도성'의 대칭으로 쓰임.
48) 漿: 여기서는 물과 같은 마실 음료를 가리킴.
49) 低而復隘(애ài): 낮고도 또한 비좁다.
50) 嫗(구yù): 노파. 늙은 여자. / 緝(집qī): 길쌈하다. / 麻苧(저zhù): 삼과 모시.
51) 咄(돌duō): 꾸짖다. 호통치다. 여기서는 '부르다'의 뜻으로 쓰임.
52) 擎(경qíng): 받쳐들다. / 甌(구ōu): 사발. 공기.
53) 訝(아yà): 의아해 하다. 이상하게 생각하다.
54) 深不自會: 깊이 생각해도 알 수가 없다. '會'는 '이해하다'의 뜻.
55) 俄: 잠시 후. / 葦箔: 갈대로 엮어 만든 발.

覩一女子, 露裛瓊英59), 春融雪彩60), 臉欺膩玉61), 鬢若濃雲, 嬌而掩面蔽身, 雖紅蘭之隱幽谷, 不足比其芳麗也. 航驚怛植足而不能去62). 因白嫗曰: "某僕馬甚饑63), 願憩於此64), 當厚答謝, 幸無見阻65)." 嫗曰: "任郞君自便66)."

且遂飯僕秣馬67). 良久, 謂嫗曰: "向覩小娘子, 艶麗驚人, 姿容擢世, 所以躊躕而不能適68). 願納厚禮而娶之, 可乎?" 嫗曰: "渠已許嫁一人69), 但時未就耳. 我今老病, 只有此女孫. 昨有神仙遺靈丹一刀圭70), 但須玉杵臼71), 擣之百日, 方可就呑, 當得後天而老72). 君約取此女者73), 得玉杵臼, 吾當與之也. 其餘金帛, 吾無用

---

56) 玉液: 마시면 불로장생한다는 술.
57) 氤(인yīn)鬱(울yù): [향기 따위가] 짙다. [안개 따위가] 자욱하다.
58) 遽: 황급히. 갑자기. 불쑥.
59) 露裛(읍yì)瓊英: 이슬을 머금은 꽃처럼 아름답다는 뜻. '裛'은 '浥'과 같으며 '적시다'의 뜻. '瓊英'은 꽃을 가리킴.
60) 春融雪彩: 봄에 녹은 눈처럼 반짝이다.
61) 欺: ~을 능가하다. ~보다 낫다. / 膩(니nì)玉: 윤기 있고 매끄러운 옥.
62) 驚怛(달dá): 깜짝 놀라다. / 植足: 전혀 움직이지 않고 서 있다는 뜻.
63) 僕馬: 奴僕과 말.
64) 憩(게qì): 쉬다. 휴식하다.
65) 幸無見阻: 거절당하지 않기를 바란다. '見'은 피동의 뜻을 나타냄.
66) 自便: 자기가 편하다고 느낀 대로하다. 편리한대로 하다.
67) 秣(말mò)馬: 말에게 먹이를 주다.
68) 躊(주chóu)躕(주chú): 머뭇거리다. 주저하다. / 適: 가다.
69) 渠(거qú): 삼인칭대명사.
70) 靈丹: 仙丹. / 刀圭: 약물을 재는 기구. '一刀圭'는 사방 1寸되는 숟가락의 1/10 용량. 매우 적은 양을 말함.
71) 玉杵(저chǔ)臼(구jiù): 옥으로 만든 절구공이와 절구통.
72) 後天而老: 목숨이 하늘보다 길다는 뜻으로 長生不死를 말함.

處耳." 航拜謝曰: "願以百日爲期, 必攜杵臼而至, 更無他許人74)."
嫗曰: "然."

航恨恨而去75). 及至京國76), 殊不以擧事爲意77), 但於坊曲鬧市喧衢78), 而高聲訪其玉杵臼, 曾無影響79). 或遇朋友, 若不相識, 衆言爲狂人80). 數月餘日, 或遇一貨玉老翁曰81): "近得虢州藥舖卞老書云82): '有玉杵臼貨之.' 郎君懇求如此, 此君吾當爲書導達83)." 航愧荷珍重84), 果獲杵臼. 卞老曰: "非二百緡不可得85)." 航乃瀉囊86), 兼貨僕貨馬, 方及其數87).

遂步驟獨挈而抵藍橋88). 昔日嫗大笑曰: "有如是信士乎89)? 吾豈

---

73) 約: 婚約하다. / 取: '娶'와 같음. 아내로 맞이하다. 장가들다.
74) 無他許人: 그녀를 다른 사람에게 시집보내지 말라.
75) 恨恨: 못내 아쉬워하는 모양. 한스러워 마지않는 모양.
76) 京國: 京城. 도성. 수도.
77) 殊: 거의. / 擧事: 과거시험 보는 일.
78) 鬧(뇨nào)市: 시끄러운 저자 거리. / 喧(훤xuān)衢(구qú): 떠들썩한 큰 길. '衢'는 四通八達의 大路를 말함.
79) 曾無影響: 결국 소식이 없다. '曾'은 결국. '影響'은 소식이나 행방.
80) 衆言爲狂人: 여러 사람들이 그가 미친 사람이라고 말하다.
81) 貨: '賣'의 뜻. 팔다.
82) 虢(괵guó)州: 唐代 郡名. 弘農郡이라고도 함. 治所는 지금의 河南省 靈寶縣 동남쪽. / 卞老: 卞氏 姓을 가진 노인.
83) 此君: 虢州 약방의 卞氏 노인을 가리킴. / 導達: 전달하다.
84) 愧荷珍重: 이렇게 귀한 대접을 받아서 부끄럽다는 뜻. '荷'는 '은혜를 입다'의 뜻.
85) 緡(민mín): 원래는 동전을 꿰는 끈을 뜻하나 여기서는 돈 꾸러미를 말함. 千文이 1緡에 해당함.
86) 瀉囊(냥náng): 보따리를 쏟아 붓다. 가지고 있는 모든 돈을 꺼냈다는 뜻.
87) 方及其數: 그제야 비로소 요구한 액수에 차다.

愛惜女子, 而不酬其勞哉90)!" 女亦微笑曰: "雖然, 更爲吾擣藥百日, 方議姻好." 嫗於襟帶間解藥, 航卽擣之, 晝爲而夜息. 夜則嫗收藥臼於內室. 航又聞擣藥聲, 因窺之, 有玉免持杵臼91), 而雪光輝室92), 可鑒毫芒93). 於是航之意愈堅.

如此日足94), 嫗持而呑之曰: "吾當入洞而告姻戚, 爲裴郎具帳幃." 遂挈女入山, 謂航曰: "但少留此." 逡巡95), 車馬僕隷96), 迎航而往. 別見一大第連雲97), 珠扉晃日98), 內有帳幄屛幃, 珠翠珍玩, 莫不臻至99), 愈如貴戚家焉100). 仙童侍女, 引航入帳, 就禮訖. 航拜嫗, 悲泣感荷101). 嫗曰: "裴郎自是淸冷裴眞人子孫102), 業當出

---

88) 步驟(취zhòu): 빨리 걷다. / 抵: 도착하다.
89) 信士: 성실한 사람. 미더운 사람.
90) 酬(수chóu): 보답하다. 갚다.
91) 玉免: 옥토끼. 실제로는 흰토끼를 말함.
92) 雪光輝室: 새하얀 눈 빛이 방안을 훤하게 비추는 것 같다는 뜻.
93) 可鑒毫芒: 지극히 미세한 것까지 비춰 볼 수 있다는 뜻. '鑒'은 '비춰 보이다'의 뜻. '毫'는 가늘고 긴 털. '芒'은 곡식의 까끄라기. 모두 미세한 것을 비유함.
94) 日足: 100일이 다 되었다는 뜻.
95) 逡(준qūn)巡(순xún): 원래는 '머뭇거리다'·'주저하다'의 뜻이나, 여기서는 '잠시 후'의 뜻으로 쓰임.
96) 僕隷(례lì): 노복. 종복. 하인.
97) 大第連雲: 큰 저택이 구름에 닿을 만큼 높다는 뜻. '第'는 '저택'의 뜻.
98) 珠扉(비fēi)晃(황huǎng)日: 진주로 장식한 문이 태양 빛에 반사되어 반짝인다는 뜻.
99) 臻(진zhēn)至: 원래는 '이르다'의 뜻이나, 여기서는 '갖추다'·'완비하다'의 뜻으로 쓰임.
100) 愈如: 능가하다. / 貴戚: 皇室의 인척.
101) 感荷: 윗 문장의 '愧荷'와 같음. 은혜에 감사하다.
102) 自是: 본래. 원래부터. / 淸冷裴眞人: 裴玄仁을 말함. 號는 淸靈眞人. 漢代 扶風 陽夏[지금의 河南省 太康縣] 사람으로 漢 文帝 2년(BC 178)에 출생했으며

世103), 不足深愧老嫗也." 及引見諸賓, 多神仙中人也. 後有仙女, 鬟髻霓衣104), 云是妻之姊耳. 航拜訖, 女曰: "裴郎不相識耶?" 航曰: "昔非姻好105), 不醒拜侍106)." 女曰: "不憶鄂渚同舟回而抵襄漢乎?" 航深驚悸, 懇悃陳謝107). 後問左右, 曰: "是小娘子之姊, 雲翹夫人, 劉綱仙君之妻也108), 已是高眞109), 爲玉皇之女吏110)." 嫗遂遣航將妻入玉峯洞中111), 瓊樓珠室而居之, 餌以絳雪瓊英之丹112), 體性淸虛, 毛髮紺綠113), 神化自在114), 超爲上仙115).

至太和中116), 友人盧顥117), 遇之於藍橋驛之西. 因說得道之事.

支子元에게서 道를 배움. '眞人'은 수도하여 成仙한 사람을 가리킴.
103) 業當出世: 숙명적으로 신선이 된다는 뜻. '業'은 불교용어로 '業報' '業緣' '宿命'의 뜻. '出世'는 속세를 초월하다는 뜻으로 신선이 되는 것을 말함.
104) 鬟髻(계jì): 둥근 모양으로 틀어 올린 머리./ 霓(예ní)衣: 무지개처럼 빛깔이 고운 옷. '예'는 '무지개' '彩雲' '彩色'의 뜻.
105) 昔非姻好: 예부터 친척이 아니었나.
106) 不醒拜侍: 어디에서 뵈었는지 기억나지 않다. '醒'은 '省'과 같음. '생각해 내다' '기억하다'의 뜻. '拜侍'는 '만나다'의 공손한 표현.
107) 懇悃(곤kǔn)陳謝: 진심으로 감사의 뜻을 표하다. '懇'과 '悃'은 모두 '誠心誠意' '衷心'의 뜻.
108) 劉綱: 자는 百經, 삼국시대 吳國 下邳 사람으로 일찍이 上虞令을 지냄. 부인 樊雲翹와 함께 四明山에 거하다가 승천했다고 함. 『神仙傳』에 보임./仙君: '道君'과 같음. 도교에서 일컫는 신선에 대한 존칭.
109) 高眞: 上界의 신선을 말함.
110) 玉皇: 도교에서 天帝를 '玉皇大帝'라고 하며 약칭하여 '玉帝' 또는 '玉皇'이라고 함./女吏: 여자 仙官.
111) 玉峯洞: 西岳 華山의 玉女峯에 있는 동굴.
112) 餌(이ěr):/絳(강jiàng)雪: 仙藥의 일종. '絳'은 진홍색./瓊英: 仙藥의 일종.
113) 紺(감gàn): 감색. 붉은 빛을 띤 청색.
114) 神化自在: 자유자재로 변화하다.
115) 超爲上仙: 속세를 초탈하여 신선이 되다.

遂贈藍田美玉十斤118), 紫府雲丹一粒119), 敍話永日120), 使達書於親愛121). 盧顥稽顙曰122): "兄旣得道, 如何乞一言而敎授?" 航曰: "老子曰123): '虛其心, 實其腹124).' 今之人, 心愈實, 何由得道之理?" 盧子懵然125). 而語之曰: "心多妄想, 腹漏精溢126), 卽虛實可知矣. 凡人自有不死之術, 還丹之方127), 但子未便可敎128), 異日言之." 盧子知不可請, 但終宴而去. 後世人莫有遇者.

---

116) 太和: 唐 文宗 李昂의 연호(827~835).
117) 盧顥(호hào): 人名. 자세한 행적은 미상.
118) 藍田: 藍田山을 말함. 美玉이 나오기 때문에 '玉山'이라고도 함. 지금의 陝西省 藍田縣 동쪽에 있음.
119) 紫府: '紫宮'이라고도 함. 신선이 거처하는 곳./雲丹: 仙丹.
120) 敍話永日: 하루 종일 얘기를 나누다.
121) 親愛: 친척과 친구.
122) 稽顙(상sǎng): 이마를 땅에 대고 올리는 매우 공손한 인사. '稽'는 조아리다. '顙'은 이마.
123) 老子: 老聃(담). 姓은 李, 이름은 耳. 춘추시대 楚國 苦縣 사람으로 도교의 祖師로 존숭됨. 『道德經』을 지음.
124) 虛其心, 實其腹: 그 마음[慾望 또는 智慧]을 비우고, 그 배를 채운다. 『老子』 제3장에 나오는 구절.
125) 懵(몽měng)然: 어리석은 모양. 흐리멍덩한 모양. 도무지 알 수 없다는 듯한 모양.
126) 腹漏精溢: 마음 속에 망상이 많아서 정신과 기력이 빠져나간다는 뜻.
127) 還丹: 도가에서 煉丹할 때 丹砂를 화로 속에서 태워 水銀으로 만든 다음 9단계[九轉]를 거쳐 다시 丹砂를 만드는데 이것을 '還丹'이라 함. 이것을 먹으면 신선이 된다고 함. 『抱朴子·金丹』에 보임.
128) 子未便可敎: '未便可敎子'의 도치. '子'는 그대.

酉陽雜俎

『유양잡조』는 唐代 段成式이 지었다. 前集 20권, 續集 10권을 합하여 총 30권 1288조이며, 수록한 事類에 따라 '史志'부터 '支植'까지 다양한 편목으로 나뉘었다. '酉陽'은 山名으로 秦代에 책을 보관했던 石室이라고 하며, '雜俎'는 잡다한 것을 모아 놓았다는 뜻이다. 그 내용은 서명에서 알 수 있듯이 人事·神怪·飮食·醫藥·寺塔·動物·植物 등 매우 광범위하며, 傳奇·志怪·雜錄·考證 등 그 문체도 다양하다. 『유양잡조』는 唐代 筆記小說 가운데 대표작으로서 독창성이 비교적 높다. 1981년 北京 中華書局에서 출판한 點校本이 있다.

段成式(?~863)은 字가 柯古이며 齊州 臨淄[지금의 山東省 淄博市] 사람이다. 穆宗 때 校書郞을 지냈으며 나중에 太常少卿에까지 올랐다. 집안에 장서가 많아 어려서부터 박학다식했으며 특히 불경에 정통했다.

長鬚國

大足初[1], 有士人隨新羅使[2]. 風吹至一處, 人皆長鬚, 語與唐言通, 號長鬚國. 人物茂盛[3]. 棟宇衣冠[4], 稍異中國[5]. 地曰扶桑洲[6].

---

1) 大足: 唐 武后則天의 연호(701).
2) 新羅: 韓國 三國時代의 나라 이름. 당나라와 왕래가 빈번했음.
3) 人物茂盛: 사람이 매우 많다.
4) 棟宇: 원래는 집의 마룻대와 추녀를 뜻하나 여기서는 그냥 '가옥'의 뜻으로 쓰임.
5) 稍: 조금. 약간.

其署官品有正長·戩波·目波·島邏等號7). 士人歷謁數處8), 其國皆敬之.

忽一日, 有車馬數十, 言大王召客. 行兩日, 方至一大城, 甲士守門焉9). 使者導士人入, 伏謁. 殿宇高敞10). 儀衛如王者11), 見士人拜伏, 小起, 乃拜士人爲司風長12), 兼駙馬13). 其主甚美14), 有鬚數十根. 士人威勢烜赫15), 富有珠玉, 然每歸見其妻則不悅. 其王多月滿夜則大會16). 後遇會, 士人見姬嬪悉有鬚, 因賦詩曰: "花無蕊不姸17), 女無鬚亦醜. 丈人試遣總無18), 未必不如總有." 王大笑曰: "駙馬竟未能忘情於小女頤頷間乎19)?" 經十餘年, 士人有一兒二女.

忽一日, 其君臣憂慼20), 士人怪問之, 王泣曰: "吾國有難, 禍在旦夕21), 非駙馬不能救22)." 士人驚曰: "苟難可弭23), 性命不敢辭

---

6) 扶桑洲: 전설상에 해가 뜨는 곳. 보통 東海 밖의 지역을 말함.
7) 目波: 다른 판본에는 '日波'라고 되어 있음.
8) 歷謁(예yè): 차례대로 방문하다. 찾아가다.
9) 甲士: 무기를 든 병사.
10) 殿宇: 궁전. / 高敞: 높고 넓다.
11) 儀衛: 의장의 호위병. 여기서는 의장병의 호위를 받다는 뜻
12) 司風長: 관명. 미상. 바람의 변화를 살피는 관서의 우두머리라는 뜻으로 보임.
13) 駙馬: 왕의 사위.
14) 主: 公主.
15) 烜(훤xuǎn)赫: 명성이나 위세가 대단하다.
16) 多: 대개. 대부분. / 月滿夜: 보름달이 뜬 밤.
17) 蕊(예ruǐ): 꽃술. 꽃봉오리. / 姸(연yán): 아름답다. 곱다.
18) 總無: 수염이 전혀 없다는 뜻.
19) 忘情: 정을 잊다. 정을 떨쳐버리다. / 頤(이yí)頷(함hàn)間: 얼굴에서 수염이 난 곳. '頤'는 턱. '頷'은 아래 턱.
20) 憂慼(척qī): 근심하고 걱정하다.

也." 王乃令具舟, 令兩使隨士人, 謂曰: "煩駙馬一謁海龍王24), 但言東海第三汊第七島長鬚國25), 有難求救. 我國絶微26), 須再三言之." 因涕泣執手而別.

　士人登舟, 瞬息至岸. 岸沙悉七寶, 人皆衣冠長大. 士人乃前, 求謁龍王. 龍宮狀如佛寺所圖天宮27), 光明迭激28), 目不能視. 龍王降階迎士人, 齊級升殿29). 訪其來意, 士人具說, 龍王卽令速勘30). 良久, 一人自外白曰: "境內並無此國31)." 士人復哀祈, 言長鬚國在東海第三汊第七島. 龍王復叱使者細尋勘, 速報. 經食頃32), 使者返, 曰: "此島蝦合供大王此月食料33), 前日已追到34)." 龍王笑曰: "客固爲蝦所魅耳35). 吾雖爲王, 所食皆禀天府36), 不得妄食.

---

21) 禍在旦夕: 화가 코앞에 닥쳤다. '旦夕'은 '朝夕'과 같음. 매우 짧은 시간을 뜻함.
22) 非駙馬不能救: 부마가 아니면 구할 수가 없다.
23) 弭(미mǐ): 멈추다. 그치다. 제거하다.
24) 煩: 번거롭더라도.
25) 汊(차chà): 강이 갈라져 흐르는 곳. 강의 支流. 分流.
26) 絶微: 멀리 떨어져 있고 아주 작다.
27) 如佛寺所圖天宮: 사찰에 그려져 있는 하늘 궁전과 같다. '圖'는 '그리다'는 동사로 쓰임.
28) 光明迭激: 빛이 갈마들면서 계속 내려 쪼이다. 계속 번쩍거리다.
29) 齊級: 어깨를 나란히 하고 계단을 오르다.
30) 勘: 여기서는 '조사하다''찾다'의 뜻.
31) 並無: 결코 없다. 전혀 없다. '並'은 부정사와 함께 쓰여 부정의 뜻을 강조함.
32) 經食頃: 약간의 시간이 지나다. '食頃'은 밥 먹는 사이의 짧은 시간을 말함.
33) 蝦(하xiā): 바다 새우. / 合: 모두.
34) 已追到: 이미 잡아 들였다.
35) 爲蝦所魅(매mèi): 새우에게 홀리다. '魅'는 '홀리다''미혹되다'의 뜻.
36) 禀(품bǐng)天府: 하늘의 명을 받다. '禀'은 '禀受하다''부여받다'의 뜻.

今爲客減食37)." 乃令引客視之, 見鐵鑊數十如屋38), 滿中是蝦. 有五六頭色赤, 大如臂, 見客跳躍, 似求救狀. 引者曰: "此蝦王也." 士人不覺悲泣, 龍王命放蝦王一鑊, 令二使送客歸中國. 一夕至登州39), 回顧二使, 乃巨龍也. (卷十四「諾皐記」上)

---

37) 減食: 식사를 줄이다. 덜 먹다.
38) 鐵鑊(확huò)數十如屋: 집채만한 무쇠 가마솥이 수십 개다. '鑊'은 다리 없는 둥근 솥을 말함.
39) 登州: 武后則天 때 설치한 州로 治所는 牟平[지금의 山東省 牟平縣]에 있었음.

唐摭言

『당척언』은 五代 王定保가 지었다. 총 15권으로 되어 있으며 그 내용은 唐代의 과거제도, 문인들의 풍습, 시인들의 일화 등에 관한 고사를 두루 기록했다.

王定保는 南昌[지금의 江蘇省 南昌市] 사람이다. 唐末 昭宗 光化 年間(898~901)에 進士가 되었으며, 唐이 망하자 南漢에서 寧遠軍節度使·中書侍郎同平章事를 지냈다. 『당척언』은 대략 그의 만년에 창작된 것으로 보인다.

王勃*

王勃著<滕王閣序>[1], 時年十四[2]. 都督閻公不之信[3]. 勃雖在

---

* 이 고사는 元代 무명씨의 『滕王閣』, 馬致遠의 『薦福碑』, 明代 馮夢龍의 『醒世恒言』<馬當神風送滕王閣>의 제재가 됨.

[1] 王勃(650~676): 字는 子安이며 絳州 龍門[지금의 山東省 河津] 사람. 初唐의 뛰어난 시인으로 楊炯·盧照鄰·駱賓王과 함께 '初唐四傑'로 불림. 28세 때 交趾[지금의 廣東 이남]令으로 좌천된 부친을 만나러 바다를 건너다가 익사함./ <滕(등teng)王閣序>: 원래 제목은 <秋日登洪府滕王閣餞別序>임. '滕王閣'은 唐 高祖의 아들 滕王 元嬰이 洪州都督으로 있을 때 지었으며, 나중에 閻公[이름은 미상]이 洪州都督으로 있을 때 重修함. 重陽節[9월 9일]에 누각에서 빈객과 막료들이 모여 연회를 벌렸는데, 王勃이 부친을 만나러 가는 길에 洪州를 지나가다가 그 연회에 참석하여 즉석에서 이 <序>를 지음. '序'는 文體名.

[2] 時年十四: 王勃이 <滕王閣序>를 지은 것은 죽기 바로 전이므로 사실과 어긋남. 그러나 고사의 극적인 효과를 위하여 일부러 나이를 낮춘 것임.

[3] 都督: 官名. 唐 玄宗 이전에 각 州에 都督府를 설치하고 都督 한 명을 두어 한

座, 而閻公意屬子壻孟學士者爲之4), 已宿構矣5). 及以紙筆巡讓賓客6), 勃不辭讓. 公大怒, 拂衣而起7), 專令人伺其下筆8). 第一報云: "南昌故郡, 洪都新府9)." 公曰: "亦是老先生常談10)." 又報云: "星分翼軫, 地接衡廬11)." 公聞之, 沈吟不言12). 又云: "落霞與孤鶩齊飛, 秋水共長天一色13)." 公矍然而起曰14): "此眞天才, 當垂不朽矣!" 遂亟請宴所15), 極歡而罷. (卷五「切磋」)

州의 군정사무를 관장케 함./不之信: '不信之'의 도치.
4) 屬(촉zhǔ): '囑'과 같음. 당부하다. 이르다./子壻: 사위. '壻'는 '婿'와 같음.
5) 宿構: 전날 밤에 글을 지어 놓다. '構'는 여기서는 '[글을] 짓다'의 뜻으로 쓰임.
6) 巡讓賓客: 차례대로 빈객들에게 글을 지으라고 청하다.
7) 拂衣: 옷자락을 떨치다. 화난 모습을 나타냄.
8) 伺(사sì): 살피다. 지키다./下筆: 붓을 대다. 즉 글을 쓴다는 뜻.
9) 南昌故郡, 洪都新府: 南昌[江西省 南昌市]은 漢代 豫章郡의 治所였고, 지금은 洪州의 首府라는 뜻. 이것은 <滕王閣序>의 제 1·2구임.
10) 老先生: 옛 시인을 말함./常談: 늘 하는 말. 별로 새로울 게 없다는 뜻.
11) 星分翼軫(진zhěn), 地接衡廬: 洪州는 별자리로 따지면 翼宿(수)와 軫宿에 해당하고, 땅으로 따지면 湖南省의 衡山과 江西省의 廬山에 연접해 있다는 뜻. '翼'과 '軫'은 楚의 분야인데 洪州가 옛날에는 楚 땅에 속했음. 이것은 <滕王閣序>의 제 3·4구임.
12) 沈吟: 곰곰이 음미하는 모양.
13) 落霞(하xiá)與孤鶩(목wù)齊飛, 秋水共長天一色: '霞'는 노을. '鶩'은 물오리. 이것은 <滕王閣序>의 중간에 나오는 가장 유명한 두 구절임.
14) 矍(확jué)然: 놀라서 주위를 두리번거리는 모양.
15) 亟(기jí): 급히. 빨리.

宋代 文言短篇小說

梅妃傳
靑瑣高議
歸田錄
志　林
夷堅志
齊東野語

梅妃傳

> 『매비전』은 작자 미상이며 1권이다. 淸代 陳蓮塘이 편찬한 『唐人說薈』에서는 이 작품을 唐代 曹鄴의 작이라고 했으나, 작자가 본문에서 北宋 末의 葉夢得[少蘊]을 언급한 점으로 보아 唐代人의 작품은 아니고 宋代人의 작품일 가능성이 매우 높다. 『說郛』 권38과 『顧氏文房小說』 등에 집록되어 있는데 문장에 약간의 차이가 있다. 魯迅의 『唐宋傳奇集』에도 집록되어 있다. 내용은 唐 玄宗의 후비인 梅妃와 楊妃가 서로 총애를 다투는 고사인데, 등장인물의 대화와 동작을 통한 성격 묘사가 매우 뛰어나다. 이 작품은 후대 희곡에 많은 영향을 미쳤는데, 明代 吳世美의 雜劇 『驚鴻記』는 이 고사를 부연하여 창작된 것이며, 淸代 洪升의 傳奇 『長生殿』도 부분적으로 이 고사를 제재로 삼았다.

梅妃, 姓江氏, 莆田人[1]. 父仲遜[2], 世爲醫. 妃年九歲, 能誦<二南>[3], 語父曰: "我雖女子, 期以此爲志[4]." 父奇之, 名之曰'采蘋'[5].

---

1) 莆(포pú)田: 唐代 縣名. 지금의 福建省 莆田縣 동남쪽.
2) 仲遜: 인명. 미상.
3) <二南>: 『詩經·國風』의 <周南>·<召南>을 말함. <二南>은 주로 長江·漢水·汝水 유역의 남방 민가임. <周南>의 첫 편인 <關雎>는 옛날에는 后妃의 德을 노래한 시로 여겼음. 이것은 梅妃의 신분과 관련이 있음.
4) 期: 기대하다. 바라다. 희망하다.
5) 采蘋(빈pín): 『詩經·召南』의 편명. <小序>에서 "<采蘋>, 大夫妻能循法度也. 能循法度則可以承祖共祭祀矣."라고 함. 즉 梅妃가 나중에 예법을 준수하고 조상

開元中6), 高力士使閩·粵7), 妃笄矣8). 見其少麗, 選歸, 侍明皇9), 大見寵幸. 長安大內·大明·興慶三宮10), 東都大內·上陽兩宮11), 幾四萬人, 自得妃, 視如塵土12), 宮中亦自以爲不及.

妃善屬文13), 自比謝女14). 淡妝雅服, 而姿態明秀, 筆不可描畵15). 性喜梅, 所居闌檻16), 悉植數株, 上榜曰'梅亭'17). 梅開賦賞18), 至夜分尙顧戀花下不能去19). 上以其所好, 戲名曰'梅妃'. 妃有＜蕭蘭＞·＜梨園＞·＜梅花＞·＜鳳笛＞·＜玻盃＞·＜剪刀＞·＜綺

의 제사를 받드는 훌륭한 부인이 되기를 바라는 뜻에서 이름을 '采蘋'이라고 함.
6) 開元: 唐 玄宗 李隆基의 연호(713~741).
7) 高力士: 唐 玄宗 때의 宦官. 황제의 총애를 받아 內侍省의 일을 주관하면서 驃騎大將軍을 지냈으며 渤海郡公에 봉해짐./閩(민mǐn): 福建省의 약칭./粵(월yuè): 廣東省의 약칭.
8) 笄(계jī): 비녀. 옛날에는 여자가 15살이 되면 머리를 올리고 비녀를 꽂아 성년이 되었음을 표시함. 이러한 예식을 '笄禮'라고 함. 즉 15살이 되었다는 뜻.
9) 明皇: 唐 玄宗을 말함. 죽은 후에 諡號를 '至道大聖大明孝皇帝'라고 함.
10) 大內·大明·興慶: '大內'는 본래 長安에 있던 皇宮인 太極宮을 말함. 大明宮[東內]과 興慶宮[南內]은 나중에 건축된 것으로 太極宮[西內]과 함께 三大內라고 함.
11) 東都: 洛陽을 말함./大內·上陽: '大內'는 본래 洛陽에 있던 皇宮인 太初宮을 말함. '上陽'은 나중에 건축된 上陽宮을 말함.
12) 視如塵土: 먼지와 흙처럼 보다. 즉 하찮게 여긴다는 뜻.
13) 屬(촉zhǔ)文: 글을 짓다.
14) 比: 비기다. 견주다./謝女: 東晉 때의 유명한 여류시인인 謝道韞을 말함. 謝安의 조카이자 王凝之의 처로서 매우 총명하고 시를 잘 지었음.
15) 筆不可描畵: 글로 묘사하거나 그림으로 그려낼 수 없을 정도로 빼어나다는 뜻.
16) 闌(란lán)檻(함jiàn): 난간. 여기서는 거처하는 宮室 밖을 말함.
17) 上榜: 편액을 걸다.
18) 梅開賦賞: 매화꽃이 필 때면 시를 지으면서 꽃을 감상한다.
19) 夜分: '夜半'과 같음. 한 밤중/顧戀: 못내 아쉬워 돌아 보다.

窓>七賦20).

是時承平歲久21), 海內無事. 上於兄弟間極友愛, 日從燕間22), 必妃侍側. 上命破橙往賜諸王23). 至漢邸24), 潛以足躡妃履25), 妃登時退閣26). 上命連宣27), 報言: "適履珠脫綴28), 綴竟當來." 久之, 上親往命妃. 妃拽衣迓上29), 言胸腹疾作, 不果前也30). 卒不至. 其恃寵如此31).

後上與妃鬪茶32), 顧諸王戲曰: "此梅精也. 吹白玉笛, 作<驚鴻舞>33), 一座光輝34). 鬪茶今又勝我矣." 妃應聲曰35): "草木之戱, 誤勝陛下36). 設使調和四海, 烹飪鼎鼐37), 萬乘自有憲法38), 賤妾

---

20) 七賦: 이 7작품은 실제로 있는 것이 아니고 작자가 제목을 지어낸 것임.
21) 承平: 太平盛世를 계승하다.
22) 燕: '宴'과 같음. 연회. 잔치.
23) 破橙(등chéng): 귤을 까다. '橙'은 '橘'과 같음. 귤.
24) 漢邸: 漢王이 수도에서 머무르는 저택. 여기서는 漢王[玄宗의 동생]의 代稱.
25) 躡(섭niè): 밟다. 디디다./履(리lǚ): 신발.
26) 登時: 즉시. 곧바로. 당장.
27) 連宣: 연거푸 불러오라는 명을 내리다. '宣'은 황제의 명령을 전달하는 것을 말함.
28) 適: 마침. 공교롭게./脫綴(철zhuì): 꿰맨 것이 틀어지다. 떨어져 나가다.
29) 拽(예yè)衣: 옷을 끌다. 예모를 갖추지 않은 것을 나타냄./迓(아yà): 영접하다. 맞이하다.
30) 果: 결국. 끝내./前: 나아가[오]다.
31) 恃寵: 총애를 믿고 멋대로 고집을 부린다는 뜻.
32) 鬪茶: 차 끓이는 기술의 우열을 겨루는 일종의 놀이.
33) <驚鴻舞>: 미녀의 자태가 나긋나긋한 춤. '驚鴻'은 풍채가 멋들어지고 자태가 유연함을 형용한 것인데, 曹植의 <洛神賦>에서 "翩若驚鴻"이라 함.
34) 一座光輝: 온 좌중의 사람이 모두 광채를 느낀다는 뜻.
35) 應聲: 곧장. 곧바로. 그 자리에서.

何能較勝負也." 上大喜.

　會太眞楊氏入侍39), 寵愛日奪40), 上無疏意41). 而二人相嫉, 避路而行. 上嘗方之英·皇42), 議者謂廣狹不類43), 竊笑之. 太眞忌而智44), 妃性柔緩45), 亡以勝46). 後竟爲楊氏遷於上陽東宮47).

　後上憶妃, 夜遣小黃門滅燭48), 密以戱馬召妃至翠華西閣49), 敍舊愛, 悲不自勝. 繼而上失寤50), 侍御驚報曰: "妃子已屆閣前51),

---

36) 誤: 여기서는 '우연히'의 뜻으로 쓰임.
37) 調(tiáo)和四海, 烹飪(임rèn)鼎鼐(내nài): 四海를 고루 섞어 맛을 내고, 솥에서 요리하다. 즉 천하를 다스림을 비유함. '調和'와 '烹飪'은 모두 '요리하다'의 뜻으로 '다스리다''경영하다'의 의미로 쓰임. '鼎'과 '鼐'는 세 발 달린 솥으로 천하를 비유함. '鼎'은 국가정권의 상징으로서 천자는 九鼎을 소유함.
38) 萬乘(승shèng): 천자를 가리킴. 옛날에 천자는 兵車 만 대를 소유했음. '乘'은 말 4필이 끄는 병거를 말함. / 憲法: 典章制度와 政治法令 등을 뜻함.
39) 會: 마침. / 太眞楊氏: 楊太眞. 즉 楊貴妃를 말함. / 入侍: 입궁하여 황제를 모시다.
40) 日奪: 황제의 총애가 날로 楊妃에게 쏠리다.
41) 上無疏意: 그럼에도 불구하고 梅妃에 대한 황제의 마음이 疏遠하지 않았다는 뜻.
42) 方: 비기다. 견주다. / 英·皇: 女英과 娥皇. 모두 堯임금의 딸로 娥皇은 舜임금의 后가 되고 女英은 妃가 됨.
43) 廣狹: 몸매의 풍뚱하고 마른 정도. / 不類: '不同'과 같음. 같지 않다. 다르다.
44) 忌而智: 질투심이 강하면서도 총명하다.
45) 柔緩(완huǎn): 온화하고 柔順하다.
46) 亡以勝: 梅妃가 楊妃를 이길 수 없다는 뜻. '亡'은 '無'와 같음.
47) 上陽東宮: 上陽宮의 東宮을 말함. 玄宗 때 황제의 총애를 잃은 妃嬪들이 대부분 이곳으로 옮겨졌음.
48) 小黃門: 小宦官. 小太監. 漢代 給事內庭의 黃門令·中黃門 등의 관직은 모두 환관이 맡았기 때문에 나중에 환관을 '黃門'이라고 함.
49) 戱馬: 일종의 도박 도구인데 자세한 것은 알 수 없음. 여기서는 황제의 명령임을 증명하는 일종의 신표로 추정함.
50) 失寤: 깨어나는 때를 잃다. 즉 늦잠을 잤다는 뜻.

當奈何?" 上披衣, 抱妃藏夾幬間52). 太眞旣至, 問: "梅精安在?" 上曰: "在東宮." 太眞曰: "乞宣至53), 今日同浴溫泉54)." 上曰: "此女已放屛55), 無並往也." 太眞語益堅, 上顧左右不答. 太眞大怒曰: "肴核狼籍56), 御榻下有婦人遺舃57), 夜來何人侍陛下寢, 歡醉至於日出不視朝58)? 陛下可出見群臣. 妾止此閣俟駕回59)." 上愧甚, 拽衾向屛假寐曰: "今日有疾, 不可臨朝." 太眞怒甚, 徑歸私第60). 上頃覓妃所在61), 已爲小黃門送令步歸東宮. 上怒斬之. 遺舃幷翠鈿命封賜妃62). 妃謂使者曰: "上棄我之深乎?" 使曰: "上非棄妃, 誠恐太眞惡情耳63)." 妃笑曰: "恐憐我則動肥婢情64), 豈非棄也?"

妃以千金壽高力士65), 求詞人擬司馬相如爲<長門賦>66), 欲邀

---

51) 妃子: 楊太眞을 가리킴. / 屆(계jiè): 이르다. 도착하다.
52) 夾幬(막mù): 두 겹으로 된 장막. '幬'은 '幕'과 같음.
53) 乞宣至: 그녀[梅妃]에게 나가라는 명을 내려달라고 청하다.
54) 溫泉: 華淸池를 말함.
55) 放屛(병bìng): 내쫓다. 내치다. '屛'은 '摒'과 같음.
56) 肴(효yáo)核: 안주와 과실. /狼籍: '狼藉'와 같음. 난잡하게 어질러지다.
57) 遺舃(석xì): 남기고 간 신발.
58) 視朝: 조회를 보다. 조정에 임하여 정무를 보다.
59) 俟(사sì): 기다리다. / 駕回: 御駕가 조정으로 돌아가다.
60) 徑: 곧장. 곧바로. / 私第: '私邸'와 같음.
61) 頃: 잠시 후. / 覓(멱mì): 찾다.
62) 翠鈿(전diàn): 비취로 치장한 머리 장식.
63) 惡情: 증오의 감정. 여기서는 '화를 내다'의 뜻.
64) 肥婢: 뚱뚱이 년. 몸이 뚱뚱한 楊太眞을 욕하는 말.
65) 壽: 선물을 주다. 金銀布帛과 같은 예물을 남에게 주는 것을 '壽'라 함.
66) 擬: 모방하다. 본뜨다. / 司馬相如爲<長門賦>: 漢 武帝의 陳皇后가 총애를 잃고 長門宮에 쓸쓸히 거할 때 당시의 저명한 문학가인 司馬相如에게 황금 백 근을 주어 그녀를 위해서 <長門賦>를 짓게 했는데, 武帝가 이것을 보고 감동

上意67). 力士方奉太眞68), 且畏其勢, 報曰: "無人解賦69)." 妃乃自作＜樓東賦＞70), 略曰:

  玉鑑塵生71),   鳳奩香殄72).
  懶蟬鬢之巧梳73), 閑縷衣之輕練74).
  苦寂寞於蕙宮75), 但凝思乎蘭殿.
  信摽落之梅花76), 隔長門而不見77).
  況乃花心颺恨78), 柳眼弄愁79),
  煖風習習80),   春鳥啾啾81).

  하여 다시 陳皇后를 총애했다고 함.
67) 欲邀上意: 皇上의 마음을 돌리려고 하다.
68) 奉: 받들어 모시다. 비위를 맞추다. 아첨하다.
69) 無人解賦: 賦를 이해하는 사람이 없다. 즉 賦를 지을 줄 아는 사람이 없다는 뜻.
70) ＜樓東賦＞: 梅妃가 上陽東宮에 밀려나 있었기 때문에 이런 제목을 붙임.
71) 玉鑑: 玉鏡. / 塵生: 먼지가 일다. 오래 동안 쓰지 않았음을 뜻함.
72) 鳳奩(렴lián): 봉황 무늬를 새겨 놓은 화장품 상자. / 香殄(진tiǎn): 향기가 없어지다. '殄'은 '다하다' '없어지다'의 뜻.
73) 懶(란ǎn): 게으르다. 머리를 단장할 마음이 없다는 뜻. / 蟬鬢(빈bìn): 매미 날개처럼 가볍게 하늘거리는 머리 모양.
74) 閑: 쓰지 않고 내버려두다. / 縷(루lǚ)衣: 金縷衣. 금실로 짠 옷. 매우 화려한 옷을 말함. / 輕練: 가볍고 얇은 비단.
75) 蕙宮: 총애를 잃은 後妃가 거처하는 궁. 다음 구절의 '蘭殿'도 같은 뜻임.
76) 信: 진정. 진실로. / 摽(표biào)落之梅花: 시들어 버린 매화. 梅妃가 자신을 시든 매화에 비유하여 총애를 잃고 버려진 슬픈 감정을 표현한 것임. '摽'는 '시들다' '떨어지다'의 뜻. 『詩經·召南·摽有梅』에서 유래된 것으로, 원래는 시집갈 때가 된 여자가 매실이 떨어지기 전에 자신에게 구애할 남자를 바라는 내용이어서 이 구절과는 차이가 있음.
77) 長門: 漢 武帝의 陳皇后가 長門宮에 버려진 일에 비유함. 注 66) 참조.
78) 颺(양yáng)恨: 한을 불러일으키다. '颺'은 '揚'과 같음.
79) 弄愁: 愁心을 자아내게 하다.

樓上黃昏兮,	聽鳳吹而回首[82].
碧雲日暮兮,	對素月而凝眸[83].
溫泉不到,	憶拾翠之舊游[84].
長門深閉,	嗟青鸞之信修[85].
憶昔太液淸波[86],	水光蕩浮,
笙歌賞燕,	陪從宸旒[87].
奏舞鸞之妙曲[88],	乘畫鷁之仙舟[89].
君情繾綣[90],	深紋綢繆[91].

---

80) 習習: 微風이 다사롭게 부는 모양.
81) 啾啾(추jiū): 새가 지저귀는 소리.
82) 鳳吹: 笙·簫 따위의 관악기. '鳳笙''鳳簫'라고도 함.
83) 凝眸(모móu): 응시하다. 여기서는 멍하니 쳐다본다는 뜻.
84) 拾翠: 옛날에 부녀자들이 봄에 芳草를 뜯는 일종의 유희. 또는 唐 大明宮 안에 있는 殿 이름이라고도 함.
85) 嗟(차jiē)靑鸞之信修: 황제로부터의 소식이 오랫동안 오지 않음을 한탄한다는 뜻. / '嗟'는 '한탄하다''탄식하다'의 뜻. / '靑鸞'은 '靑鳥'로 西王母의 서신을 전달하는 사신인데 나중에는 소식을 전하는 사람의 代稱으로 쓰임. 또는 황제의 수레 위에 매다는 '鸞鈴'으로 황제를 가리킨다고도 함. 曹植의 <洛神賦>의 "嗟佳人之信修"에서 따온 것임. / '修'는 '長'의 뜻.
86) 太液: 太液池를 말함. 大明宮 含涼殿 뒤에 있었음.
87) 宸(신chén)旒(류liú): 황제의 代稱. '宸'은 황제가 거처하는 궁전. '旒'는 실로 꿰어 엮은 옥으로 冠의 앞뒤에 드리워 장식함. 이렇게 장식한 冠을 冕旒冠이라 함.
88) 奏舞鸞之妙曲: 雅樂을 연주하는 것을 말함. 옛날에 王阜가 重泉令이 되었을 때 鸞鳥가 學宮에 내려앉자 王阜가 雅樂을 연주하게 했더니 鸞鳥가 발과 날개를 움직이면서 춤을 추었으며 10여 일을 머문 뒤에 떠나갔다고 함.『東觀漢記』에 보임.
89) 畫鷁(익yì): '鷁'은 물새의 일종으로 바람을 거슬러 날 수 있기 때문에 옛날에는 뱃머리에 '鷁'을 조각하고 이것을 '鷁首'라고 함. 뱃머리에 '鷁'을 조각하면 '水妖'를 막을 수 있다고 함.

誓山海而常在,　　似日月而無休.
奈何妬色庸庸92),　妬氣冲冲93),
奪我之愛幸,　　斥我乎幽宮94).
思舊歡之莫得,　　想夢著乎朦朧.
度花朝與月夕,　　羞懶對乎春風.
欲相如之奏賦,　　奈世才之不工.
屬愁吟之未盡95),　已響動乎疏鐘96).
空長嘆而掩袂97),　躊躇步於樓東98).

太眞聞之, 訴明皇曰: "江妃庸賤99), 以廋詞宣言怨望100), 願賜死." 上默然.

會嶺表使歸101), 妃問左右: "何處驛使來102), 非梅使耶103)?" 對曰: "庶邦貢楊妃荔實使來104)." 妃悲咽泣下. 上在花萼樓105), 會夷

---

90) 繾(견qiǎn)綣(권quǎn): 얽히고 설켜 잊혀지지 않는 모양.
91) 綢(주chóu)繆(무móu): 얽히고 설킨 마음. 深厚한 情意를 말함.
92) 庸庸: 감정 따위가 거센 모양. 몹시 성한 모양.
93) 冲冲: 감정 따위가 激動하는 모양.
94) 幽宮: 深宮. 冷宮. 쓸쓸한 궁.
95) 屬: ~때에 당하여. ~때에 이르러.
96) 疏鐘: 성긴 종소리. 새벽 종소리를 말함.
97) 掩袂(메mèi): 소매로 [얼굴을] 가리다. 눈물을 흘린다는 뜻.
98) 躊(주chóu)躇(저chú): 배회하다. 이리저리 왔다갔다하다.
99) 庸賤: 庸劣하고 천박하다.
100) 廋(수sōu)詞: '廋語'라고도 함. '隱語' '謎語'의 옛 말.
101) 嶺表: '嶺外' '嶺南'이라고도 함. 五嶺 밖의 지역으로 지금의 廣東省 일대를 말함.
102) 驛使: 각 驛站에서 관청의 문서나 기타 물건을 전달하는 사람.
103) 梅使: 매화를 進貢하는 使者.

使至106), 命封珍珠一斛密賜妃107). 妃不受, 以詩付使者, 曰: "爲我進御前也." 曰:

柳葉雙眉久不描,　殘粧和淚濕紅綃.
長門自是無梳洗,　何必珍珠慰寂寥.

上覽詩, 悵然不樂108). 令樂府以新聲度之109), 號＜一斛珠＞, 曲名始此也.

後祿山犯闕110), 上西幸111), 太眞死. 及東歸, 尋妃所在, 不可得. 上悲謂兵火之後112), 流落他處. 詔有得之, 官二秩113), 錢百萬. 搜訪不知所在. 上又命方士飛神御氣114), 潛經天地115), 亦不可得. 有

---

104) 庶邦: 춘추시대 周의 통치를 받는 제후국을 '庶邦'이라 했는데, 여기서는 唐의 屬國을 말함. / 荔(려lì)實使: 荔枝를 進貢하는 使者.
105) 花萼(악è)樓: 興慶宮 안의 花萼相輝樓를 말함. 玄宗이 늘 여기에서 형제들과 연회를 열었다고 함.
106) 夷使: 외국의 使節.
107) 斛(곡hú): 10말 또는 5말을 1斛이라 함.
108) 悵(창chàng)然: 섭섭한 모양. 실망한 모양.
109) 樂府: 漢 武帝 때 조정의 음악과 민가의 채집을 위하여 설치한 기구를 '樂府'라 했음. 唐代에는 '樂府'라는 官署는 없었지만 대신 太常寺의 大樂署, 궁정의 內外敎坊, 궁내의 梨園을 설치하여 樂舞를 관장함. / 新聲: 새로운 가락. 곡조. / 度: 작곡하다.
110) 祿山犯闕: 天寶 15년(756)년에 당시 節度使였던 安祿山이 반란을 일으켜 長安을 침범한 사건을 말함.
111) 西幸: 玄宗이 서쪽 蜀으로 피난간 일을 말함. '幸'은 황제의 행차.
112) 謂: 생각하다. 여기다.
113) 官二秩: 관직을 2등급 올려 주다. '秩'은 관직의 品級.
114) 方士: 神仙方術에 능통한 術士. / 飛神御氣: 정신력을 이용하여 바람을 타고 하늘에 오르는 것을 말함. '御氣'는 바람을 타고 하늘을 날아다닌다는 뜻.
115) 潛經天地: 은밀히 '升天入地'하여 천지를 살펴보는 것을 말함.

宦者進其畫眞116), 上言: "似甚, 但不活耳." 詩題於上, 曰:

　　憶昔嬌妃在紫宸117), 　鉛華不御得天眞118).

　　霜綃雖似當時態119), 　爭奈嬌波不顧人120).

　　讀之泣下, 　　　　　命模象刊石121).

後上暑月晝寢122), 仿佛見妃隔竹間泣123), 含涕障袂, 如花朦霧露狀. 妃曰: "昔陛下蒙塵124), 妾死亂兵之手, 哀妾者埋骨池東梅株傍." 上駭然流汗而寤125). 登時令往太液池發視之, 不獲. 上益不樂. 忽悟溫泉池側有梅十餘株, 豈在是乎126)? 上自命駕, 令發視. 纔數株127), 得屍, 裹以錦裀128), 盛以酒槽129), 附土三尺許. 上大慟, 左右莫能仰視. 視其所傷, 脇下有刀痕. 上自制文誄之130), 以

---

116) 畫眞: 초상화.
117) 紫宸: 大明宮 안의 紫宸殿을 말함.
118) 鉛華不御: 분을 바르지 않다. '鉛華'는 부녀자들의 얼굴 화장에 쓰이는 鉛白粉을 말함. '御'는 '施'의 뜻. / 天眞: 꾸미지 않은 천연스런 아름다움.
119) 霜綃(초xiāo): 흰 명주. 여기서는 흰 명주 위에 그린 초상화를 말함.
120) 爭奈: '無奈'와 같음. 어찌 하랴? / 嬌波: 애교 있는 눈빛.
121) 模象刊石: 초상을 베껴서 돌에 새기다. '模'는 본뜨다. '刊'은 '刻'의 뜻.
122) 暑月: 여름. / 晝寢: 낮잠.
123) 仿佛: 마치 ~한 듯 하다. '仿佛"髣髴'과 같음.
124) 蒙塵: 風塵을 무릅쓴다는 뜻으로 천자가 피난가는 것을 말함.
125) 駭(해hài)然: 깜짝 놀라는 모양.
126) 豈: 여기서는 '或'의 뜻.
127) 纔(재cái): '才'와 같음. 겨우. 불과.
128) 錦裀(인yīn): 비단 요. 깔개.
129) 盛(chéng): 담다. 넣다. / 酒槽(조cáo): 술통.
130) 誄(뢰lěi): 본래는 죽은 자의 덕행을 찬미하거나 애도하는 哀祭文의 일종인데, 여기서는 '애도하다'는 동사로 쓰임.

妃禮易葬焉.

贊曰: 明皇自爲潞州別駕131), 以豪偉聞, 馳騁犬馬鄠·杜之間132), 與俠少游. 用此起支庶, 踐尊位133). 五十餘年134), 享天下之奉, 窮極奢侈, 子孫百數. 其閱萬方美色衆矣, 晚得楊氏, 變易三綱135), 濁亂四海, 身廢國辱, 思之不少悔. 是固有以中其心136), 滿其欲矣. 江妃者, 後先其間, 以色爲所深嫉, 則其當人主者137), 又可知矣. 議者謂或覆宗138), 或非命139), 均其媢忌自取140). 殊不知明皇耄而忮忍141), 至一日殺三子142), 如輕斷螻蟻之命143). 奔竄而歸144), 受

---

131) 明皇自爲潞州別駕: 玄宗이 황제가 되기 전에는 臨淄郡王에 봉해졌으며 일찍이 衛尉少卿으로서 潞州別駕를 겸임함. '潞州'는 지금의 山西省 長治縣에 治所가 있었음. '별가'는 관명으로 州刺史의 보좌관.

132) 馳(치chí)騁(빙chěng)犬馬鄠(호hù)·杜之間: 鄠·杜 지역에서 사냥한 것을 말함. '馳騁'은 '치달리다' '질주하다'의 뜻. '鄠'는 縣名으로 지금의 陝西省 戶縣 북쪽. '杜'는 地名으로 지금의 陝西省 長安縣 동남쪽. 漢 武帝가 일찍이 이 일대에서 사냥을 했다고 함. 여기서는 漢 武帝의 고사를 빌어 玄宗을 풍자한 것임.

133) 起支庶, 踐尊位: 庶子의 신분에서 황제의 자리에 오르다. '支庶'는 첩의 소생. '尊位'는 황제의 지위. 玄宗은 睿宗 李旦의 셋째 아들로서 後妃 竇氏의 소생이므로 庶出이지만, 후에 韋氏의 난을 평정한 공로로 태자가 되어 712년 황제에 즉위함.

134) 五十餘年: 玄宗은 先天 원년(712)에서 天寶 15년(756)까지 총 44년 동안 재위했음. 여기서는 황제가 되기 이전의 시기까지 포함한 것임.

135) 變易三綱: 윤리도덕을 위반하다는 뜻. '三綱'은 봉건시대의 주요한 3가지 윤리도덕으로 '君爲臣綱' '父爲子綱' '夫爲婦綱'을 말함. 玄宗은 아들 李瑁의 後妃인 楊貴妃를 억지로 빼앗아 자신의 妃로 삼았음.

136) 中(zhòng)其心: 그 마음에 들다.

137) 當(dàng)人主: 황제의 마음에 합당하다. 마음에 들다.

138) 覆宗: 일족이 몰살당하다. 楊貴妃의 일족이 몰살된 것을 말함.

139) 非命: 비명에 죽다. 梅妃가 반란군에게 橫死한 것을 말함.

140) 媢(모mào)忌: 투기.

141) 耄(모mào): 원래는 8·90세를 뜻하는데 여기서는 그냥 노년의 의미로 쓰임. /

制昏逆145), 四顧嬪嬙146), 斬亡俱盡, 窮獨苟活, 天下哀之. 傳曰147): "以其所不愛及其所愛148)." 蓋天所以酬之也149). 報復之理150), 毫髮不差, 是豈特兩女子之罪哉? 漢興151), 尊『春秋』152), 諸儒持『公』·『穀』角勝負153), 『左傳』獨隱而不宣154), 最後乃出. 蓋

忮(기zhì)忍: 질투하고 잔인하다.
142) 一日殺三子: 玄宗은 武惠妃의 참언을 믿고 太子 李瑛, 鄂王 李瑤, 光王 李琚를 모두 庶人으로 폐하였다가 같은 날 함께 처형했음.
143) 螻(루lóu)蟻(의yǐ)之命: 땅강아지나 개미 같은 보잘 것 없는 목숨.
144) 奔竄(찬cuàn)而歸: 安史의 난이 평정된 뒤 玄宗이 蜀에서 長安으로 돌아온 것을 말함. '奔竄'은 도망가서 숨다는 뜻.
145) 受制昏逆: 肅宗 李亨의 억압을 받은 일을 말함. 玄宗이 長安으로 돌아온 뒤 환관 李輔國이 玄宗과 肅宗을 이간질하여 마침내 肅宗이 玄宗을 興慶宮에서 太極宮으로 이주시키고 그의 측근들을 모두 제거함으로써 억압을 가함.
146) 嬪(빈pín)嬙(장qiáng): 궁중의 女官. 여기서는 貴妃 등을 가리킴.
147) 傳(zhuàn): 經傳. 일반적으로 儒家의 경전을 말함.
148) 以其所不愛及其所愛: 『孟子·盡心章句下』에서 "不仁者, 以其所不愛及其所愛."라고 함. 즉 자신이 좋아하지 않는 사람에게 끼친 해악이 결국에는 자신이 좋아하는 사람에게 미치게 된다는 뜻. 여기서는 玄宗이 저지른 해악의 결과로 자신의 寵妃들이 재앙을 당했음을 말함.
149) 酬: 報應하다.
150) 報復之理: 因果應報의 이치.
151) 漢興: 漢 왕조의 건립을 말함.
152) 『春秋』: 춘추시대 魯國의 편년사로 魯國의 史官이 편찬했는데 나중에 孔子의 수정을 거쳐 儒家의 경전 가운데 하나가 됨.
153) 『公』: 『春秋公羊傳』을 말함. '春秋三傳' 가운데 하나로 전국시대 公羊高가 지었다고 함./『穀』: 『春秋穀梁傳』을 말함. '春秋三傳' 가운데 하나로 전국시대 穀梁赤이 지었다고 함.
154) 『左傳』: 『春秋左氏傳』을 말함. '春秋三傳' 가운데 하나로 춘추시대 左丘明이 지었다고 함./獨隱而不宣: 『公羊傳』과 『穀梁傳』은 『春秋』의 '尊王'攘夷'大一統'의 사상을 선양했기 때문에 漢代의 중앙집권적 국가 건립에 적합하여 일시에 풍미했으나, 『左傳』은 『春秋』의 '史事'를 중시하여 당시에 그다지 주

古書歷久始傳者極衆. 今世圖畵美人把梅者155), 號'梅妃', 泛言唐明皇時人, 而莫詳所自也. 蓋明皇失邦, 咎歸楊氏, 故詞人喜傳之. 梅妃特嬪御擅美156), 顯晦不同157), 理應爾也158).

此傳得自萬卷朱遵度家159), 大中二年七月所書160). 字亦媚好. 其言時有涉俗者. 惜乎史逸其說161). 略加修潤而曲循舊語162), 懼沒其實也. 惟葉少蘊與余得之163), 後世之傳, 或在此本. 又記其所從來如此164).

목받지 못했음. 그래서 '獨隱而不宣'이라고 함.
155) 把梅者: 매화를 들고 있는 사람.
156) 擅(천shàn)美: 홀로 빼어나게 아름답다.
157) 顯晦(회huì): 세상에 알려짐과 알려지지 아니함.
158) 爾: '如此'와 같음. 이와 같다.
159) 萬卷朱遵度: 南唐人. 본래 靑州의 書生으로 벼슬하지 않고 은거함. 수많은 책을 소장하여 '朱萬卷'이라고 불렸음.
160) 大中二年: 848년. '大中'은 唐 宣宗 李忱의 연호(847~859). 또는 北宋 眞宗의 연호인 '大中祥符'(1008~1016)라고도 함.
161) 逸: 亡失하다. 散失하다.
162) 修潤: 수정과 윤색./ 曲循舊語: 두루 옛 기록을 따르다. 즉 원래의 면모를 보존하려고 적극 노력했다는 뜻.
163) 葉少蘊: 南宋 때의 문학가로 이름은 夢得, 字는 少蘊, 호는 石林이며 江蘇省 吳縣 사람. 일찍이 知州·學士·安撫使·節度使 등을 지냄. 저서에 『石林春秋傳』·『石林詩話』 등이 있음. 『宋史』 권445 <文苑傳>에 그의 傳이 있음.
164) 從來: 유래. 내력.

靑瑣高議

> 『청쇄고의』는 宋代 劉斧가 撰輯했다. 前集 10권, 後集 10권, 別集 7권을 합하여 총 27권이다. 모두 140편의 작품이 실려 있는데, 그 내용은 志怪·傳奇·雜事·議論 등 상당히 광범위하며 대체로 내용별로 분류되어 있다. 수록된 작품 가운데 작자의 성명을 밝힌 것도 있고 그렇지 않은 것도 있는 것으로 보아 유부는 前人이나 當時人의 작품을 집록하거나 또는 자신이 윤색하여 재창작한 것으로 보인다. 그 중에는 宋代 傳奇小說의 일부분이 비교적 완정하게 보존되어 있다. 또한 각 작품의 제목 아래에 7언으로 된 부제를 달았는데, 예를 들어 『流紅記』에 "紅葉題詩娶韓氏"라고 한 것과 같이 일종의 해설이 달려 있다. 趙景深은 이러한 형식을 일러 제목은 傳奇體이고 부제는 章回體와 같다고 했다.
> 劉斧는 생애와 사적이 미상이며 대략 北宋 仁宗~哲宗(1023~1100) 때 사람으로 추정된다.

流紅記[*]

唐僖宗時[1], 有儒士于祐, 晚步禁衢間[2]. 於是萬物搖落, 悲風素

---

[*] 이 작품의 작자는 張實이다. 張實은 字가 子京이며 宋代 魏陵 사람으로 기타 사적은 미상이다. 한편 南宋 風月主人이 편찬한 『綠窓新話』에서 『韓夫人題葉成親』을 수록하고 "出張碩『流紅記』"라고 注를 달았는데, 張實과 張碩이 동일한 인물인지는 확실하지 않다. 이 작품의 주요 줄거리인 '紅葉題詩' 고사는 唐宋代에 널리 퍼져 있어서 唐代 孟棨의 『本事詩』, 范攄의 『雲溪友議』, 宋代 王銍의 『補侍兒小名錄』 등에 모두 이와 유사한 고사가 실려 있다. 이 작품은 바로 이러

秋3), 頹陽西傾4), 羈懷增感5). 視御溝6), 浮葉續續而下. 祐臨流浣手7). 久之, 有一脫葉8), 差大於他葉9), 遠視之, 若有墨迹載於其上. 浮紅泛泛10), 遠意綿綿11). 祐取而視之, 果有四句題於其上. 其詩曰12):

   流水何太急?   深宮盡日閑13).

   殷勤謝紅葉,   好去到人間.

祐得之, 蓄於書笥14), 終日咏味, 喜其句意新美, 然莫知何人作

한 고사를 근거로 창작된 것으로 보인다. 문장이 간결·소박하며 궁녀들이 감내해야만 했던 '宮怨'의 사회문제가 잘 반영되어 있다.

1) 僖宗: 唐代 황제. 이름은 李儇(현). 懿宗의 다섯째 아들. 874~888 재위.
2) 禁衢(구qú): 皇宮의 大路. '禁'은 황궁. '衢'는 四通八達의 大路. 唐代의 長安城은 세 부분으로 나누어져 있었는데, 皇城은 관리들이 공무를 보는 곳이고, 皇城의 북쪽은 宮城으로 황제와 후비들이 거처하는 곳이고, 皇城의 남쪽은 일반인들의 거주지였음.
3) 素秋: 가을. '素'는 '白'의 뜻. 五行에서 '金'은 방위로는 동쪽, 색깔로는 흰색, 계절로는 가을, 동물로는 호랑이에 해당함.
4) 頹(퇴tuí)陽: 석양.
5) 羈(기jī)懷: 객지에서 느끼는 情懷. 나그네의 鄕愁. '羈'는 '羇'와 같음. 타향에 머물다. 객지 생활을 하다.
6) 御溝: '禁溝'라고도 함. 황궁 안을 흐르는 水路. 당시에는 終南山의 물을 끌어들여 황궁 안을 흘러가게 했음.
7) 浣(완huàn)手: 손을 씻다.
8) 脫葉: 낙엽.
9) 差大: 약간 크다. '差'는 '조금'·'약간'의 뜻.
10) 泛泛: 물 위를 둥둥 떠가는 모양.
11) 遠意: 심각한 思念. / 綿綿: 끊임없이 이어지는 모양.
12) 其詩: 『唐詩紀事』 권59에 실려 있는 盧渥의 紅葉題詩에서도 보임.
13) 盡日: 온 종일. 하루 종일. / 閑: 여기서는 적막하다는 뜻.
14) 書笥(사sì): 책 상자. '笥'는 長方形의 대나무 상자.

而書於葉也. 因念御溝水出禁掖15), 此必宮中美人所作也. 祐但寶之, 以爲念耳, 亦時時對好事者說之16). 祐自此思念, 精神俱耗. 一日, 友人見之曰: "子何淸削如此17)? 必有故, 爲吾言之." 祐曰: "吾數月來, 眠食俱廢." 因以紅葉句言之. 友人大笑曰: "子何愚如是也! 彼書之者, 無意於子. 子偶得之, 何置念如此? 子雖思愛之勤, 帝禁深宮, 子雖有羽翼, 莫敢往也. 子之愚, 又可笑也." 祐曰: "天雖高而聽卑18), 人苟有志, 天必從人願耳. 吾聞王仙客遇無雙之事, 卒得古生之奇計19). 但患無志耳, 事固未可知也." 祐終不廢思慮, 復爲二句, 題於紅葉上云:

　　　曾聞葉上題紅怨20),　　葉上題詩寄阿誰21)?

置御溝上流水中, 俾其流入宮中22). 人或笑之, 亦爲好事者稱道. 有贈之詩者, 曰:

　　　君恩不禁東流水,　　流出宮情是此溝.

祐後累擧不捷23), 迹頗羈倦24), 乃依河中貴人韓泳門館25), 得錢

---

15) 禁掖(액yè): '宮掖'이라고도 함. 正殿 옆에 있는 궁녀나 비빈들이 거처하는 곳.
16) 好(hào)事者: 남의 일에 참견하고 소문내기를 좋아하는 사람.
17) 淸削: 수척하다. 비쩍 마르다.
18) 天雖高而聽卑: 하늘이 비록 높이 있지만 下界의 모든 것을 굽어본다는 뜻.『史記·宋微子世家』에서 나온 말.
19) 王仙客遇無雙之事, 卒得古生之奇計: 唐代 傳奇인 薛調의『無雙傳』에 나오는 고사. 王仙客이 사촌 누이인 無雙과 서로 사랑했는데, 나중에 無雙의 부친이 극형에 처하여 無雙이 궁녀로 끌려가자, 王仙客이 협객 古押衙의 계책으로 無雙을 탈출시켜 성명을 바꾸고 다른 지방으로 가서 결국 부부가 되었음. '古生'은 古押衙를 말함.
20) 紅怨: 청춘의 고통. 사랑의 원망.
21) 阿誰: '阿'는 주로 行列이나 성명 앞에 붙어 친근함을 나타내는 접두사.
22) 俾: '使'와 같음. ~로 하여금.

帛稍稍自給²⁶⁾, 亦無意進取²⁷⁾. 久之, 韓泳召祐謂之曰: "帝禁宮人三十餘得罪²⁸⁾, 使各適人²⁹⁾. 有韓夫人者, 吾同姓, 久在宮. 今出禁庭³⁰⁾, 來居吾舍. 子今未娶, 年又逾壯³¹⁾, 困苦一身, 無所成就, 孤生獨處, 吾甚憐汝. 今韓夫人篋中不下千緡³²⁾, 本良家女, 年纔三十³³⁾, 姿色甚麗. 吾言之, 使聘子³⁴⁾, 何如?" 祐避席伏地曰³⁵⁾: "窮困書生, 寄食門下, 晝飽夜溫, 受賜甚久. 恨無一長³⁶⁾, 不能圖報³⁷⁾. 早暮愧懼, 莫知所爲. 安敢復望如此!" 泳令人通媒妁³⁸⁾, 助祐進羔雁³⁹⁾, 盡六禮之數⁴⁰⁾, 交二姓之歡⁴¹⁾. 祐就吉之夕⁴²⁾, 樂甚.

---

23) 累擧不捷: 누차 과거에 응시했으나 낙방하다.
24) 羈倦: 객지 생활에 지치다.
25) 河中: 唐代 府名. 蒲州라고도 함. 治所는 지금의 山西省 永濟縣./門館: 남의 집에서 아이들을 가르치거나 문서를 관리하는 일.
26) 稍稍: 겨우. 그럭저럭. 간신히.
27) 無意進取: 과거에 합격하여 功名을 이루려는 마음이 없다는 뜻.
28) 帝禁宮人: 皇宮 안의 궁녀.
29) 適: 시집가다.
30) 禁庭: 皇宮.
31) 逾壯: 장년을 넘었다. 옛날에는 30세를 '壯'이라 함.
32) 篋(협qiè): 작은 상자./不下: 적어도. 최소한./千緡(민mín): 千貫. '緡'은 원래 동전을 꿰는 실을 말하는데, 여기서는 '돈 꾸러미'의 뜻으로 쓰임. 千文을 一緡 또는 一貫이라 함.
33) 纔(재cái): 겨우. 비로소.
34) 使聘(빙pìn)子: 그녀를 그대에게 시집가게 하다. '聘'은 聘禮로 원래 신랑집에서 신부집에 예물을 보내는 것을 말하는데, 여기서는 '시집가다'의 뜻으로 쓰임.
35) 避席伏地: 자리에서 물러나 땅에 엎드리다. 경의와 감사의 뜻을 나타냄.
36) 一長: 한 가지 재주. 장기.
37) 圖報: 보답을 도모하다. 보답할 생각을 하다.
38) 媒妁(작shuò): 매파. 중매쟁이.
39) 羔(고gāo)雁(안yàn): 새끼 양과 기러기. 六禮 가운데 '納采'할 때에 쓰이는 예물.

明日, 見韓氏裝橐甚厚43), 姿色絶艶. 祐本不敢有此望, 自以爲誤入仙源44), 神魂飛越矣. 旣而韓氏於祐書笥中見紅葉, 大驚曰: "此吾所作之句, 君何故得之?" 祐以實告. 韓氏復曰: "吾於水中亦得紅葉, 不知何人作也." 乃開笥取之, 乃祐所題之詩. 相對驚歎感泣久之. 曰: "事豈偶然哉! 莫非前定也45)." 韓氏曰: "吾得葉之初, 嘗有詩, 今尙藏篋中." 取以示祐. 詩云:

　　　　獨步天溝岸,　　　　臨流得葉時.
　　　　此情誰會得46),　　　腸斷一聯詩.

聞者莫不歎異驚駭47). 一日, 韓泳開宴召祐洎韓氏48). 泳曰: "子二人今日可謝媒人也." 韓氏笑答曰: "吾爲祐之合, 乃天也, 非媒氏之力也." 泳曰: "何以言之?" 韓氏索筆爲詩, 曰:

　　　　一聯佳句題流水,　　十載幽思滿素懷49).
　　　　今日却成鸞鳳友50),　方知紅葉是良媒.

---

40) 六禮: 옛날 혼례를 할 때 밟아야 할 6가지 절차. 즉 納采[예물을 보내 청혼하는 일], 問名[여자 쪽의 성명과 생년월일을 묻는 일], 納吉[예물을 보내 정혼하는 일], 納徵[빙례를 보내는 일], 請期[혼일 날짜를 잡는 일], 親迎[신랑이 신부를 맞이하러 가는 일]을 말함. 『禮記·昏義』와 『儀禮·士昏禮』에 보임.
41) 交二姓之歡: 남녀가 配合하는 기쁨. 즉 결혼하는 것을 말함.
42) 就吉之夕: 결혼한 날 밤. '吉'은 吉日로 결혼하는 날을 말함.
43) 裝橐(탁tuó): 시집갈 때 가지고 가는 물품. 지참물.
44) 仙源: 신선이 사는 곳. 仙境.
45) 前定: 전생에 정해지다. 즉 宿命이라는 뜻.
46) 會得: 이해하다. 알아주다.
47) 歎異驚駭: 일의 기이함에 경탄하다.
48) 洎(계jì): '及''與'와 같음. ~와.
49) 十載: 10년. / 幽思: 울적한 심정. / 素懷: 평소의 情懷.
50) 鸞鳳友: 난새와 봉황이 날개를 나란히 하고 날아가는 것처럼 금슬 좋은 부부

泳曰: "吾今知天下事無偶然者也." 僖宗之幸蜀51), 韓泳令祐將家僮百人前導52). 韓以宮人得見帝, 具言適祐事. 帝曰: "吾亦微聞之53)." 召祐, 笑曰: "卿乃朕門下舊客也." 祐伏地拜, 謝罪. 帝還西都54), 以從駕得官55), 爲神策軍虞候56). 韓氏生五子三女, 子以力學俱有官, 女配名家57). 韓氏治家有法度, 終身爲命婦58). 宰相張濬作詩曰59):

  長安百萬戶, 御水日東注.
  水上有紅葉, 子獨得佳句.
  子復題脫葉, 流入宮中去.
  深宮千萬人, 葉歸韓氏處.

  관계를 비유함.
51) 僖宗之幸蜀: 唐代 廣明 원년(880)에 黃巢가 난을 일으켜 東都 洛陽과 京城 長安을 차례로 함락시키자 僖宗이 四川省으로 피난한 일을 말함. 나중에 沙陀族 李克用이 반란군을 진압한 뒤 光啓 3년(885)에 僖宗은 長安으로 돌아옴. '幸'은 황제의 행차. '蜀'은 四川省의 별칭.
52) 將: 거느리다. 통솔하다. / 前導: 황제나 관리가 행차할 때 앞에 늘어서서 길잡이 하는 일을 말함.
53) 微聞: 대강 소식을 듣다.
54) 西都: 長安을 말함. 唐代에는 洛陽을 東都라하고 長安을 西都라고 했음.
55) 從駕: 황제를 수행하다. '駕'는 원래 황제의 수레를 뜻하나 여기서는 황제의 代稱으로 쓰임.
56) 神策軍: 唐代 禁軍名. 左右神策軍을 설치하여 호위병과 內外八鎭兵을 관장함. 唐末에는 이 직책을 환관이 장악하여 권세가 대단했음. / 虞(우·yú)候: 정찰과 순찰 임무를 맡은 禁衛軍官.
57) 配: 배필이 되다. 혼인하다. / 名家: 名門世家.
58) 命婦: 조정으로부터 封號를 받은 부인. 남편의 爵位에 따라 封號가 결정되며 內命婦와 外命婦의 구분이 있음.
59) 張濬(준jùn): 자는 禹川, 河間[지금의 河北省 河間縣] 사람. 唐 僖宗 때 尙書右僕射를 지냈으므로 宰相이라고 함. 나중에 朱全忠에게 피살됨.

出宮三十人,	韓氏籍中數60).
回首謝君恩,	淚灑胭脂雨.
寓居貴人家,	方與子相遇.
通媒六禮具,	百歲爲夫婦.
兒女滿眼前,	靑紫盈門戶61).
茲事自古無,	可以傳千古.

　議曰: 流水, 無情也. 紅葉, 無情也. 以無情寓無情而求有情, 終爲有情者得之, 復與有情者合, 信前世所未聞也62). 夫在天理可合, 雖胡越之遠63), 亦可合也. 天理不可, 則雖比屋隣居64), 不可得也. 悅於得, 好於求者65), 觀此, 可以爲誡也. (前集 卷五)

---

60) 籍中數: 30명의 명단에 끼었다는 말. '籍'은 장부, 簿冊.
61) 靑紫: 원래는 등급에 따른 관복의 색깔을 말하는데 여기서는 지위가 높은 관리를 의미함.
62) 信: 진실로. 진정.
63) 胡越之遠: 남북으로 멀리 떨어져 있다는 뜻. '胡'는 북방의 이민족, '越'은 남방의 이민족을 말함.
64) 比屋隣居: 집을 나란히 하고 이웃에 살다. '比'는 '근접하다' '가까이 있다'의 뜻.
65) 悅於得, 好於求者: 뭔가를 억지로 얻는 것을 기뻐하고 구하는 것을 좋아하는 사람.

歸田錄

『귀전록』은 총 2권이며 宋代 歐陽修가 지었다. 만년에 관직에서 물러난 뒤에 지었기 때문에 서명을 '歸田錄'이라 했다. <後記>에서 "余之記錄, 大抵以肇爲法."이라고 하여 『唐國史補』를 지은 李肇를 본받으려 했음을 알 수 있다. 내용은 宋代의 典章制度, 朝廷故事, 士大夫의 일화 등을 기록한 것으로 비교적 참고가치가 있는 송대 필기소설이다. 문장이 대부분 간결하고 인물의 성격과 情態 묘사가 자못 뛰어난데 그 가운데 諧謔故事가 특히 그러하다.

歐陽修(1007~1072)는 字는 永叔, 호는 醉翁·六一居士, 시호는 文忠이며 廬陵[지금의 江西省 吉安市] 사람이다. 그는 송대의 대문학가이자 사학자로서 북송 문단의 영수였으며 唐宋八大家 가운데 한 명이다. 일찍이 樞密副使·參知政事 등을 역임했으며, 과감히 직언하고 정치혁신을 주장했다. 저작에는 『歸田錄』 외에 『新唐書』·『新五代史』·『六一詩話』·『六一詞』 등이 있다.

賣油翁

陳康肅公堯咨[1], 善射, 當世無雙[2], 公亦以此自矜[3]. 嘗射於家

---
1) 陳康肅公堯咨: 陳堯咨를 말함. 字는 嘉謀, 自號는 少養由, 謚號는 康肅으로 閬州 閬中[지금의 四川省 閬中縣] 사람. 宋 眞宗 때 進士가 되어 일찍이 龍圖閣直學士·翰林學士·武信軍節度使 등을 지냄. 隷書와 弓術에 능했음. '公'은 남자에 대한 존칭.
2) 當世無雙: 당대에 견줄 자가 없다. 당대의 제일이다.
3) 自矜(긍jīn): 자부하다. 스스로 자랑스러워하다.

圃4), 有賣油翁釋擔而立5), 睨之6), 久而不去. 見其發矢十中八九, 但微頷之7).

康肅問曰: "汝亦知射乎? 吾射不亦精乎?" 翁曰: "無他, 但手熟耳8)." 康肅忿然曰: "爾安敢輕吾射9)!" 翁曰: "以我酌油知之." 乃取一葫蘆, 置於地, 以錢覆其口10), 徐以杓酌油瀝之11). 自錢孔入, 而錢不濕. 因曰: "我亦無他, 惟手熟爾." 康肅笑而遣之. 此與莊生所謂解牛·斲輪者何異12)? (卷一)

4) 家圃(포pǔ): 집안에 있는 활 쏘는 장소. '圃'는 원래 채마밭을 뜻하나 여기서는 '장소'의 의미로 쓰임.
5) 釋擔: 짐을 내려놓다. '釋'은 '내려놓다' '풀러놓다'의 뜻.
6) 睨(예mì): 곁눈으로 보다. 흘겨 보다. 경시하는 태도.
7) 微頷(함hàn): 약간 고개를 끄덕이다. 기술이 제법이라고 인정하는 태도. '頷'은 원래 아래턱을 말하는데 여기서는 '고개를 끄덕이다'는 뜻의 동사로 쓰임.
8) 手熟: 손에 익숙하다. 숙련되었다는 뜻.
9) 爾: 너. 그대. 이인칭대명사. / 輕: 경시하다. 깔보다.
10) 以錢覆其口: 동전을 호리병 주둥이에 덮어놓다.
11) 杓(작sháo): '勺'과 같음. 국자. / 瀝: 흘려 넣다.
12) 莊生: 莊子를 말함. 이름은 周이며 전국시대 宋國人. 先秦 도가학파의 대표인물. / 解牛: 庖丁이 소 잡는 고도의 기술을 말함. 『莊子·養生主』에 나옴. / 斲(착zhuó)輪: 輪扁이 수레바퀴 만드는 고도의 기술을 말함. 『莊子·天道』에 나옴. '斲'은 '깎다' '패다'의 뜻.

志 林

　『지림』은 宋代 蘇軾이 지었다. 가장 널리 통행되는 것은 『東坡大全集』에 들어 있는 5권본이며 그밖에 1권 본과 12권 본도 있다. 이 책은 소식이 손닿는 대로 기록해 놓은 것을 후인이 수집하여 처음에는 『東坡手擇』이라고 했다가, 그 후 소식의 문집을 간행한 사람이 『東坡志林』이라고 서명을 바꾸었으며 보통 『지림』이라고 약칭한다. 내용은 대부분 元祐(1086~1093)·紹聖(1094~1097)年間의 20여 년 동안 소식이 직접 겪은 일을 기록해 놓은 것으로 당시의 정치·역사·문예, 地理方域, 몽환, 신선에 관한 광범위한 내용을 모두 29류로 분류했다. 그 가운데 문장이 간결·담백하고 예술성이 비교적 뛰어난 고사는 후대 晩明 小品文의 선구가 되었다.

　蘇軾(1037~1101)은 字는 子瞻, 호는 東坡居士, 시호는 文忠이며 眉山[지금의 四川省 眉山縣] 사람이다. 북송의 대표적인 문학가·정치가로서 詩·詞·文·書·畫에 두루 뛰어났다. 벼슬은 祠部員外郞·翰林院學士·禮部尙書 등을 역임했으며, 王安石의 新法에 반대하여 정치적인 박해를 당하기도 했다. 저작에는 『易傳』·『書傳』·『仇池筆記』·『東坡志林』 등이 있으며, 문집으로 『東坡七集』이 있다.

戴嵩畫牛

　蜀中有杜處士[1], 好書畫, 所寶以百數[2]. 有戴嵩牛一軸[3], 尤所

---

1) 蜀: 四川省의 별칭. / 處士: 벼슬이 없거나 벼슬하기를 원하지 않는 선비.
2) 所寶: 보물로 여기는 것. / 以百數: 백을 단위로 헤아리다. 수백 개가 된다는 뜻.
3) 戴嵩(숭sōng)牛: 戴嵩이 그린 소 그림. 戴嵩은 唐代의 화가로 소와 전원의 풍경

愛, 錦囊玉軸⁴⁾. 一日曝書畫, 有一牧童見之, 拊掌大笑曰⁵⁾: "此畫鬪牛也? 牛鬪力在角, 尾搐入兩股間⁶⁾, 今乃掉尾而鬪⁷⁾, 謬矣!" 處士笑而然之⁸⁾. 古語云: "耕當問奴, 織當問婢." 不可改也⁹⁾.

을 특히 잘 그렸음. / 一軸: '一幅'과 같음. '軸'은 서화의 卷軸을 말함.
4) 錦囊玉軸: 옥으로 서화의 卷軸을 만들어서 비단 주머니에 담아 보관하다. 매우 진귀한 것임을 나타냄.
5) 拊(부fǔ)掌大笑: '拍掌大笑'와 같음. '拊'는 '치다'때리다'의 뜻.
6) 搐(축chù): 끌어당기다. 움츠리다. 사리다. / 股(고gǔ): 넓적다리.
7) 掉尾: 꼬리를 흔들다.
8) 然之: 목동의 말이 옳다고 인정하다는 뜻.
9) 不可改: 바꿀 수 없는 언제나 옳은 말이라는 뜻.

夷堅志

> 『이견지』는 宋代 洪邁가 지었다. 원서는 총 420권이었으나 현재는 그 절반 정도만 전하는데, 1927년 上海 尙務印書館에서 발행한 『新校輯補夷堅志』에는 총 206권이 집록되어 있다. 書名은 『列子·湯問』의 "夷堅이 [괴이한 이야기를] 듣고서 기록했다(夷堅聞而志之)"는 구절에서 따온 것이다. 『이견지』는 魏晉南北朝 志怪의 전통과 唐代 傳奇의 영향을 받아 창작된 송대 최대의 필기소설집이다. 그 내용은 상당히 광범위하여 지괴고사 외에 민간전설·藝文·전고·방언·민속·종교·의약 등에 관한 고사가 망라되어 있으며, 현실생활 속의 고사도 일부 들어 있다.
>
> 洪邁(1123~1202)는 字는 景廬, 별호는 野處이며 鄱陽[지금의 江西省 波陽縣] 사람이다. 宋 高宗 때 進士가 되었으며 일찍이 金나라에 사신으로 가서 곤욕을 당했으나 뜻을 굽히지 않았다. 벼슬은 端明殿學士를 지냈다. 저작에는 『이견지』 외에 『史記法語』·『經子法語』·『容齋隨筆』·『萬首唐人絶句』 등이 있다.

俠婦人*

董國慶, 字元卿, 饒州德興人[1]. 宣和六年登進士第[2], 調萊州膠水縣主簿[3]. 會北邊動兵[4], 留家於鄕, 獨處官所. 中原陷, 不得歸,

---

* 明代 宋濂이 이 고사에 근거하여 <義俠行>이란 長詩를 지음.
1) 饒(ǫráo)州德興: 지금의 江西省 德興縣.
2) 宣和六年: 1124년. '宣和'는 宋 徽宗 趙佶의 연호(1119~1125).

棄官走村落, 頗與逆旅主人相往來5). 憐其羈窮6), 爲買一妾, 不知何許人也7), 性慧解8), 有姿色. 見董貧, 則以治生爲己任9). 罄家所有10), 買磨驢七八頭11), 麥數十斛12). 每得麵, 自騎驢入城鬻之13), 至晚, 負錢以歸. 率數日一出14), 如是三年. 獲利愈益多15), 有田宅矣.

董與母妻隔闊滋久16), 消息杳不通, 居閑戚戚17), 意緒終不聊賴18). 妾數問故, 董嬖愛已甚19), 不復隱, 爲言: "我故南官也20),

3) 調: 임명하다. / 萊州膠水縣: 지금의 山東省 平度縣. / 主簿: 官名. 縣丞·縣尉와 함께 郡縣의 보좌관으로서 문서와 장부를 관리함.
4) 會: 마침. / 北邊動兵: 金나라 군대의 침입을 말함.
5) 逆旅: 여관. 客舍.
6) 羈(기jī)窮: 객지 생활의 곤궁함.
7) 何許: 어디. 어떤.
8) 慧解: 총명하고 이해심이 깊다.
9) 治生: 생계를 꾸려 가다.
10) 罄(경qìng): 원래는 '다하다''없어지다'의 뜻인데, 여기서는 '다 팔다'의 뜻으로 쓰임.
11) 磨驢: 맷돌이나 연자방아를 돌릴 때 쓰는 나귀.
12) 斛(곡hú): 곡물 따위의 분량을 되는 단위. 옛날에는 10斗였으나 宋代 賈似道가 5斗로 정함.
13) 鬻(육yù): 팔다.
14) 率: 대개. 일반적으로.
15) 獲利: 이익을 얻다. 즉 돈을 벌다는 뜻.
16) 隔闊(활kuò): 멀리 떨어져[헤어져] 있음을 뜻함. / 滋久: 시간이 상당히 오래되었다는 뜻.
17) 戚戚: 근심하고 걱정하는 모양.
18) 不聊(료liáo)賴: 안심하고 의지하지 못하다. '聊'와 '賴'는 모두 '의지[의탁]하다'의 뜻.
19) 嬖(폐bì)愛: 사랑하다. 총애하다.

一家皆處鄕里, 身獨漂泊, 茫無還期21). 每一深念, 幾心折欲死22)." 妾曰: "如是, 何不早告我? 我有兄, 喜爲人謀事, 旦夕且至, 請爲君籌之23)."

旬日, 果有估客24), 長身而虯髯25), 騎大馬, 驅車十餘乘過門. 妾曰: "吾兄也." 出迎拜, 使董相見, 敍姻連26). 留飮至夜, 妾始言前日事, 以屬客27). 是時, 虜下令28): "宋官亡命29), 許自言. 匿不自言30), 而被首者死31)!" 董業已漏泄32), 又疑兩人欲圖己33), 大悔懼, 乃抵曰34): "無之!" 客奮髯怒且笑曰35): "以女弟託質數年36), 相與如骨肉, 故冒禁欲致君南歸37), 而見疑若此38). 脫中道有變39), 且

---

20) 南官: 宋朝의 관리.
21) 茫: 아득하다. 망막하다. 막연하다. / 還期: 돌아갈 기약.
22) 幾: 거의. / 心折: 마음이 아프다. 상심하다.
23) 籌(주chóu): 준비하다. 계획하다.
24) 估(고gū)客: 상인. 장사치.
25) 虯(규qiú)髯(염rán): 꼬불꼬불한 구레나룻.
26) 姻連: 혼인으로 맺어진 인척 관계.
27) 屬(촉zhǔ): '囑'과 같음. 부탁하다.
28) 虜(로lǔ): 金나라 조정을 말함. 북방 契丹族을 낮추어 부르는 말.
29) 亡命: 도망하다.
30) 匿(닉nì): 감추다. 숨기다. / 自言: 자수하다.
31) 被首者: 남에 의해서 고발당한 사람.
32) 業已: 이미. '業도 '이미'의 뜻.
33) 圖己: 자기를 해치려고 도모하다.
34) 抵: 잡아떼다. 부인하다. 발뺌하다.
35) 奮髯: 수염을 세차게 쓸다. 성난 모습을 나타냄.
36) 託質: 몸을 맡기다. 의탁하다.
37) 冒禁: 禁令을 무릅쓰다.
38) 見疑: 의심받다. 의심 당하다. '見'은 피동의 의미.

累我40), 當取君告身與我以爲信41). 不然, 天明縛君告官矣42)!" 董
益懼, 自分必死43), 探囊中文書悉與之. 終夕涕泣, 一聽客44).

客去, 明日控一馬來曰45): "行矣." 董呼妾與俱. 妾曰: "適有故,
須少留, 明年當相尋. 吾手製衲袍以贈君46), 君謹服之, 惟吾兄馬
首所向47). 若反國, 兄或擧數十萬錢爲饋48), 宜勿取. 如不可卻, 則
擧袍示之. 彼嘗受我恩, 今送君歸, 未足以報德, 當復護我去. 萬一
受其獻, 則彼責塞49), 無復顧我矣. 善守此袍, 毋失去也!"

董愕然怪其語不倫50), 且慮鄰里覺, 卽揮涕上馬. 疾馳到海上51),
有大舟臨解維52), 客麾董使登53), 揖而別. 舟去南行, 略無資粮道
路之備54), 茫不知所爲. 而舟中人奉視甚謹, 具食食之55), 特不相

---

39) 脫: 만일. 만약.
40) 累: 연루[연좌]되다.
41) 告身: 관리의 신분을 증명하는 위임장.
42) 天明: 날이 밝다. / 告官: 관가에 고발하다.
43) 分: 헤아리다. 짐작하다.
44) 一聽客: 모든 것을 객의 말에 따르다는 뜻.
45) 控(공kòng): 끌다. 몰다.
46) 衲(납nà)袍: 기워 만든 도포.
47) 惟吾兄馬首所向: 객이 하라는 대로만 따라 하면 된다는 뜻.
48) 饋(궤kuì): 선물하다. 증정하다.
49) 責塞: '塞責'의 도치. 책임을 다하다.
50) 愕(악è)然: 몹시 놀라는 모양. / 不倫: 평범하지 않다.
51) 疾馳(치chí): 질주하다. 빨리 달리다.
52) 臨: 임박하다. / 解維: 배에 묶인 밧줄을 풀다. 즉 출항한다는 뜻.
53) 麾(휘huī): 원래는 대장의 지휘용 깃발을 말하나, 여기서는 '손짓하다'의 뜻으로 쓰임.
54) 資粮道路之備: 旅程에 필요한 路資·식량 따위의 구비품.
55) 具食(식shí)食(사sì)之: 식사를 마련하여 대접하다. '食之'의 '食'는 '먹이다'는

問訊. 才達南岸, 客已先在水濱, 邀詣旂亭上56), 相勞苦, 出黃金二十兩曰: "以是爲太夫人壽57)." 董憶妾別時語, 力拒之. 客曰: "赤手還國58), 欲與妻子死耶?" 强留金而去. 董追及, 示以袍. 客駭笑曰: "吾智果出彼下59)! 吾事殊未了, 明年當挈君麗人來60)!" 徑去, 不反顧.

董至家, 母妻與二子俱無恙. 取袍示家人, 俾縫綻處61), 黃色隱然, 拆視之62), 滿中皆箔金也63). 既詣闕自理64), 得添差宜興尉65). 踰年66), 客果以妾至.

秦丞相與董有同陷虜之舊67), 爲追敍向來歲月68), 改京秩69), 幹辦諸軍審計70). 才數月, 卒. 秦令其母汪氏哀訴於朝, 自宣敎郎特

동사로 쓰임.

56) 旂(기qí)亭: 酒樓. 주막.
57) 太夫人: 董國慶의 모친을 가리킴. / 壽: 금·비단 따위의 예물[을 주다].
58) 赤手: 빈 손. 맨 손.
59) 吾智果出彼下: 나의 지혜가 그녀만 못하다는 뜻. '彼'는 董國慶의 첩, 즉 俠婦人을 가리킴.
60) 挈(설qiè): 데리고 개[오]다. / 麗人: 董國慶의 첩을 가리킴.
61) 俾(비bǐ): '使'와 같음. ~로 하여금. / 縫綻(탄zhàn)處: 터진 곳을 꿰매다.
62) 拆(탁chāi): 뜯다. 떼다.
63) 箔金: 황금을 두드려서 얇게 만든 조각.
64) 詣闕自理: 조정에 나아가 자신의 처지를 호소하다.
65) 添差: 덧붙여 임명하다. / 宜興: 지금의 강소성 상주. / 尉: 縣尉를 말함. 武官으로서 捕盜 등의 일을 맡음.
66) 踰年: '翌年''明年'과 같음. 다음 해.
67) 秦丞相: 秦檜를 말함. 金과의 和議論을 주장하여 岳飛를 비롯한 主戰論者들을 謀殺함. / 同陷虜之舊: 함께 북방에 잡혀 있었던 情誼.
68) 追敍向來歲月: 예부터 지금까지의 기간을 근무연수에 넣어 소급하여 계산하다.
69) 京秩: '京官'과 같음. '外官'과 상대되는 뜻으로 중앙 관청의 관리를 말함.

贈朝奉郎71), 而官其子仲堪者72). 時紹興十年三月云73).　(「乙志」卷一)

---

70) 幹辦: 맡아서 처리하다. / 諸軍審計: 여러 군대의 식량·물품 등의 출납과 회계에 대한 심사. 宋代에는 審記官이 이러한 일을 맡았음.
71) 宣敎郞: 宣德郞을 말하며 正七品. / 朝奉郞: 正六品上으로 '宣敎郞'보다 1品 반이 높음.
72) 仲堪: 人名. 미상.
73) 紹興十年: 1145년. '紹興'은 宋 高宗 趙構의 연호(1131~1162).

齊東野語

『제동야어』는 총 20권이며 宋代 周密이 지었다. 서명은 『孟子·萬章上』의 "이것은 군자의 말이 아니고 제나라 동쪽 촌사람의 말이다(此非君子之言, 齊東野人之語也)"는 구절에서 따왔다. 전체 270여 條가 수록되어 있으며 주로 南宋의 時政을 기록했는데, 正史의 부족한 점을 보충할 수 있는 고사가 많다. 기타 일화·서화·詩詞 등에 관한 고사 역시 문학과 역사의 자료로서 가치가 있다. 주밀의 또 다른 역사필기잡문인 『癸辛雜識』보다 내용이 풍부하며 가치 또한 높다.

周密(1232~1298)은 字는 公謹, 호는 草窗·蘋洲·四水潛夫·蕭齋이다. 祖籍은 濟南이나 나중에 吳興[지금의 浙江省 吳興市]의 弁山에서 살았기 때문에 自號를 弁山老人이라고 했다. 宋末 淳祐年間(1241~1252)에 義烏縣令을 지냈으며 송이 망한 뒤에는 벼슬하지 않고 杭州에서 閑居했다. 남송의 저명한 문학가로서 詩詞와 서화에 뛰어났다. 저작에는 詞集으로 『草窗詞』·『草窗韻語』 등이 있고, 筆記集으로 『齊東野語』·『武林舊事』·『癸辛雜識』 등이 있다.

台妓嚴蕊*

天台營妓嚴蕊1), 字幼芳, 善琴弈·歌舞·絲竹·書畫2), 色藝冠一

---

* 이 고사는 宋代에 널리 유전되어 洪邁의 『夷堅志·支志』의 <吳叔姬嚴蕊>條와, 『宋史』<朱熹傳>·<王淮傳> 등에도 기록되어 있으며, 明代 凌濛初는 이 고사에 근거하여 擬話本 『二刻拍案驚奇』의 <硬勘案大儒爭閑氣, 甘受刑俠女著芳名>을 지었음.

1) 天台: 縣名. 지금의 浙江省 天台縣. / 營妓: 軍營의 官妓. / 嚴蕊(예ruǐ): 人名.

時[3]. 間作詩詞[4], 有新語, 頗通古今, 善逢迎. 四方聞其名, 有不遠千里而登門者.

唐與正守台日[5], 酒邊嘗命賦紅白桃花[6]. 卽成<如夢令>云[7]:

　　道是梨花不是,　　道是杏花不是.
　　白白與紅紅,　　　別是東風情味[8].
　　曾記, 曾記,　　　人在武陵微醉[9].

與正賞之雙縑[10]. 又七夕, 郡齋開宴[11], 座有謝元卿者[12], 豪士也. 夙聞其名[13], 因命之賦詞, 以己之姓爲韻[14]. 酒方行, 而已成<鵲橋仙>云[15]:

---

2) 弈(혁yì): 바둑. / 絲竹: 현악기와 관악기. 여기서는 음악의 代稱으로 쓰임.
3) 色藝: 미모와 재능. / 冠: 으뜸이다. 최고다.
4) 間: 간혹. 때때로.
5) 唐與正: 이름은 仲友, 자는 與正, 金華[지금의 浙江省 金華縣] 사람. 일찍이 建康府 通判을 지냈으며 時政을 논한 상서를 올려 江西提刑에 발탁되었으나 朱熹의 탄핵을 받아 파직됨. / 守台: 台州知州에 임명되다. 台州의 治所는 지금의 浙江省 臨海縣.
6) 酒邊: 술자리에서.
7) <如夢令>: 詞牌名.
8) 東風情味: 春風의 운치.
9) 武陵: 지금의 湖南省 常德縣. 晉代 陶淵明의 <桃花源記>에서 武陵의 한 어부가 桃源을 발견했다고 함. '武陵'은 桃源[이상세계]을 가리킴.
10) 雙縑(겸jiān): 겹실로 짠 가늘고 고운 비단. 주로 書畵用으로 쓰임.
11) 郡齋: 台州府 관청의 서재.
12) 謝元卿: 人名.
13) 夙聞: 일찍부터 소문을 듣다. '夙'은 '早'의 뜻.
14) 以己之姓爲韻: 자기의 姓[謝]으로 詞의 운을 맞추게 했다는 말. '謝'는 '禡部'에 속함.
15) <鵲橋仙>: 詞牌名.

　　　　碧梧初墜,　　　桂香才吐,　　　池上水花微謝[16]).

　　　　穿針人在合歡樓[17]),　　正月露玉盤高瀉[18]).

　　　　蛛忙鵲嬾[19]),　　耕慵織倦[20]),　　空做古今佳話[21]).

　人間剛道隔年期, 在天上方才隔夜[22]).

　元卿爲之心醉, 留其家半載, 盡客囊橐饋贈之而歸[23]).

　其後, 朱晦庵以使節行部至台[24]), 欲摭與正之罪[25]), 遂指其嘗與

---

16) 水花: 연꽃을 말함.
17) 穿針人: 옛날 음력 七月七夕날 밤에 부녀자들이 바느질을 잘 하게 해달하고 織女星에 빌던 민간 풍속이 있었는데, 이것을 '乞巧'라고 함. '七月七夕'을 '乞巧節'이라고도 함. / 合歡樓: '환락을 나누는 누대'라는 뜻으로 옛날에는 '合歡扇''合歡席'처럼 흔히 '合歡'이란 용어를 器物에 붙여 사용했음.
18) 玉盤: 쟁반같이 둥글고 흰 달. / 高瀉: 달빛이 물처럼 높은 하늘에서 내리 비춘다는 뜻.
19) 蛛忙鵲嬾(란ǎn): 거미는 바쁘지만 까치는 게으르다. 칠석날 많은 부녀자들이 거미를 가지고 노는 풍습이 있으며, 또한 매년 칠석날 까치들이 은하수에 다리를 놓아 牽牛와 織女를 만나게 한다고 함.
20) 耕慵(용yōng)織倦: 칠석날 牽牛와 織女가 만나기 때문에 이 날은 서로 밭 갈기와 베 짜기를 멈춘다는 뜻. '慵'과 '倦'은 모두 '게을리 하다''싫증내다'의 뜻.
21) 空: 괜스레. 하20) 耕慵(용yōng)織倦: 칠석날 牽牛와 織女가 만나기 때문에 이 날은 서로 밭 갈기와 베 짜기를 멈춘다는 뜻. '慵'과 '倦'은 모두 '게을리 하다''싫증내다'의 뜻.
22) 人間剛道隔年期, 在天上方才隔夜: 인간세상에서의 1년이 천상에서는 하루에 불과하다는 뜻.
23) 盡客囊橐(탁tuó): 객들의 보따리에 든 재물을 모두 털다. 밑이 없는 주머니를 '낭'이라 하고, 밑이 있는 주머니를 '탁'이라 함. / 饋(궤kuì)贈: 선물을 주다.
24) 朱晦庵: 朱熹(1130~1200)를 말함. 字는 元晦·仲晦, 호는 晦庵, 徽州婺源[지금의 江西省에 속함] 사람. 南宋의 철학가·교육가·문학가로 宋代 理學을 집대성함. 저서에 『四書集注』·『詩集傳』·『楚辭集注』·『周易本義』·『晦庵先生朱文公集』 등이 있음. /使節: 원래는 使者가 지니고 가는 信物 또는 그것을 지닌 使臣을 뜻하나, 여기서는 조정에서 지방에 파견한 관리를 말함. 당시 朱熹는 提擧浙東常平茶鹽公事였음. / 行部: 지방의 관서를 감찰하다.

蕊爲濫26), 繫獄月餘. 蕊雖備受箠楚27), 而一語不及唐, 然猶不免受杖. 移籍紹興28), 且復就越置獄鞫之29), 久不得其情30). 獄吏因好言誘之曰: "汝何不早認, 亦不過杖罪? 況已經斷罪, 不重科31), 何爲受此辛苦也?" 蕊答云: "身雖賤妓, 縱是與太守有濫32), 科亦不至死罪. 然是非眞僞, 豈可妄言以汙士大夫33)? 雖死, 不可誣也!" 其辭旣堅. 於是再痛杖之, 仍繫於獄. 兩月之間, 一再受杖, 委頓幾死34). 然蕊聲價愈騰, 至徹阜陵之聽35).

未幾36), 朱公改除37), 而岳霖商卿爲憲38), 因賀朔之際39), 憐其病瘁40), 命之作詞自陳. 蕊略不搆思41), 卽口占<卜算子>云42):

---

25) 摭(척zhí): 줍다. 거두다. 여기서는 사건 따위를 '들추다' '파헤치다'의 뜻.
26) 濫: 여기서는 唐與正과 嚴蕊 사이의 애정관계를 말함.
27) 箠(추chuí)楚: '箠'는 채찍, '楚'는 가시막대로 모두 곤장을 치는 刑具임.
28) 移籍: 妓籍을 옮긴다는 뜻. / 紹興: 府名. 지금의 浙江省에 속함.
29) 越: 越州. 紹興府의 별칭. / 鞫(국jū): 죄인을 심문하다.
30) 情: 진실. 사실.
31) 重科: 다시 판결하다.
32) 縱: 설령. 설사.
33) 汙(오wū): '汚'와 같음. 더럽히다. 누를 끼치다.
34) 委頓幾死: 몹시 피곤하고 지쳐서 거의 죽을 지경이다.
35) 徹阜陵之聽: 嚴蕊의 이야기가 孝宗의 귀에까지 들어갔다는 말. '徹'은 '이르다' '도달하다'의 뜻. '阜陵'은 孝宗의 陵墓인 永阜陵[지금의 浙江省 紹興縣 寶山에 있음]을 말하는데, 여기서는 孝宗의 代稱으로 쓰임.
36) 未幾: 얼마 되지 않아.
37) 改除: 관직이 바뀌다. 轉任되다. '除'는 '除授하다' '임명하다'의 뜻.
38) 岳霖(림lín): 字는 上卿, 湯陰[지금의 河南省 湯陰縣] 사람으로 宋代의 名將 岳飛의 셋째 아들. 朝散大夫·敷文閣待制를 지냈으며 太中大夫에 추증됨. / 憲: 憲臺, 즉 御史臺의 별칭. 당시 岳霖은 司法과 刑獄을 관장하는 提點刑獄이 되었는데, 職權은 御史와 비슷함.
39) 賀朔: 正朔[정월 초하루]을 축하하다.

不是愛風塵43),　　　似被前緣誤44).

花落花開自有時,　　總賴東君主45).

去也終須去,　　　　住也如何住?

若得山花揷滿頭46),　莫問奴歸處47).

卽日判令從良48). 繼而宗室近屬49), 納爲小婦以終身焉50). 『夷堅志』亦嘗略載其事51), 而不能詳, 余蓋得之天台故家云52). (卷二十)

---

40) 病瘁(췌|cuì): 병이 들어 초췌하다.
41) 搆(구gòu)思: 생각을 정리하다. 구상하다.
42) 口占: 입에서 나오는 대로 부르다./<卜算子>: 詞牌名.
43) 風塵: 기녀 생활을 비유함. 옛날에는 기녀가 되는 것을 '풍진에 빠졌다[떨어졌다]'고 함.
44) 前緣: 前世의 인연. 운명이 이미 정해졌었다는 뜻.
45) 東君: 봄을 다스리는 신. 여기서는 기녀를 관리하는 관리를 비유함./主: '주관하다'는 뜻의 동사로 쓰임.
46) 若得山花揷滿頭: 만약에 농가의 부녀자들처럼 들꽃을 머리에 가득 꽂을 수 있다면. 즉 '從良'되고 싶은 마음을 은유적으로 나타낸 것임.
47) 奴: 부녀자들이 자신을 낮춰 부르는 말. 여기서는 嚴蕊를 가리킴.
48) 從良: 기녀가 妓籍에서 풀려나 良民에게 시집가는 것을 말함.
49) 宗室近屬: 황실의 친족. 황족.
50) 小婦: 첩. 소실.
51) 『夷堅志』亦嘗略載其事: 宋代 洪邁의 『夷堅志·支志』의 <吳叔姬嚴蕊>條에도 이 고사가 실려 있음.
52) 故家: 權門世家.

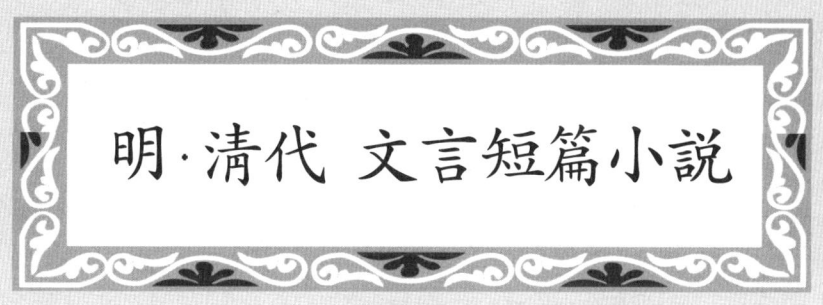

明·清代 文言短篇小説

剪燈新話
剪燈餘話
聊齋志異
閱微草堂筆記
子不語

剪燈新話

　　『전등신화』는 明代 瞿佑가 지었다. 洪武 11년(1378) 경에 완성되었으며 처음에는 『剪燈錄』이라는 이름으로 40권이었으나 대부분 망실되었다. 現存本은 永樂 19년(1421)에 胡子昻이 총 4권 20편에 부록 1편으로 정리한 것이다. 그 후 1950년대에 <寄妃記> 1편이 증보되어 총 22편이 되었다. 이 책은 志怪體와 傳奇體의 특징을 겸비한 단편소설집인데, 唐代 傳奇의 형식을 모방하여 문체가 화려하고 이별의 정회를 읊은 시사가 많이 들어 있으며, 志怪的인 내용은 대부분 전대 작품을 제재로 삼고 있다. 그러나 宋代 이래 문언소설의 질박한 文風과는 달리 작품의 줄거리가 참신하고 문사가 화려하여 당시 많은 독자들의 관심을 끌었다. 『전등신화』는 후대에 많은 영향을 미쳐 明代 李禎의 『剪燈餘話』와 邵景瞻의 『覓燈因話』 같은 續書가 창작되었으며, 明·淸代의 擬話本과 戱曲의 제재로도 널리 쓰였다. 또한 우리나라 朝鮮時代 金時習의 『金鰲新話』도 이 책의 영향을 받은 것으로 알려져 있다.

　　瞿佑(1341~1427)는 字는 宗吉, 別號는 存齋이며 錢塘[지금의 浙江省 杭州市] 사람이다. 明代의 문학가로 洪武年間 初(약 1368)에 仁和·臨安·宜陽의 訓導를 지냈으며 永樂年間(1403~1424)에 周王府 右長史로 있을 때 詩禍에 연루되어 保安[지금의 甘肅省에 속함]에서 10년 간 수자리를 살다가 洪熙年間 初(약 1425)에 사면되어 복직했다. 저작에는 『剪燈新話』 외에 『樂府遺音』·『存齋遺稿』·『歸田詩話』·『香臺集』·『詠物詩』 등이 있다.

金鳳釵記*

　　大德中1), 揚州富人吳防禦居春風樓側2), 與宦族崔君爲鄰, 交契甚厚3). 崔有子曰興哥, 防禦有女曰興娘, 俱在襁褓4). 崔君因求女爲興哥婦, 防禦許之, 以金鳳釵一隻爲約5). 旣而崔君遊宦遠方6), 凡一十五載, 並無一字相聞. 女處閨闈7), 年十九矣. 其母謂防禦曰: "崔家郞君一去十五載, 不通音耗8), 興娘長成矣, 不可執守前言, 令其挫失時節也." 防禦曰: "吾已許吾故人矣9), 況成約已定, 吾豈食言者也?" 女亦望生不至, 因而感疾, 沈綿枕席10), 半歲而終. 父母哭之慟. 臨斂11), 母持金鳳釵撫尸而泣曰: "此汝夫家物也, 今汝

---

* 이 작품은 唐代 傳奇『離魂記』의 영향을 받아 창작되었으며, 또한 明代 凌濛初의 擬話本『初刻拍案驚奇』권23 <大姊魂遊完宿願, 小妹病起續前緣>, 沈璟의 傳奇『墜釵記』, 傳靑眉의 傳奇『人鬼夫妻』등의 제재가 되었고, 馮夢龍의『情史類略』에도 수록되어 있음.

1) 大德: 元 成宗 鐵穆耳의 연호(1297~1307).
2) 揚州: 元代의 路名. 治所는 지금의 江蘇省 江都縣./防禦: 즉 防禦使. 武官名으로 직급이 團練使보다는 높으나 觀察使보다는 낮음.
3) 交契: 交分. 友誼.
4) 襁(강qiǎng)褓(보bǎo): 아이를 업을 때 두르는 포대기. 여기서는 강보에 싸여 있는 갓난아이를 말함.
5) 金鳳釵(차chāi): 봉황 무늬를 새겨 넣은 황금 비녀.
6) 遊宦: 벼슬살이를 하다.
7) 閨闈(위wéi): 부녀자들이 거처하는 내실. 閨房.
8) 音耗(모hào): 소식. 기별.
9) 故人: 친구. 벗.
10) 沈綿枕席: 병이 깊어져서 자리에 드러눕다.
11) 斂: 시신에 수의를 입히는 것을 '小斂'이라 하고, 시신을 관에 넣는 것을 '大斂'이라 함.

已矣12), 吾留此安用13)!" 遂簪於其髻而殯焉14).

殯之兩月, 而崔生至. 防禦延接之, 訪問其故, 則曰: "父爲宣德府理官而卒15), 母亦先逝數年矣. 今已服除16), 故不遠千里而至此." 防禦下淚曰: "興娘薄命, 爲念君故, 得疾, 於兩月前飮恨而終, 今已殯之矣." 因引生入室, 至其靈几前, 焚楮錢以告之17), 擧家號慟18). 防禦謂生曰: "郞君父母旣歿, 道途又遠, 今旣來此, 可便於吾家宿食. 故人之子, 卽吾子也, 勿以興娘歿故, 自同外人." 卽令搬挈行李19), 於門側小齋安泊20).

將及半月, 時値淸明21), 防禦以女新歿之故, 擧家上冢. 興娘有妹曰慶娘, 年十七矣, 是日亦同往. 惟留生在家看守. 至暮而歸, 天已曛黑22), 生於門左迎接. 有轎二乘, 前轎已入, 後轎至生前, 似有物墮地, 鏗然作聲23). 生俟其過, 急往拾之, 乃金鳳釵一隻也. 欲納還於內, 則中門已闔24), 不可得而入矣. 遂還小齋, 明燭獨坐. 自念

---

12) 已: 여기서는 '죽었다'는 뜻.
13) 安用: 어디에 쓰겠는가? '安'은 '何'의 뜻.
14) 簪(잠zān): 비녀를 꽂다. 동사로 쓰임. / 髻(계jì): 쪽진 머리. / 殯(빈bìn): 여기서는 정식으로 安葬한 것을 말함.
15) 宣德府: 元代의 府名. 治所는 지금의 河北省 宣化縣. / 理官: 理刑官 또는 推官이라고도 함. 刑事와 獄事를 주관함.
16) 服除: 服喪 기간이 끝나서 상복을 벗다.
17) 楮(저chǔ)錢: 죽은 사람을 위해서 태우는 종이 돈. 紙錢
18) 擧家: 온 집안 사람. '擧'는 '모두'의 뜻.
19) 搬挈(설qiè): 옮겨가다. / 行李: 짐.
20) 安泊: 안주하다. 머무르다. 거처하다.
21) 値: ~때가 되다. / 淸明: 24절기 가운데 하나. 春分에서 15일째 되는 날.
22) 曛(훈xūn)黑: 황혼녘. 해질 녘.
23) 鏗(갱kēng)然: 의성어. 쨍그랑. 금속이 부딪히는 소리.

婚事不成, 隻身孤苦25), 寄迹人門26), 亦非久計. 長歎數聲, 方欲就枕, 忽聞剝啄扣門聲27), 問之不答, 斯須復扣28), 如是者三度29). 起視之, 一美姝立於門外30), 見戶開, 遽搴裙而入31). 生大驚. 女低容斂氣32), 向生細語曰: "郎不識妾耶? 妾卽興娘之妹慶娘也. 向者投釵轎下, 郎拾得否?" 卽挽生就寢. 生以其父待之厚, 辭曰: "不敢." 拒之甚厲33), 至於再三. 女忽赬爾怒曰34): "吾父以子侄之禮待汝, 置汝門下, 汝乃於深夜誘我至此, 將欲何爲? 我將訴之於父, 訟汝於官, 必不舍汝矣35)." 生懼, 不得已而從焉. 至曉, 乃去. 自是暮隱而入, 朝隱而出, 往來於門側小齋, 凡及一月有半.

　一夕, 謂生曰: "妾處深閨, 君居外館, 今日之事, 幸而無人知覺. 誠恐好事多魔, 佳期易阻, 一旦聲迹彰露36), 親庭罪責37), 閉籠而鎖鸚鵡38), 打鴨而驚鴛鴦39), 在妾固所甘心40), 於君誠恐累德41).

---

24) 中門: 안채와 사랑채 사이에 있는 문. / 闔(합hé): 닫히다.
25) 隻身孤苦: 홀로 외롭고 고달프다.
26) 寄迹人門: 남의 집에 빌붙어 살다. 寄宿하다.
27) 剝(박bō)啄(탁zhuó): 의성어. 똑똑. 문을 두드리는 소리. / 扣(구kòu): 두드리다. 치다.
28) 斯須: 잠시 후.
29) 三度: 세 번. 세 차례. '度'는 횟수를 나타내는 양사.
30) 姝(주shū): 아리따운 아가씨. 미녀.
31) 遽: 황급히. / 搴(건qiān)裙(군qún): 치마를 걷어올리다.
32) 低容斂氣: 얼굴을 수그리고 숨을 죽이다.
33) 厲(려lì): 뜻이 강하다. 세다. 단호하다.
34) 赬(정chēn)爾: 화가 나서 얼굴이 붉어지는 모양. '赬'은 '붉다'는 뜻.
35) 不舍: 가만 두지 않다. '舍'는 '捨'와 같음.
36) 聲迹彰露: 행적이 드러나다. 탄로 나다.
37) 親庭: 여기서는 부모를 가리킴.

莫若先事而發, 懷璧而逃42), 或晦迹深村43), 或藏踪異郡, 庶得優游偕老44), 不致暌離也45)." 生頗然其計, 曰: "卿言亦自有理, 吾方思之." 因自念: '零丁孤苦46), 素乏親知, 雖欲逃亡, 竟將焉往? 嘗聞父言: "有舊僕金榮者, 信義人也, 居鎭江呂城47), 以耕種爲業." 今往投之, 庶不我拒.'

至明夜五鼓48), 與女輕裝而出49), 買船過瓜州50), 奔丹陽51), 訪於村甿52), 果有金榮者, 家甚殷富53), 見爲本村保正54). 生大喜, 直

---

38) 閉籠而鎖鸚鵡: 새장을 잠가서 앵무새를 가두다. 즉 집 밖으로 못나가게 가둬놓는다는 뜻.
39) 打鴨而驚鴛鴦: 오리를 잡으려다 원앙새를 놀라게 하다. 즉 나쁜 놈을 잡으려다 착한 사람까지 놀라게 한다는 뜻.
40) 甘心: 기꺼이 각오하다.
41) 累德: 덕행에 누를 끼치다. 해를 입히다.
42) 懷璧: 귀중한 보물을 가지고 가다. '璧'은 원래 가운데가 비어 있는 둥근 고리 모양의 瑞玉을 말하나 여기서는 '귀중한 물건'의 뜻으로 쓰임.
43) 晦(회huì)迹: 자취를 감추다. 숨다. 은신하다.
44) 庶: 아마도. / 優游: 마음 편하게 悠悠自適하다.
45) 暌(규kuí)離: 이별하다. 헤어지다.
46) 零丁孤苦: 의지할 곳 없이 외롭고 고달프다. '零丁'은 '伶仃'과 같음.
47) 鎭江呂城: 鎭名. 지금의 江蘇省 丹陽縣 동쪽. 삼국시대 吳의 대장 呂蒙이 이곳에 성을 쌓았기 때문에 '呂城'이라고 함.
48) 明夜: 다음 날 밤. / 五鼓: 五更. 새벽 3시~5시 사이.
49) 輕裝: 行裝을 간단하게 꾸리다.
50) 瓜州: 鎭名. 瓜洲라고도 함. 지금의 江蘇省 江都縣 남쪽의 瓜州鎭.
51) 丹陽: 지금의 江蘇省 丹陽縣.
52) 村甿(맹méng): 부락민. '甿'은 '民'과 같음.
53) 殷富: 부유하다.
54) 保正: 宋代 王安石이 만든 保甲法을 후대에 계속 유지했는데, 10甲[家]을 1保로 하고 그 우두머리인 '保正' 1인을 두었음.

造其門, 至則初不相識也. 生言其父姓名爵里及己乳名55), 方始記認, 則設位而哭其主56), 捧生而拜於座, 曰: "此吾家郎君也." 生具告以故. 乃虛正堂而處之, 事之如事舊主, 衣食之需, 供給甚至.

生處榮家, 將及一年. 女告生曰: "始也懼父母之責, 故與君爲卓氏之逃57), 蓋出於不獲已也58). 今則'舊穀旣沒, 新穀旣登'59). 歲月如流, 已及期矣60). 且愛子之心, 人皆有之, 今而自歸, 喜於再見, 必不我罪. 況父母生之, 恩莫大焉, 豈有終絶之理? 盍往見之乎61)?" 生從其言, 與之渡江入城. 將及其家, 謂生曰: "妾逃竄一年62), 今遽與君同往, 或恐逢彼之怒63), 君宜先往覘之64), 妾艤舟於此以俟65)." 臨行, 復呼生回, 以金鳳釵授之, 曰: "如或疑拒, 當出此以示之, 可也."

生至門, 防禦聞之, 欣然出見, 反致謝曰66): "日昨顧待不周, 致

---

55) 爵里: 官職과 貫籍. / 乳名: 아명. 어릴 때 부르던 이름.
56) 設位: 위패를 모시다.
57) 卓氏之逃: 남녀가 눈이 맞아서 도망가는 것을 말함. 前漢 때 臨邛의 卓王孫의 딸 卓文君이 젊어서 과부가 되었는데, 당시의 유명한 문인 司馬相如가 그녀의 집에 왔다가 琴으로 그녀를 유혹하자, 함께 成都로 도망가서 부부가 되었다고 함.
58) 不獲已: '不得已'와 같음. 부득이한 상황.
59) 舊穀旣沒, 新穀旣登: 묵은 곡식이 이미 떨어지고 햇곡식이 벌써 나왔다. 즉 해가 바뀌었다는 뜻. 『論語·陽貨』에 나오는 말.
60) 期: 일주년.
61) 盍(합hé): '何不'과 같음. 어찌 ~하지 않으리요.
62) 逃竄(찬cuàn): 도망가서 숨다.
63) 逢彼之怒: 그의 노여움을 받다. 『詩經·邶風·柏舟』에 나오는 말.
64) 覘(첨chān): 살펴보다. 관찰하다.
65) 艤(의yǐ)舟: 배를 대다. 정박하다. / 俟(사sì): 기다리다.

君不安其所, 而有他適, 老夫之罪也. 幸勿見怪!" 生拜伏在地, 不敢仰視, 但稱'謝罪', 口不絶聲67). 防禦曰: "有何罪過, 遽出此言? 願賜開陳, 釋我疑慮." 生乃作而言曰: "曩者房帷事密68), 兒女情多, 負不義之名, 犯私通之律, 不告而娶, 竊負而逃, 竄伏村墟69), 遷延歲月70), 音容久阻71), 書問莫傳. 情雖篤於夫妻, 恩敢忘乎父母! 今則謹携令愛72), 同此歸寧73), 伏望察其深情74), 恕其重罪, 始得終能偕老, 永遂于飛75). 大人有溺愛之恩76), 小子有宜家之樂77). 是所望也, 惟冀憫焉." 防禦聞之, 驚曰: "吾女臥病在牀, 今及一歲. 饘粥不進78), 轉側需人79), 豈有是事耶?" 生謂其恐爲門戶之辱, 故飾詞以拒之80), 乃曰: "目今慶娘在於舟中81), 可令人舁取之來82)."

---

66) 致謝: 사죄의 말을 하다.
67) 口不絶聲: 말이 입에서 끊이지 않다. 계속 말하다.
68) 曩(nǎng)者: 옛날. 지난 날.
69) 村墟: 촌락. 마을. '墟'는 '언덕'의 뜻.
70) 遷延: 시간 따위를 끌다. 지연하다.
71) 音容久阻: 목소리와 얼굴이 오래 동안 막혀 있다. 즉 오래 동안 만나보지 못했다는 뜻.
72) 令愛: 남의 딸에 대한 존칭.
73) 歸寧: 시집간 딸이 친정 부모를 찾아뵙는 것을 말함.
74) 伏望: 엎드려 바라옵건대. '伏'은 상대방에 대한 공경의 뜻을 나타냄.
75) 于飛: 봉황이 날개를 나란히 하고 날아간다는 뜻으로 금실 좋은 부부관계를 비유함. 『詩經·大雅·卷阿』에 "鳳凰于飛, 翽翽其羽."라고 함.
76) 大人: 어르신. 여기서는 興娘의 부친 吳防禦를 가리킴.
77) 宜家之樂: 가정생활이 화목한 즐거움. 『詩經·周南·桃夭』에 "之子于歸, 宜其室家."라고 함.
78) 饘(zhān)粥(죽zhōu): 죽. 미음. 된 것을 '饘'이라 하고 묽은 것을 '粥'이라 함.
79) 轉側需人: 몸을 돌리거나 기댈 때 남의 손을 필요로 하다. 병이 깊어 자기 몸조차 가눌 수 없는 상태를 말함.

防禦雖不信, 然且令家僮馳往視之, 至則無所見. 方詰怒崔生83), 責其妖妄, 生於袖中, 出金鳳釵以進. 防禦見, 始大驚曰: "此吾亡女興娘殉葬之物也, 胡爲而至此哉84)?" 疑惑之際, 慶娘忽於牀上欻然而起85), 直至堂前, 拜其父曰: "興娘不幸, 早辭嚴侍86), 遠棄荒郊. 然與崔家郞君緣分未斷. 今之來此, 意亦無他87), 特欲以愛妹慶娘, 續其婚耳. 如所請肯從, 則病患當卽痊除88), 不用妾言, 命盡此矣." 擧家驚駭, 視其身則慶娘, 而言詞擧止則興娘也89). 父詰之曰: "汝旣死矣, 安得復於人世爲此亂惑也?" 對曰: "妾之死也, 冥司以妾無罪90), 不復拘禁, 得隷后土夫人帳下91), 掌傳箋奏92). 妾以世緣未盡, 故特給假一年, 來與崔郞了此一段因緣爾." 父聞其語切, 乃許之. 卽斂容拜謝, 又與崔生執手獻欷爲別93). 且曰: "父母許我矣! 汝好作嬌客94), 愼毋以新人而忘故人也." 言訖95), 慟哭而

---

80) 飾詞: 말을 꾸며대다. 둘러대다.
81) 目今: 目前. 지금. 현재.
82) 舁(여yú)取: 데려 가다.
83) 詰(힐jié): 힐문하다. 문책하다.
84) 胡: 어떻게. 어찌. '何'와 같음.
85) 欻(훌xū)然: 홀연. 돌연. 갑자기.
86) 嚴侍: 嚴親. 아버지.
87) 無他: 다른 뜻[이유]은 없다.
88) 痊(전quán)除: 병이 낫다. 치유되다.
89) 言詞擧止: 말투와 행동거지.
90) 冥司: 저승.
91) 隷(례lì): 속하다. 예속되다./后土夫人: 후토신의 부인. 신화전설 속의 女神名. 唐 傳奇에『后土夫人傳』이 있음.
92) 掌傳箋奏: 후토부인에게 올리는 上奏文의 전달 책임을 맡다.
93) 獻(허xū)欷(희xī): 흐느끼며 우는 모양.

仆於地94). 視之, 死矣. 急以湯藥灌之, 移時乃甦97). 疾病已去, 行動如常. 問其前事, 並不知之, 殆如夢覺. 遂涓吉續崔生之婚98).

生感興娘之情, 以釵貨於市99), 得鈔二十錠100), 盡買香燭楮幣, 齎詣瓊花觀101), 命道士建醮三晝夜以報之102). 復見夢於生曰: "蒙君薦拔103), 尙有餘情, 雖隔幽明104), 實深感佩. 小妹柔和, 宜善視之." 生驚悼而覺105). 從此遂絶. 嗚呼異哉! (卷一)

---

94) 嬌客: 사위의 애칭.

95) 訖(흘qì): 말을 마치다.

96) 仆(부pū): 쓰러지다. 넘어지다.

97) 移時: 한참 뒤에. 잠시 시간이 흐른 뒤에. / 甦(소sū): '蘇'와 통함. 蘇生하다. 다시 살아나다.

98) 涓(연juān)吉: 길일을 택하다. '涓'은 '선택하다'의 뜻.

99) 貨: 팔다. 동사로 쓰임.

100) 鈔: 지폐. 돈. / 錠: 원래는 금·은 따위를 계량하는 단위이나 여기서는 그냥 '錢'의 뜻으로 쓰임.

101) 齎(재jī)詣: 싸 가지고 가다. / 瓊花觀: 道觀名.

102) 建醮(초jiào): 승려나 도사가 제단을 설치하고 기도하는 것을 말함.

103) 薦拔: 亡者의 혼백을 극락세계로 천도하다.

104) 幽明: 저승과 이승.

105) 驚悼而覺: 놀라움과 슬픔 속에서 잠이 깨다.

剪燈餘話

『전등여화』는 明代 李禎이 지었다. 총 5권 22편으로 되어 있으며 『剪燈新話』보다 약 40여 년 뒤에 창작되었다. 작자는 의식적으로 『전등신화』를 모방하여 그 書名 뿐만 아니라 卷次·篇數와 詩詞의 삽입 수법 등이 모두 서로 비슷하다. 특히 詩詞의 나열은 『전등신화』보다 훨씬 많다. 전체적으로 보아 그 예술성이 『전등신화』에 미치지는 못하지만, 일부 작품은 구성과 묘사가 자못 볼 만하여 후대 話本小說과 戲曲에 영향을 미쳤으며 일본에까지 전파되었다.

李禎(1376~1452)은 자는 昌祺이며 廬陵[지금의 江西省 吉安縣] 사람이다. 永樂年間에 進士가 되어 翰林院庶吉士를 지냈으며, 詩文에 능하고 학문이 넓어 일찍이 『永樂大典』의 편찬에도 참여했다. 그 후 禮部郞中權知政部事와 廣西·河南左布政使 등을 역임했다. 저작에는 『전등여화』 외에 『運甓漫稿』·『容膝軒草』·『僑庵詩餘』 등이 있다.

芙蓉屛記*

至正辛卯1), 眞州有崔生名英者2), 家極富. 以父蔭補浙江溫州永嘉尉3), 携妻王氏赴任. 道經蘇州之圖山4), 泊舟少憩5), 買紙錢牲

---

* 明代 凌濛初의 擬話本『初刻拍案驚奇』 권27 <顧阿秀喜舍檀郞物, 崔俊臣巧會芙蓉屛>, 張其禮의 傳奇『合屛記』, 葉憲祖의 雜劇『芙蓉屛』 등은 모두 이 작품을 근거로 개작한 것임.
1) 至正辛卯: 1351년. '至正'은 元 順帝 妥懽貼睦爾의 연호(1341~1367).
2) 眞州: 元代에는 眞州路였으나 나중에 다시 州가 됨. 지금의 江蘇省 儀征縣.

酒, 賽於神廟6). 旣畢, 與妻小飲舟中. 舟人見其飲器皆金銀, 遽起惡念. 是夜, 沈英水中, 並婢僕殺之. 謂王氏曰: "爾知所以不死者乎? 我次子尙未有室7), 今與人撑船往杭州8), 一兩月歸來, 與汝成親9), 汝卽吾家人, 第安心無恐10)." 言訖11), 席卷其所有12), 而以新婦呼王氏13). 王氏佯應之14), 勉爲經理, 曲盡殷勤. 舟人私喜得婦, 漸稔熟15), 不復防閑16).

將月餘, 値中秋節, 舟人盛設酒肴, 雄飮痛醉17). 王氏伺其睡熟, 輕身上岸. 行二三里, 忽迷路, 四面皆水鄕, 惟蘆葦菰蒲18), 一望無

---

3) 蔭: 先代의 공훈 덕으로 관리가 되는 것을 '蔭'이라 하고 그 관직을 '蔭官'이라 함./ 浙江溫州永嘉: 지금의 浙江省 永嘉縣./ 尉: 縣尉. 武官으로 縣의 치안을 담당함.
4) 圌(수chuí)山: 지금의 江蘇省 丹徒縣 동북 長江 가에 우뚝 솟아 있는 험준한 산.
5) 憩(게qì): 쉬다. 휴식하다.
6) 賽(새sài): 신령의 가호에 감사하여 제사드리는 것을 말함.
7) 有室: 가정을 이루다. 결혼하다.
8) 撑(탱chēng)船: 상앗대 질을 하여 배를 움직이다.
9) 成親: 부부가 되다.
10) 第: 다만.
11) 訖(흘qì): 말을 마치다. 끝내다.
12) 席卷: 모두 쓸어 가다.
13) 新婦: 여기서는 '며느리'의 뜻으로 쓰임.
14) 佯: 거짓으로 꾸미다. 거짓으로 ~인 체하다.
15) 稔(임rěn)熟: 농작물 따위가 충분히 익다[여물다]. 여기서는 '익숙해지다'잘 알게 되다'의 뜻.
16) 防閑: 방비하다. '閑'도 '막다'의 뜻.
17) 雄飮痛醉: 술을 실컷 마시고 곤드레가 되다.
18) 蘆葦: 갈대./ 菰(고gū)蒲: 줄풀과 부들. '菰'는 다년생 식물로 얕은 물 속에서 자라며 여름에 꽃이 피고 겨울에 열매가 맺는데 그 열매를 菰米라고 함.

際. 且生自良家, 雙彎纖細19), 不任跋涉之苦, 又恐追尋至, 於是盡力狂奔. 久之, 東方漸白, 遙望林中有屋宇, 急往投之. 至則門猶未啓, 鐘梵之聲隱然20), 少頃開關, 乃一尼院21). 王氏徑入, 院主問所以來故, 王氏未敢以實對, 紿之曰22): "妾眞州人, 阿舅宦遊江浙23), 挈家偕行24), 抵任而良人歿矣25). 孀居數年26), 舅以嫁永嘉崔尉爲次妻27), 正室悍戾難事28), 箠辱萬端29). 近者解官, 舟次於此30), 因中秋賞月, 命妾取金杯酌酒, 不料失手墜於江31), 必欲置之死地, 遂逃生至此." 尼曰: "娘子旣不敢歸舟, 家鄕又遠, 欲別求匹配, 卒乏良媒32), 孤苦一身, 將何所托?" 王惟涕泣而已. 尼又曰: "老身有一言相勸, 未審尊意如何33)?" 王曰: "若吾師有以見處34), 卽死無

---

19) 雙彎(만wān): 두 발. 옛날 부녀자의 발은 纏足을 하여 활처럼 굽어 있었기 때문에 '雙彎'이라 함.
20) 鐘梵之聲: 종치는 소리와 승려가 讀經하는 소리.
21) 尼院: 사원. 사찰. 절.
22) 紿(태dài): 속이다. 거짓말하다.
23) 阿舅: 여기서는 '시아버지'의 뜻. / 宦遊: 객지에서 벼슬살이하다.
24) 挈(설qiè)家偕行: 家率을 이끌고 함께 가다.
25) 抵任: 부임하다. 취임하다. / 良人: 남편.
26) 孀(상shuāng)居: 과부로 지내다.
27) 次妻: 正妻의 상대말로 '小室' 妾을 말함.
28) 悍戾: 성깔이 사납고 거칠다.
29) 箠(추chuí)辱萬端: 온갖 苦楚를 당하다. '箠'는 '채찍질하다'의 뜻.
30) 次: 머물다.
31) 不料: 예상치 못하다. 뜻밖에.
32) 卒: 당장에. 갑자기.
33) 未審: 상대방의 의향이 어떠한지 '잘 모르겠다'는 뜻.
34) 吾師: '老尼'를 가리킴. / 見處: 일 따위를 해결할 수 있는 좋은 방법.

憾!" 尼曰: "此間僻在荒濱, 人迹不到, 茭葑之與鄰, 鷗鷺之與友35), 幸得一二同袍36), 皆五十以上, 侍者數人, 又皆淳謹. 娘子雖年芳貌美, 奈命蹇時乖37)? 盍若舍愛離痴38), 悟身爲幻, 被緇削髮39), 就此出家, 禪榻佛燈40), 晨餐暮粥, 聊隨緣以度歲月? 豈不勝於爲人寵妾, 受今世之苦惱, 而結來世之仇讎乎?" 王拜謝曰: "是所志也." 遂落髮於佛前41), 立法名慧圓42). 王讀書識字, 寫染俱通43), 不期月間44), 悉究內典45), 大爲院主所禮待, 凡事之巨細, 非王主張, 莫敢輒自行者. 而復寬和柔善, 人皆愛之. 每月於白衣大士前禮百餘拜46), 密訴心曲, 雖隆寒盛暑弗替47). 旣罷, 卽身居奧室, 人

---

35) 茭葑之與鄰, 鷗(구ōu)鷺之與友: 수초와 이웃을 삼고 물새와 친구를 삼다. 즉 인적이 없는 궁벽진 곳이라는 뜻. '茭'는 줄풀, '葑'은 줄뿌리[菰根], '鷗'는 갈매기, '鷺'는 해오라기.
36) 同袍: 동료. 같이 수도하는 승려.
37) 奈: 어찌 하리요? / 命蹇(건jiǎn)時乖: 운명이 사납고 時運이 어긋나다. '蹇'은 '험난하다'의 뜻.
38) 盍若: '何不如'와 같음. / 舍愛離痴: 애정과 치정을 버리다. '舍'는 '捨'와 통함.
39) 被緇(치zī)削髮: 치의를 입고 머리를 깎다. 즉 승려가 된다는 뜻. '緇衣'는 승려가 입는 검은 옷.
40) 禪榻佛燈: 禪臺에 앉고 佛燈을 켜다. 즉 승려 생활을 한다는 뜻.
41) 落髮: '削髮'과 같음.
42) 法名: 출가하여 승려가 되거나 속세에서 三寶에 귀의한 사람이 禪師로부터 받는 佛家 이름.
43) 寫染: 글씨 쓰는 일과 그림 그리는 일. 書畵.
44) 期月: 1년.
45) 內典: 불경. 불교도들은 불교의 전적을 '內典'이라 하고 불교 이외의 전적을 '外典'이라고 함.
46) 白衣大士: 觀世音菩薩. '白衣觀音'·'觀世音'이라고도 함. 중생을 구제하는 신으로 항상 흰옷을 입고 있기 때문에 그렇게 부름.
47) 隆寒盛暑: 혹독한 추위와 더위. / 弗替: 거르지 않다. 그만 두지 않다. '弗'은 '不'

罕見其面.

　歲餘, 忽有人至院隨喜[48], 留齋而去. 明日, 持畵芙蓉一軸來施, 老尼張於素屛[49]. 王過見之, 識爲英筆, 因詢所自[50]. 院主曰: "近日檀越布施[51]." 王曰: "檀越何姓名? 今住甚處[52]? 以何爲生?" 曰: "同縣顧阿秀, 兄弟以操舟爲業, 年來如意, 人頗道其劫掠江湖間, 未知誠然否?" 王又曰: "亦嘗往來此中乎?" 曰: "少到耳." 卽默默識之. 乃援筆題於屛上:

　少日風流張敞筆[53], 寫生不數黃筌[54], 芙蓉畵出最鮮姸, 豈知嬌艶色, 翻抱死生寃!

　粉繪凄凉疑幻質, 只今流落誰憐! 素屛寂寞伴枯禪. 今生緣已斷, 願結再生緣.

　其詞蓋＜臨江仙＞也[55]. 尼皆不曉其所謂. 一日, 忽在城有郭慶

　　과 같음.
48) 隨喜: 불교용어. 원래는 다른 사람의 선행을 보고 그에 따라 자신에게도 기쁜 마음이 생긴다는 뜻. 나중에는 사원을 유람하는 것도 '隨喜'라고 함.
49) 張於素屛: 아무 것도 그려 있지 않은 흰 병풍에 '芙蓉畵'를 붙이다.
50) 詢(순xún): 캐묻다. 탐문하다./ 所自: 출처.
51) 檀越: 불교용어. 施主.
52) 甚處: 어느 곳. '甚'은 '何'와 같음.
53) 張敞: 人名. 字는 子高, 前漢 平陽[지금의 山西省 臨汾縣 서남쪽] 사람. 宣帝 때 太中大夫·京兆尹을 지냈으며 直諫으로 이름남. 부인을 남달리 사랑하여 부인의 눈썹을 그려주었다고 함. 후세에 '畵眉'는 부부의 사랑을 가리키는 말이 됨.
54) 黃筌: 人名. 字는 要叔, 四川省 成都 사람. 五代 後蜀의 유명한 화가로 花鳥·人物·山水畵에 뛰어남. 그의 그림은 살아 있는 실물과 흡사하여 '寫生'이라 일컬어 짐. 江南의 徐熙와 함께 五代 花鳥畵의 양대 유파로서 '黃徐'로 병칭됨.
55) ＜臨江仙＞: 詞牌名.

春者56), 以他事至院, 見畫與題, 悅其精致, 買歸爲淸玩57). 適御史大夫高公納麟退居姑蘇58), 多募書畫, 慶春以屛獻之, 公置於內舘, 而未暇問其詳. 偶外間忽有人賣草書四幅, 公取觀之, 字格類懷素59), 而淸勁不俗60). 公問: "誰寫?" 其人對: "是某學書61)." 公視其貌, 非庸碌者62), 卽詢其鄕里姓名, 則蹙頞對曰63): "英姓崔, 字俊臣, 世居眞州, 以父蔭補永嘉尉, 挈累赴官64), 不自愼重, 爲舟人所圖65), 沈英水中, 家財妻妾, 不復顧矣. 幸幼時習水66), 潛泅波間67), 度旣遠, 遂登岸投民家, 而擧體沾濕, 了無一錢在身. 賴主翁善良, 易以裳衣, 待以酒食, 贈以盤纏68), 遣之曰: '旣遭寇劫, 理合聞官69), 不敢奉留, 恐相連累.' 英遂問路出城, 陳告於平江路70),

---

56) 郭慶春: 人名.
57) 淸玩: 고상하게 감상하다. 완상하다. 또는 완상하는 물건.
58) 適: 마침. / 高公納麟: 人名. 高納麟. '公'은 남자에 대한 존칭. / 姑蘇: 지금의 江蘇省 蘇州市.
59) 字格: 글씨의 풍격. / 類: 비슷하다. / 懷素: 人名. 唐代의 승려, 書法家. 字는 藏眞, 속성은 錢氏, 湖南省 長沙 사람. 술을 좋아하고 狂草에 뛰어남. 종이 살 돈이 없어서 집에 芭蕉 만여 그루를 심어 종이를 대신했으며 쓰다 버린 붓이 산을 이루어 '筆冢'이라고 했다 함. 張旭과 이름을 나란히 하여 '顚張醉素'라고 일컬어짐.
60) 淸勁不俗: 시원하면서도 기운차 범속하지 않다.
61) 某: 일인칭 대명사. 崔英을 가리킴. / 學書: 배워서[본떠서] 쓰다.
62) 庸碌: 평범하다. 凡俗하다. 庸俗하다.
63) 蹙(축cù)頞(알è): 코를 찡그리다. '頞'은 콧대.
64) 累: 家率. 집안 식구.
65) 爲舟人所圖: 뱃사공이 의도한 바에 넘어가다. 뱃사공에게 해를 당하다.
66) 習水: 물에 익숙하다. 즉 수영을 잘한다는 뜻.
67) 潛泅(수qiú): 물 속에서 헤엄치다. '泅'는 '헤엄치다'의 뜻.
68) 盤纏(전chán): 여비. 노자.

今聽候一年, 杳無音耗71). 惟賣字以度日72), 非敢謂善書也. 不意惡札73), 上徹鈞覽74)." 公聞其語, 深憫之, 曰: "子旣如斯, 付之無奈75)! 且留我西塾76), 訓諸孫寫字, 不亦可乎?" 英幸甚. 公延入內館, 與飲. 英忽見屛間芙蓉, 泫然垂淚77). 公怪問之, 曰: "此舟中失物之一, 英手筆也. 何得在此?" 又誦其詞, 復曰: "英妻所作." 公曰: "何以辨識?" 曰: "識其字畫78). 且其詞意有在, 眞拙婦所作無疑." 公曰: "若然, 當爲子任捕盜之責. 子姑秘之." 乃舘英於門下.

明日, 密召慶春問之. 慶春云: "買自尼院." 公卽使宛轉詰尼: "得於何人? 誰所題咏?" 數日報云: "同縣顧阿秀舍, 院尼慧圓題." 公遣人說院主曰: "夫人喜誦佛經, 無人作伴, 聞慧圓了悟79), 今禮爲師, 願勿却也." 院主不許. 而慧圓聞之, 深願一出, 或者可以借此復仇, 尼不能拒. 公命舁至80), 使夫人與之同寢處, 暇日, 問其家

---

69) 理合聞官: 관가에 고발하는 것이 이치에 합당하다.
70) 平江路: 元代의 행정구역. 治所는 지금의 江蘇省 蘇州市.
71) 音耗(모hào): 소식. 기별.
72) 度日: 날을 보내다. 생활하다. 살아가다.
73) 惡札(찰zhá): 졸열한 글씨. '札'은 옛날 글씨를 쓸 때 사용한 木簡.
74) 上徹鈞覽: 삼가 살펴보시기를 아룁니다. '上徹'은 '아뢰다''알리다'의 뜻. '鈞覽'은 '台覽' '台鑑'과 같으며, 글이나 그림 따위를 보낼 때 살펴보시라는 뜻으로 쓰는 말.
75) 付之無奈: 달리 어떻게 할 방도가 없다. 어찌 할 수 없다.
76) 西塾: 塾師. 가정교사.
77) 泫(현xuàn)然: 눈물을 주르륵 흘리는 모양.
78) 字畫(획): 자획. 필획.
79) 了悟: 도를 깨닫다. 마음을 맑고 깨끗하게 하여 佛性을 깨닫다.
80) 舁(예yú)至: 모셔 가다.

世之詳. 王飮泣, 以實告, 且白題芙蓉事, 曰: "盜不遠矣, 惟夫人轉以告公, 脫得罪人81), 洗刷前恥, 以下報夫君82), 則公之賜大矣83)!" 而未知其夫之故在也. 夫人以語公, 且云其讀書貞淑, 決非小家女. 公知爲英妻無疑, 屬夫人善視之84), 略不與英言.

公廉得顧居址出沒之迹85), 然未敢輕動. 惟使夫人陰勸王蓄髮86), 返初服87). 又半年, 進士薛理溥化爲監察御史88), 按郡89). 溥化, 高公舊日屬吏, 知其敏手也, 具語溥化, 掩捕之, 敕牒及家財尙在90), 惟不見王氏下落91). 窮訊之, 則曰: "誠欲留以配次男, 不復防備, 不期當年八月中秋逃去92), 莫知所往矣." 溥化遂置之於極典93), 而以原贓給英94).

英將辭公赴任, 公曰: "待與足下作媒95), 娶而後去, 非晚也." 英謝曰: "糟糠之妻, 同貧賤久矣, 今不幸流落他方, 存亡未卜, 且單

---

81) 脫: 혹시. 만약.
82) 下: 지하. 남편이 죽었다고 생각해서 한 말.
83) 賜: 내려 주신 은혜.
84) 屬(촉zhǔ): '囑'과 같음. 부탁하다. 당부하다. 이르다.
85) 廉: 살피다. 관찰하다.
86) 陰: 남몰래. 은밀히 / 蓄髮: 머리를 기르다.
87) 返初服: 처음에 입었던 속세의 복장을 다시 입게 하다.
88) 薛理溥化: 人名. '溥化'는 '薛理'의 字.
89) 按: 감찰하다. 순찰하다.
90) 敕牒(첩dié): 관리를 임명할 때 주는 문서.
91) 下落: 행방. 소재.
92) 不期: 생각지도 못하다. 뜻밖에.
93) 極典: 極刑. 死刑.
94) 原贓(장zāng): 훔쳐간 원래의 臟物.
95) 足下: 이인칭 대명사. 그대.

身到彼, 遲以歲月, 萬一天地垂憐, 若其尙在, 或冀伉儷之重偕耳96). 感公恩德, 乃死不忘, 別娶之言, 非所願也." 公悽然曰: "足下高誼如此, 天必有以相佑, 吾安敢苦逼97)? 但容奉餞98), 然後起程99)." 翌日, 開宴, 路官及郡中名士畢集100). 公擧杯告衆曰: "老夫今日爲崔縣尉了今生緣101)." 客莫喩. 公使呼慧圓出, 則英故妻也. 夫婦相持大慟, 不意復得相見於此102). 公備道其始末, 且出芙蓉屛示客, 方知公所云'了今生緣', 乃英妻詞中句, 而慧圓則英妻改字也. 滿座爲之掩泣, 歎公之盛德爲不可及. 公贈英奴婢各一, 資遣就道103).

英任滿, 重過吳門, 而公薨矣104). 夫婦號哭, 如喪其親, 就墓下建水陸齋三晝夜以報105), 而後去. 王氏因此長齋念觀音不綴106). 眞之才士陸仲暘107), 作<畫芙蓉屛歌>, 以紀其事, 因錄以驚世云:

畫芙蓉, 妾忍題屛風! 屛間血淚如花紅. 敗葉枯梢雨蕭索108), 斷

---

96) 冀: 바라다. 기대하다. / 伉(항kàng)儷: 짝. 부부. / 重(chóng)偕: 다시 만나다.
97) 安: '何'와 같음. 어찌. / 苦逼: 한사코 강요하다.
98) 容: 허용하다. 용납하다. / 奉餞: 삼가 전별하다.
99) 起程: 길을 떠나다. 여정을 시작하다.
100) 路官: 平江路의 관리.
101) 爲(wèi): 위하여. / 了: 끝맺다. 이루다.
102) 不意: 생각지도 못하다.
103) 資遣: 노자를 주어 보내다.
104) 薨(훙hōng): 돌아가시다.
105) 水陸齋: 불교 法會의 일종으로 '水陸道場'이라고도 함. 수륙 중생의 번뇌를 구제하기 위한 법회로 염불과 음식 보시가 주된 내용임.
106) 長齋: 오래 동안 재를 올리다. / 綴(철zhuì): 그치다. 그만 두다.
107) 眞: 眞州. / 陸仲暘(양yáng): 人名.
108) 敗葉: 낙엽. 마른 잎. / 蕭索: 스산하다. 쓸쓸하다. 적막하다.

縑遺墨俱零落109). 去水奔流隔死生, 孤身隻影成飄泊. 成飄泊, 殘骸向誰托? 泉下遺魂竟不歸, 圖中艷姿渾似昨. 渾似昨, 妾心傷, 那禁秋雨復秋霜110)! 寧肯江湖逐舟子, 甘從寶地禮醫王111). 醫王本慈憫, 慈憫憐群品112). 逝魄願提撕113), 煢嫠賴將引114). 芙蓉顔色嬌, 夫婿手親描. 花萎因折蒂115), 幹死爲傷苗. 蕊乾心尙苦, 根朽恨難消. 但道章臺泣韓翃116), 豈期甲帳遇文簫117). 芙蓉良有意, 芙蓉不可棄. 幸得寶月再團圓118), 相親相愛莫相捐. 誰能聽我芙蓉篇? 人間夫婦休反目119), 看此芙蓉眞可憐. (卷四)

---

109) 斷縑(겸jiān)遺墨: 끊어진 비단에 남은 글씨. '縑'은 가늘고 고운 비단으로 書畫用에 쓰임.
110) 那禁秋雨復秋霜: 가을비와 가을 서리를 어떻게 막으랴?
111) 甘從: 기꺼이 따르다. / 寶地: 불교용어. 절이 있는 곳. / 醫王: 藥師如來佛. 중생의 마음의 병을 고쳐 준다고 함.
112) 群品: 여러 중생.
113) 提撕(시sī): 일깨우다. 깨우치다.
114) 煢(경qióng)嫠(리lí): 외로운 과부.
115) 萎(위wěi): 시들다. /蒂(체dì): 식물의 꼭지.
116) 章臺泣韓翃(굉hóng): '章臺'는 長安의 거리 이름. '韓翃'은 唐代의 시인으로 大曆十才子 가운데 하나. 한굉과 그의 寵姬 柳氏가 安史의 亂중에 헤어졌다가 난이 평정된 뒤에 한굉이 <章臺柳>라는 詞를 柳氏에게 보내 다시 만나기로 했으나 미처 만나기 전에 蕃將 沙吒利가 유씨를 가로챘는데, 나중에 許俊이란 사람의 도움으로 다시 결합함. 唐代 傳奇인 許堯佐의 『柳氏傳』에 나옴.
117) 甲帳遇文簫: '甲帳'은 帳幕. '文簫'는 唐代 裴鉶의 『傳奇』에 나오는 인물. 太和 말년에 문소라는 한 서생이 鍾陵의 西山을 유람하다가 선녀 吳彩鸞을 만나 서로 사랑했는데 우여곡절 끝에 결국 부부가 됨.
118) 團圓: 가족이 흩어졌다가 다시 모이다.
119) 休: 그치다. 멈추다.

聊齋志異

『요재지이』는 淸代 蒲松齡이 지었다. 판본에는 稿本·抄本·刻本 및 각 주석가의 評注本 등 여러 종류가 있는데 통행본은 16권 본으로 총 431편이 실려 있다. 한편 1962년 中華書局에서 출판한 張友鶴의 會校會注會評本은 12권에 총 491편이 실려 있는데 현재 가장 완비된 판본이다. 『요재지이』는 魏晉南北朝 志怪와 唐宋 傳奇의 장점을 겸비하고 史傳文學과 唐宋 散文의 정수를 흡수하여, 花妖·狐魅·鬼神 등을 빌어 당시의 사회현실을 예술적인 수법으로 반영했으며 자신의 "孤憤"을 기탁했다. 또한 구성이 탄탄하고 상상력이 풍부하며 묘사가 치밀하고 창작성이 뛰어나, 중국 문언단편소설의 최고봉에 올라 있다고 평가받는다.

蒲松齡(1640~1715)은 字는 留仙·劍臣, 別號는 柳泉居士이며 山東 淄川[지금의 山東省 淄博市] 사람이다. 71세 때에 비로소 歲貢生이 되었으며 평생 벼슬하지 못했다. 생활은 몹시 빈곤했지만 일찍부터 文名이 있어서 施閏章·王士禎의 중시를 받았다. 저작에는 『詩集』 6권과 『文集』 4권외에 戱曲·俗曲 여러 편이 있는데, 후대에 편찬한 『蒲松齡集』에 모두 수록되어 있다.

偸桃

童時赴郡試[1], 值春節[2]. 舊例, 先一日, 各行商賈[3], 彩樓鼓吹,

---

1) 郡試: '府試'라고도 함. 明·淸代의 과거제도에서는 응시자가 縣試와 府試에 합격한 후 다시 院試에 응시하는데, 이 응시생을 '秀才'라고 부름.
2) 値: ~때가 되다. / 春節: 立春을 말함.

赴藩司4), 名曰'演春'. 余從友人戲矚5). 是日, 遊人如堵6). 堂上四官皆赤衣, 東西相向坐. 時方稚, 亦不解其何官. 但聞人語嘖嘈7), 鼓吹聒耳8). 忽有一人率披髮童, 荷擔而上9), 似有所白10). 萬聲洶動11), 亦不聞爲何語, 但視堂上作笑聲. 卽有靑衣人大聲命作劇12). 其人應命方輿13), 問作何劇. 堂上相顧數語, 吏下宣問所長14). 答言: "能顚倒生物15)." 吏以白官. 少頃復下, 命取桃子. 術人聲諾, 解衣覆笥上16), 故作怨狀17), 曰: "官長殊不了了18)! 堅冰未解, 安所得桃19)? 不取, 又恐爲南面者所怒20), 奈何!" 其子曰: "父已諾

---

3) 行商賈(고gǔ): 장사치. 상인. '商'은 行商. '賈'는 坐商.
4) 藩司: 明·淸代에는 布政司를 '藩司'라고 부름. 속칭 '藩臺'. 民政과 財政을 맡아 봄. 여기서는 藩司의 관청을 말함.
5) 戲矚(촉zhǔ): 구경하다. '矚'은 '주시하다'·'주목하다'의 뜻.
6) 遊人如堵(도dǔ): 구경꾼이 담을 두른 듯 매우 많다는 뜻. '堵'는 '墻'의 뜻.
7) 嘖(제jí)嘈(조cáo): 왁자지껄한 모양. 시끄럽게 떠드는 모양.
8) 聒(괄guō)耳: 시끄럽다. 떠들썩하다. 요란하다.
9) 上: 앞으로 나아가다.
10) 白: 아뢰다. 고하다.
11) 洶(흉xiōng)動: 시끌벅적하다. 웅성거리다. 소요하다.
12) 靑衣: 여기서는 관리 밑의 아졸을 말함.
13) 方輿: 바야흐로 준비하다.
14) 下: 내려가다. 동사로 쓰임./ 所長: 잘하는 것. 장기.
15) 顚倒生物: 생물이 성장하는 계절을 바꾸다. 예를 들어 겨울에 여름 과일을 자라게 하는 일 등을 가리킴.
16) 覆(부fù): 덮다. 씌우다. / 笥(사sì): 대나무 상자. 원형은 '簞', 장방형은 '笥'라고 함.
17) 故: 일부러. 고의로.
18) 了了: 총명하다. 똑똑하다. 사리에 밝다.
19) 安所: '何處'와 같음. 어디서.
20) 南面者: 관원을 말함. 옛날에는 제왕이나 관원들이 모두 남쪽을 향하여 앉았음.

之, 又焉辭21)?" 術人惆悵良久22), 乃云: "我籌之爛熟23), 春初雪積, 人間何處可覓24)? 惟王母園中25), 四時常不凋謝26), 或有之. 必竊之天上, 乃可." 子曰: "嘻! 天可階而升乎27)?" 曰: "有術在." 乃啓筒, 出繩一團, 約數十丈, 理其端28), 望空中擲去, 繩卽懸立空際29), 若有物以掛之. 未幾30), 愈擲愈高, 渺入雲中31), 手中繩亦盡. 乃呼子曰: "兒來! 余老憊, 體重拙不能行32), 得汝一往." 遂以繩授子, 曰: "持此可登." 子受繩有難色, 怨曰: "阿翁亦大憒憒33), 如此一線之繩, 欲我附之以登萬仞之高天34), 倘中道斷絶35), 骸骨何存矣!" 父又强嗚拍之36), 曰: "我已失口37), 悔無及. 煩兒一行.

'面'은 '向'의 뜻.

21) 焉辭: 어떻게 변명하리요? '焉'은 '何'의 뜻.
22) 惆(추chóu)悵(창chàng): 근심하고 낙담하는 모양.
23) 籌(주chóu): 계획. 준비. 여기서는 '재주'의 뜻으로 쓰임. / 爛熟: 무르익다. 여기서는 재주가 굉장히 뛰어나다는 뜻.
24) 覓(멱mì): 찾다.
25) 王母: 西王母를 말함. 전설에 따르면 서왕모의 동산에 仙桃가 있는데 3천 년만에 한 번 열매가 열린다고 함.
26) 凋謝: 凋落하다. 시들어 떨어지다.
27) 階: 계단을 밟고 올라가다. 동사로 쓰임.
28) 理其端: 밧줄 끝을 잘 마무리하다.
29) 懸立: 걸려 있듯이 똑바로 서다. / 空際: 공중. 허공.
30) 未幾: 잠시 후. 얼마 뒤.
31) 渺(묘miǎo): 아스라이. 까마득히.
32) 拙: 움직임이 둔하다는 뜻.
33) 阿翁: 아버지에 대한 친근한 호칭. / 憒憒(궤kuì): 어리석다. 멍청하다.
34) 萬仞(인rèn)之高天: 까마득히 높은 하늘. '仞'은 8尺.
35) 倘(당tǎng): 만약.
36) 嗚拍: '어이' 하면서 손으로 떠밀다. '嗚'는 빨리 하라고 질책하는 소리.

兒勿苦, 儻竊得來, 必有百金賞, 當爲兒娶一美婦." 子乃持索, 盤旋而上38). 手移足隨, 如蛛趁絲39), 漸入雲霄40), 不可復見. 久之, 墜一桃, 如碗大. 術人喜, 持獻公堂. 堂上傳視良久, 亦不知其眞僞. 忽而繩落地上. 術人驚曰: "殆矣! 上有人斷吾繩, 兒將焉托?" 移時41), 一物墮, 視之, 其子首也. 捧而泣曰: "是必偸桃爲監者所覺, 吾兒休矣42)!" 又移時, 一足落. 無何43), 肢體紛墮, 無復存者. 術人大悲, 一一拾置笥中而闔之44). 曰: "老夫止此兒45), 日從我南北遊. 今承嚴命, 不意罹此奇慘46)! 當負去瘞之47)." 乃升堂而跪, 曰: "爲桃故, 殺吾子矣! 如憐小人而助之葬, 當結草以圖報耳48)." 坐官駭詫49), 各有賜金. 術人受而纏諸腰50), 乃扣笥而呼曰51): "八八兒52), 不出謝賞, 將何待?" 忽一蓬頭僮, 首抵笥蓋而出, 望北稽

---

37) 失口: 실언하다.
38) 盤旋: 빙빙 돌다. 선회하다.
39) 如蛛趁(진chèn)絲: 마치 거미가 거미줄을 타는 것 같다. '趁'은 '쫓아가다'의 뜻.
40) 霄(소xiāo): 구름. 하늘.
41) 移時: 잠시 시간이 흐른 뒤.
42) 休: 끝장나다. 죽었다는 뜻.
43) 無何: 얼마 뒤. 잠시 후.
44) 闔(합hé): 닫다.
45) 止: '只'와 같음. 다만. 오로지.
46) 罹(리lí): 걸리다. 당하다. 만나다.
47) 瘞(예yì): 묻다. 매장하다.
48) 結草以圖報: 結草報恩하다.
49) 駭(해hài)詫(타chà): 깜짝 놀라다. 기이하게 여기다.
50) 纏(전chán)諸腰: 허리에 매다. 차다. '諸'는 '之於'의 준말.
51) 扣(구kòu): 두드리다.
52) 八八: 아들의 항렬을 말함.

首53), 則其子也.

以其術奇, 故至今猶記之. 後聞白蓮教能爲此術54), 意此其苗裔耶55)? (卷一)

勞山道士

邑有王生1), 行七2), 故家子3). 少慕道, 聞勞山多仙人4), 負笈往遊5). 登一頂, 有觀宇6), 甚幽. 一道士坐蒲團上, 素髮垂領, 而神觀爽邁7). 叩而與語8), 理甚玄妙. 請師之9). 道士曰: "恐嬌惰不能作苦10)." 答言: "能之!" 其門人甚衆, 薄暮畢集. 王俱與稽首11), 遂留

---

53) 稽(계qǐ)首: 머리를 조아리다. 공손히 인사하다.
54) 白蓮敎: 南宋 초에 慈照子元이 일으킨 일종의 종교적 비밀결사. 흰 연꽃이 필 때 彌勒佛이 강림하여 지상낙원을 만든다고 함. 元代와 淸代에 漢族들이 백련교의 이름을 빌어 여러 차례 反元·反淸運動을 일으킴.
55) 苗裔(예yì): 후예. 후손.

1) 邑: 여기서는 작자의 고향인 山東省 淄川縣을 말함.
2) 行(항háng)七: 항렬이 7번째라는 뜻.
3) 故家: '世家'世族'과 같음. 귀족관료나 대지주의 집안을 말함.
4) 勞山: '嶗山'이라고도 함. 지금의 山東省 靑島市 서남쪽 嶗山縣에 있음. 淸神洞·落碧巖 등 유명한 명승지가 많음.
5) 負笈(급jí): 객지로 나가 공부하는 것을 말함. '笈'은 책 상자.
6) 觀宇: 도교의 사원.
7) 神觀爽邁: 정신과 儀態가 淸朗하고 豪邁하다.
8) 叩(고kòu): 叩頭하다. 머리를 조아리고 절하다.
9) 師之: 그를 스승으로 모시다. '師'는 동사로 쓰임.
10) 嬌惰(타duò): 교만하고 나태하다. / 作苦: 고생하다.

觀中.

　凌晨[12]), 道士呼王去, 授以斧, 使隨衆採樵[13]). 王謹受敎. 過月餘, 手足重繭[14]), 不堪其苦, 陰有歸志[15]).

　一夕歸, 見二人與師共酌. 日已暮, 尙無燈燭. 師乃剪紙如鏡, 粘壁間. 俄頃[16]), 月明輝室, 光鑑毫芒[17]). 諸門人環聽奔走[18]). 一客曰: "良宵勝樂[19]), 不可不同[20])." 乃於案上取壺酒, 分賚諸徒[21]), 且囑盡醉. 王自思: '七八人, 壺酒何能遍給[22])?' 遂各覓盎盂[23]), 競飲先釂[24]), 惟恐樽盡. 而往復挹注[25]), 竟不少減. 心奇之. 俄, 一客曰: "蒙謝月明之照, 乃爾寂飮[26]), 何不呼嫦娥來[27])?" 乃以箸擲月中.

---

11) 稽(계qǐ)首: 머리를 조아리다.
12) 凌晨: 이른 새벽. 새벽녘. 동틀 무렵.
13) 採樵(초qiáo): 나무하다. 땔감을 베다.
14) 重繭(견jiǎn): 거듭 굳은살이 박히다. '繭'은 손·발 등에 뭣굳은살이 박히는 것을 말함.
15) 陰: 남몰래. 은밀히. 마음속으로.
16) 俄頃: 잠시 후.
17) 光鑑毫芒: 아주 작은 것까지 보일 정도로 훤히 비추다. '鑑'은 '비추다'는 동사로 쓰임. '毫'는 아주 가는 터럭. '芒'은 보리·밀 등의 까끄라기.
18) 環聽: 둘러서서 분부를 듣다.
19) 良宵(소xiāo): 좋은 밤. / 勝樂: 매우 기쁘다. '勝'은 '매우''몹시'의 뜻.
20) 不可不同: 모두 함께 즐기지 않을 수 없다는 뜻.
21) 分賚(뢰lài): 나눠주다. 하사하다.
22) 遍給: 두루 나눠주다. 모두에게 돌아가다.
23) 覓(멱mì): 찾다. / 盎(앙àng): 몸통이 크고 주둥이가 작은 그릇. / 盂(우yú): 대접. 주발.
24) 釂(조jiào): 들이마시다. 잔을 비우다.
25) 往復挹注: 계속 돌아가면서 술을 따르다.
26) 乃爾寂飮: 이렇게 적막하게 술만 마시다. '乃爾'는 '如此'의 뜻.

見一美人, 自光中出, 初不盈尺, 至地, 遂與人等. 纖腰秀項, 翩翩作＜霓裳舞＞28). 已而歌曰: "仙仙乎29)! 而還乎30)! 而幽我於廣寒乎31)!" 其聲淸越32), 烈如簫管33). 歌畢, 盤旋而起34), 躍登几上, 驚顧之間, 已復爲箸. 三人大笑. 又一客曰: "今宵最樂, 然不勝酒力矣35). 其餞我於月宮可乎?" 三人移席, 漸入月中. 衆視三人坐月中飮, 鬚眉畢見, 如影之在鏡中. 移時36), 月漸暗. 門人然燭來37), 則道士獨坐, 而客杳矣38). 几上肴核尙存39), 壁上月, 紙圓如鏡而已. 道士問衆: "飮足乎?" 曰: "足矣." "足, 宜早寢, 勿誤樵蘇40)." 衆諾而退. 王竊忻慕, 歸念遂息.

---

27) 嫦(항cháng)娥(아é): 神話傳說에 나오는 后羿의 妻. 西王母가 后羿에게 준 不死藥을 훔쳐 가지고 달로 도망가 月宮의 선녀가 되었다고 함.
28) 翩翩: 너울너울. 하늘하늘. 경쾌하고 우아하게 춤추는 모양. /＜霓(예ní)裳舞＞: ＜霓裳羽衣舞＞의 약칭. 宮中舞의 일종. 唐 玄宗이 서역에서 전래된 악곡을 개편하여 지었다고 하는 ＜霓裳羽衣曲＞에 맞춘 춤.
29) 仙仙: 가볍게 날아오르는 모양.
30) 而: 어조사. 또는 이인칭 대명사[你]라고도 함.
31) 幽: 유폐시키다. 가둬 놓다. / 廣寒: 廣寒宮을 말함. 전설에 따르면 唐 玄宗이 꿈에 月宮을 유람하다가 月宮에 "廣寒淸虛之府"라고 쓰인 편액을 보았다고 함. 나중에는 月宮의 대칭으로 쓰임.
32) 淸越: 淸朗하고 悠長하다.
33) 烈: 激情의이다. 귀에 선명하게 들리다. / 簫管: 피리 따위의 관악기.
34) 盤旋: 빙빙 돌다. 여기서는 춤추는 동작을 말함.
35) 不勝酒力: 술기운을 이기지[가누지] 못하다.
36) 移時: 한참 뒤에. 약간의 시간이 흐른 뒤에.
37) 然: '燃'과 통함. 불을 켜다.
38) 杳(묘yǎo): 행방이 묘연하다. 온데간데없다.
39) 几(궤jī): 작은 탁자. / 肴(효yáo)核: 술안주와 과일.
40) 樵蘇: 땔나무를 하고 꼴을 베다.

又一月, 苦不可忍, 而道士並不傳敎一術. 心不能待, 辭曰: "弟子數百里受業仙師, 縱不能得長生術41), 或小有傳習, 亦可慰求敎之心. 今閱兩三月42), 不過早樵而暮歸. 弟子在家, 未諳此苦43)." 道士笑曰: "我固謂不能作苦, 今果然. 明早當遣汝行." 王曰: "弟子操作多日, 師略授小技, 此來爲不負也44)." 道士問: "何術之求?" 王曰: "每見師行處, 墻壁所不能隔, 但得此法足矣." 道士笑而允之45). 乃傳以訣46), 令自呪, 畢, 呼曰: "入之!" 王面墻47), 不敢入. 又曰: "試入之." 王果從容入, 及墻而阻. 道士曰: "俯首驟入48). 勿逡巡49)!" 王果去墻數步, 奔而入. 及墻, 虛若無物, 回視果在墻外矣. 大喜, 入謝. 道士曰: "歸宜潔持50), 否則不驗." 遂助資斧遣之歸51).

抵家52), 自詡遇仙53), 堅壁所不能阻. 妻不信. 王效其作爲54), 去

---

41) 縱: 설사. 설령
42) 閱: 겪다. 지내다.
43) 諳(암ān): 알고 있다. 익숙하다.
44) 此來爲不負: 여기에 온 것이 헛되지 않다.
45) 允: 허락하다.
46) 訣: 道法이나 秘術을 전수하는 은밀한 요체의 말씀[要語].
47) 面墻: 담을 맞대고 서다.
48) 俯: 수그리다. 굽히다. / 驟(취zhòu): 빨리. 급히.
49) 逡(준qūn)巡(순xún): 머뭇거리다.
50) 潔持: 잡념을 없애고 생각이나 몸가짐을 정갈하게 하다.
51) 資斧: 여비. 노자.
52) 抵: 이르다. 도착하다.
53) 詡(허xǔ): 자랑하다. 뽐내다.
54) 效其作爲: 도사가 가르쳐 준대로 따라서 하다. '效'는 '따라 하다' '본받다'의 뜻.

墻數尺, 奔而入, 頭觸硬壁, 驀然而踣55). 妻扶視之, 額上墳起如巨卵焉56). 妻挪揄之57). 王慚忿, 罵老道士之無良而已.

異史氏曰58): "聞此事, 未有不大笑者. 而不知世之爲王生者, 正復不少. 今有傖父59), 喜疢毒而畏藥石60), 遂有吮癰舐痔者61), 進宣威逞暴之術62), 以迎其旨63). 紿之曰64): '執此術也以往, 可以橫行而無碍.' 初試, 未嘗不小效65), 遂謂天下之大, 擧可以如是行矣66), 勢不至觸硬壁而顚蹶, 不止也. (卷一)

---

55) 驀(맥mò)然: 돌연히. 갑자기. 느닷없이. / 踣(부bó): 엎어지다. 쓰러지다.
56) 墳起: 무덤처럼 부풀어오르다.
57) 挪(야yé)揄(유yú): 야유하다. 嘲笑하다.
58) 異史氏曰: 괴이한 고사를 기록한 사람이란 뜻으로, 『史記』의 論贊 부분에 司馬遷이 쓴 "太史公曰"을 본떠서 한 말. 이하의 내용은 본 고사에 대한 작자의 논평임.
59) 傖(창cāng)父: '傖夫'와 같음. 상대방에 대한 욕으로 '저속하고 비천한 놈'이라는 뜻.
60) 喜疢(진chèn)毒而畏藥石: 몸에 해로운 病毒은 좋아하고 병을 치료하는 약물은 두려워하다. 즉 해로운 아첨은 좋아하고 유익한 비평은 두려워한다는 뜻. '疢毒'은 상쾌하기는 하나 몸에는 독이 되는 것. '藥石'은 약과 침.
61) 吮(연shǔn)癰(옹yōng)舐(지shì)痔(치zhì): 남의 종기를 입으로 빨고 치질을 핥다. 즉 극도로 아첨하는 것을 비유함.
62) 宣威逞(정chěng)暴: 위세를 과시하고 포악함을 부리다. '逞'은 '마음껏 드러내다'의 뜻.
63) 迎: 영합하다. 즉 아부하다.
64) 紿(dài): 속이다. 기만하다.
65) 小效: 작은 효험. 효과.
66) 擧: 모든 것. 모든 일.

紅玉

　廣平馮翁有一子[1]， 字相如. 父子俱諸生[2]. 翁年近六旬， 性方鯁[3]， 而家屢空[4]. 數年間， 媼與子婦又相繼逝[5]， 井臼自操之[6]. 一夜， 相如坐月下， 忽見東隣女自墻上來窺. 視之， 美. 近之， 微笑. 招以手， 不來亦不去. 固請之， 乃梯而過[7]， 遂共寢處. 問其姓名， 曰: "妾， 隣女紅玉也." 生大愛悅， 與訂永好. 女諾之. 夜夜往來， 約半年許. 翁夜起， 聞子舍笑語[8]， 窺之， 見女. 怒， 喚生出， 罵曰: "畜産所爲何事! 如此落寞[9]， 尙不刻苦， 乃學浮蕩耶? 人知之， 喪汝德， 人不知， 促汝壽!" 生跪自投[10]， 泣言知悔. 翁叱女曰: "女子不守閨戒， 旣自玷[11]， 而又以玷人. 倘事一發， 當不僅貽寒舍羞[12]!" 罵已， 憤然歸寢. 女流涕曰: "親庭罪責[13]， 良足愧辱! 我二人緣分

---

1) 廣平: 淸代의 府名. 치소는 지금의 河北省 永年縣.
2) 諸生: 儒生·生員 등을 통틀어 '諸生'이라 함. 여기서는 秀才의 뜻으로 쓰임.
3) 方鯁(경gěng): 성품이 바르고 곧음.
4) 屢空: 매우 가난하다는 뜻. 『論語·先進』에서 "回也其庶乎， 屢空."이라고 함.
5) 媼(온ǎo)與子婦: 부인과 며느리. / 繼逝: 이어서 세상을 뜨다.
6) 井臼(구jiù): 우물에서 물긷고 절구에서 곡식 찧는 일. 즉 일반적인 집안 일을 말함.
7) 梯而過: 사다리를 타고 건너오다. '梯'는 동사로 쓰임.
8) 聞子舍笑語: 다른 판본에는 이 구절이 "聞女子舍笑語"라고 되어 있음.
9) 落寞: 零落하고 적막하다. 즉 家勢가 寒微하다는 뜻.
10) 跪(궤guì): 무릎을 꿇다. / 自投: '自首'와 같은 뜻. 스스로 잘못을 인정하다.
11) 自玷(점diàn): 스스로를 더럽히다. '玷'은 원래 옥에 있는 반점[티]을 말하나 引伸하여 汚點의 뜻으로 쓰임. 여기서는 동사로 쓰임.
12) 不僅: ~뿐만이 아니다. / 貽: 끼치다. 남기다. / 寒舍: 자기 집에 대한 謙稱.
13) 親庭: 父親의 代稱. 出典은 『論語·季氏』. 孔子가 뜰에 서 있을 때 아들 孔鯉가

盡矣!" 生曰: "父在不得自專14), 卿如有情, 尙當含垢爲好." 女言辭決絶, 生乃灑涕15). 女止之曰: "妾與君無媒妁之言, 父母之命, 踰墻鑽隙16), 何能白首17)? 此處有一佳耦18), 可聘也." 生告以貧. 女曰: "來宵相俟, 妾爲君謀之." 次夜, 女果至, 出白金四十兩贈生. 曰: "去此六十里, 有吳村衛氏女, 年十八矣, 高其價, 故未售也19). 君重啖之20), 必合諧允21)." 言已, 別去.

生乘間語父, 欲往相之22), 而隱饋金不敢告23). 翁自度無資24), 以是故止之. 生又婉言: "試可乃已." 翁頷之25). 生遂假僕馬, 詣衛氏. 衛故田舍翁26). 生呼出, 引與間語. 衛知生望族27), 又見儀采軒

그 앞을 지나가자 그에게 『詩經』과 『禮記』를 공부하라고 가르쳤다는 데에서 유래함. 그래서 후세에 아버지의 가르침을 '庭訓'이라고 함.

14) 父在: 아버지가 세상에 살아 있다. / 自專: 자기 마음대로 하다.
15) 灑(쇄sǎ)涕: 눈물을 뿌리다.
16) 無媒妁(작shuò)之言, 父母之命, 踰墻鑽隙(극xì): 중매쟁이의 소개나 부모의 명이 없이 남녀가 사사로이 만나 情을 나누는 것을 말함. 『孟子·滕文公』에서 "不待父母之命, 媒妁之言, 鑽穴隙相窺, 踰墻相從, 則父母國人皆賤之."라고 함.
17) 白首: 부부가 백발이 될 때까지 偕老하는 것을 말함.
18) 佳耦(우ǒu): 좋은 짝. 훌륭한 배필.
19) 未售(수shòu): 아직 팔리지 않다. 즉 아직 시집가지 않았다는 뜻. 옛날에는 돈으로 신부를 사는 경우가 많았기 때문에 이러한 표현을 씀.
20) 重啖之: 많은 재물로 유혹하다. '重'은 '重利'. '啖'은 이익으로 남을 꾀다.
21) 必合諧允: 반드시 일이 잘 타협되어 허락을 받다.
22) 相(상xiàng): 보다. 定婚하기 전에 여자 집에 가서 兩親이 만나는 것을 말함.
23) 饋(궤kuì)金: 홍옥이 가져다 준 돈.
24) 度(탁duó): 생각하다. 헤아리다.
25) 頷(함hàn)지: 머리를 끄덕이다. 허락하다. '頷'은 원래 아래턱을 말하나 여기서는 '머리를 끄덕이다'는 동사로 쓰임.
26) 故: 본래. 본디. / 田舍翁: 시골의 늙은 농부.
27) 望族: 名望있는 집안.

豁28), 心許之, 而慮其靳於資29). 生聽其詞意呑吐, 會其旨30), 傾囊陳几上. 衛乃喜, 浼隣生居間31), 書紅箋而盟焉32). 生入拜媼. 居室偪側33), 女依母自幛34). 微睨之35), 雖荊布之飾36), 而神情光艶, 心竊喜. 衛借舍款婿37), 便言: "公子無須親迎38). 待少作衣妝, 卽合舁送去39)." 生與訂期而歸. 跪告翁, 言衛愛淸門40), 不責資41). 翁亦喜. 至日, 衛果送女至. 女勤儉, 有順德42), 琴瑟甚篤. 逾二年, 擧一男, 名福兒.

會淸明, 抱子登墓, 遇邑紳宋氏43). 宋官御史, 坐行賕免44), 居林下45), 大熾威虐46). 是日, 亦上墓歸, 見女艶之47). 問村人, 知爲生

---

28) 儀采軒豁: 威儀와 風采가 당당하고 시원시원하다.
29) 靳(근jìn): 인색하다.
30) 會其旨: 그의 뜻을 잘 알아차리다.
31) 浼(매měi): 남에게 일을 부탁하다. 청탁하다. / 居間: 중개인.
32) 書紅箋而盟焉: 붉은 종이에 四柱八字를 써서 婚約을 맺다.
33) 偪(핍bī)側: '逼仄'과 같음. 비좁다. 협소하다.
34) 幛: '障'과 같음. 숨다.
35) 微睨(예nì)之: 은밀히 훔쳐 보다.
36) 荊布: '荊釵布裙'의 줄임말. 가난한 집 여자의 차림새를 말함.
37) 款婿: 사위를 대접하다[환대하다].
38) 親迎: 옛날 결혼할 때 치르는 六禮 가운데 마지막 단계. 신부맞이. 신랑이 신부 집에 가서 신부를 맞이하는 일.
39) 舁(여yú)送: 가마에 태워 보내다는 뜻. '舁'는 여럿이 들다. 메다.
40) 淸門: 가난하지만 청렴한 집안.
41) 不責資: 신부집에 가져오는 예물을 심하게 따지지 않는다는 뜻.
42) 順德: 남편에게 순종하는 미덕.
43) 邑紳: 鄕紳. 퇴직관리로서 그 지방에 영향력이 있는 사람.
44) 坐行賕(구qiú)免: 行賕의 죄에 걸려 면직되다. '行賕'는 뇌물을 써서 면죄를 구하는 것을 말함.

配. 料馮貧士48), 誘以重賂, 冀可搖, 使家人風示之49). 生驟聞, 怒形於色, 旣思勢不敵, 斂怒爲笑. 歸告翁, 翁大怒, 奔出, 對其家人, 指天劃地, 詬罵萬端50), 家人鼠竄而去51). 宋氏亦怒, 竟遣數人入生家, 毆翁及子52), 洶若沸鼎53). 女聞之, 棄兒於床, 披髮號救. 群篡昇之, 哄然便去54). 父子傷殘, 吟呻在地, 兒呱呱啼室中55). 隣人共憐之, 扶之榻上. 經日, 生杖而能起. 翁忿不食, 嘔血, 尋斃. 生大哭, 抱子興詞56), 上至督撫57), 訟幾遍, 卒不得直58). 後聞婦不屈死, 益悲, 寃塞胸吭59). 無路可伸, 每思要路刺殺宋60), 而慮其扈從繁61), 兒又罔托62). 日夜哀思, 雙睫爲之不交63). 忽一丈夫弔諸其

---

45) 居林下: 鄕里에서 살다. '林下'는 관리가 퇴직하여 거하는 곳.
46) 大煽威虐: 위세와 포학을 크게 부리다. 여기서 '煽'은 펼치다·과시하다의 뜻.
47) 艶之: 그녀를 아름답다고 생각하다. '艶'은 동사로 쓰임.
48) 料: 헤아리다. 짐작하다. 추측하다.
49) 風示: 은근히 떠보다. 암시하다. '風'은 '諷'과 같음.
50) 詬(후gòu)罵萬端: 온갖 욕을 해대다.
51) 鼠竄(찬cuàn): 도망가 숨다.
52) 毆(구ōu): 때리다. 구타하다.
53) 洶若沸鼎: 시끄러운 소리가 끓는 솥과 같다.
54) 哄(흥hōng)然: 여러 사람이 한꺼번에 떠드는 모양.
55) 呱呱(고呱gū): 아이가 우는 소리.
56) 興詞: 소송을 일으키다. 고소하다.
57) 督撫: 總督과 巡撫를 말함. 총독은 하나 또는 여러 省을 관할하면서 주로 軍政을 맡고, 순무는 한 성의 최고 관리로서 주로 民政을 맡음. 총독과 순무는 모두 청대의 지방 최고 관리임.
58) 卒不得直: 결국 억울함을 풀지 못하다. 소송에 이기지 못했다는 뜻.
59) 吭(항háng): 목구멍.
60) 要路: '要'는 '邀'와 같음. 길을 가로막다.
61) 扈(후hù)從: 從者. 수행원.

室, 虯髥闊頷64), 曾與無素65). 挽坐, 欲問邦族66). 客遽曰: "君有殺父之仇, 奪妻之恨, 而忘報乎?" 生疑爲宋人之偵, 姑僞應之. 客怒, 眦欲裂67), 遽出, 曰: "僕以君人也, 今乃知不足齒之傖68)!" 生察其異, 跪而挽之, 曰: "誠恐宋人餂我69). 今實布腹心70), 僕之臥薪嘗膽者71), 固有日矣. 但憐此襁中物72), 恐墜宗祧73). 君義士, 能爲我杵臼否74)?" 客曰: "此婦人女子之事, 非所能. 君所欲托諸人者, 請自任之. 所欲自任者, 願得而代庖焉75)." 生聞, 崩角在地76),

---

62) 罔托: 맡길 곳이 없다. '罔'은 '無'의 뜻.
63) 雙睫爲之不交: 그 일 때문에 두 눈을 감지 못하다. 즉 한숨도 못 잤다는 뜻. '睫'은 눈썹.
64) 虯(규qiú)髥(염rán): 꾸불꾸불한 수염. 구레나룻. / 闊頷: 넓은 아래 턱.
65) 曾與無素: 일찍이 친분이 없다. 즉 안면이 없다는 뜻. '素'는 평소에 안면이 있는 것을 말함.
66) 邦族: 貫籍과 성씨.
67) 眦(자zì)欲裂: 눈초리가 찢어질 듯하다. 몹시 성난 모습.
68) 不足齒之傖(창): 입에 올리기에도 부족한 촌놈. '齒'는 말하다. '傖'은 시골뜨기·촌놈.
69) 餂(첨tiǎn): 탐문하다. 속을 떠보다.
70) 布腹心: 속마음을 털어놓다. 진실을 얘기하다.
71) 臥薪嘗膽: 섶에 눕고 쓸개를 맛보다. 고통을 감내하면서 복수의 뜻을 다지는 것을 말함. 출전은『史記·越王句踐世家』.
72) 襁中物: 강보에 싸여 있는 것. 즉 어린아이를 말함.
73) 宗祧(조tiāo): 宗廟. 여기서는 가문의 대를 이을 後嗣를 말함.
74) 杵臼: 公孫杵臼를 말함. 그는 春秋時代 晉나라 사람으로 趙朔의 門客이었는데, 晉의 司寇 屠岸賈가 조삭의 일족을 죽이고 어린 유복자 趙武까지 죽이려 하자, 공손저구가 程嬰과 모의하여 조무를 피신시켜 나중에 복수하게 함. 출전은『史記·趙世家』. 이 구절은 馮相如가 객에게 아들 福兒를 대신 맡아 달라고 청한 것임.
75) 代庖(포páo): '越俎代庖'의 줄임말. 자신의 직무 범위를 넘어서서 다른 사람이 관할하는 일을 하는 것을 말함.『莊子·逍遙遊』에서 "庖人雖不治庖, 尸祝不越

客不顧而出. 生追問姓子. 曰: "不濟77), 不任受怨. 濟, 亦不任受德." 遂去. 生懼禍及, 抱子亡去.

至夜, 宋家一門俱寢, 有人越重垣入78), 殺御史父子三人, 及一媳一婢. 宋家具狀告官, 官大駭. 宋執謂相如79). 於是遣役捕生, 生遁, 不知所之. 於是情益眞80). 宋僕同官役諸處冥搜, 夜至南山, 聞兒啼, 跡得之, 系縲而行81). 兒啼愈嗔, 群奪兒抛棄之. 生冤憤欲絶. 見邑令, 問: "何殺人?" 生曰: "冤哉! 某以夜死, 我以晝出, 且抱呱呱者82), 何能踰垣殺人?" 令曰: "不殺人, 何逃乎?" 生詞窮83), 不能置辯, 乃收諸獄. 生泣曰: "我死無足惜, 孤兒何罪?" 令曰: "汝殺人子多矣. 殺汝子, 何怨!" 生旣褫革84), 屢受桍慘85), 卒無詞. 令是夜方臥, 聞有物擊床, 震震有聲86), 大懼而號. 擧家驚起87), 集而燭之, 一短刀, 銛利如霜88), 剁床入木者寸餘89), 牢不可拔90). 令

樽俎而代之."라고 함. 여기서는 대신 원수를 갚아 주겠다는 뜻.
76) 崩角在地: 머리가 땅에 닿도록 절하다.
77) 不濟: 성공하지 못하다.
78) 越重垣(원yuán)入: 중첩된 담을 넘어서 들어가다.
79) 執謂: 강하게 단정하다.
80) 情益眞: 정황이 더욱 馮生을 진범으로 여기게 만들었다는 뜻.
81) 系縲(류léi): 오랏줄로 묶다. '縲'는 죄인을 묶는 검은 밧줄.
82) 呱呱者: 어린 아이.
83) 詞窮: 말이 막히다. 변명이 궁색해 지다.
84) 褫(치chǐ)革: 秀才의 자격을 박탈하다. '褫'는 옷을 벗기다는 뜻. 옛날에 수재는 정해진 衣冠을 갖춰야 하는데, 죄를 지으면 學官에서 그 의관을 벗기고 수재 자격을 박탈했음. 그런 연후에 심문이나 고문을 할 수 있었음.
85) 桍(곡gù)慘: 가혹한 형벌. '桍'은 나무로 만든 수갑.
86) 震震有聲: 탁! 하는 소리가 나다.
87) 擧家: 온 집안 사람.

睹之, 魂魄喪失. 荷戈遍索, 竟無踪跡. 心竊餒91), 又以宋人死, 無可畏懼, 乃詳諸憲92), 代生解免, 竟釋生.

生歸, 甕無升斗93), 孤影對四壁. 幸隣人憐饋食飮, 苟且自度94). 念大仇已報, 則囅然喜95). 思慘酷之禍, 幾於滅門, 則淚潸潸墮96). 及思半生貧徹骨, 宗支不續97), 則於無人處大哭失聲, 不復能自禁. 如此半年, 捕禁益懈, 乃哀泣令, 求判還衛氏之骨. 旣葬而歸, 悲怛欲死98), 輾轉空床, 竟無生路.

忽有款門者99), 凝神寂聽, 聞一人在門外, 噥噥與小兒語100). 生急起窺覘101), 似一女子. 扉初啓, 便問: "大冤昭雪, 可幸無恙?" 其聲稔熟102), 而倉卒不能追憶103). 燭之, 則紅玉也. 挽一小兒, 嬉

---

88) 銛(섬xiān)利: 날카롭다. 예리하다.
89) 剁(타duò)床: 침상에 꽂히다. '剁'는 원래 '찍다'의 뜻.
90) 牢(뢰láo)不可拔: 단단히 박혀 뽑을 수 없다.
91) 心竊餒(뇌něi): 마음 속으로 남몰래 겁먹다. '餒'는 본래 '굶주리다'는 뜻이나 여기서는 '겁먹다' '용기를 잃다'는 뜻으로 쓰임.
92) 詳諸憲: 상부에 보고하다. '詳'은 하급자가 상급자에게 올리는 공문. '憲'은 상관에 대한 존칭.
93) 甕無升斗: 항아리에 먹을 양식이 없다. '승두'는 量器이나 여기서는 얼마 되지 않는 양식을 뜻함.
94) 自度: 스스로 살아가다. 하루하루 살아가다.
95) 囅(천chǎn)然: 좋아서 웃는 모양.
96) 潸潸(산shān): 눈물을 주르륵 흘리는 모양.
97) 宗支不續: 宗族의 支派가 단절되다. 즉 후손이 끊어진다는 뜻.
98) 悲怛(달dá): 비통해 하다.
99) 款門: 문을 두드리다.
100) 噥噥(농nóng): 작은 소리로 속삭이다.
101) 窺覘(첨chān): 엿보다. 훔쳐 보다.
102) 稔(임rěn)熟: 익히 알다. 익숙하다.

笑跨下104). 生不暇問, 抱女嗚哭. 女亦慘然. 旣而推兒曰: "汝忘爾父耶?" 兒牽女衣, 目灼灼視生105). 細審之, 福兒也. 大驚, 泣問: "兒那得來?" 女曰: "實告君, 昔言隣女者, 妄也. 妾實狐. 適宵行, 見兒啼谷中, 抱養於秦106). 聞大難旣息, 故携來與君團聚耳." 生揮涕拜謝. 兒在女懷, 如依其母, 竟不復能識父矣. 天未明, 女卽遽起. 問之, 答曰: "奴欲去." 生裸跪床頭, 涕不能仰. 女笑曰: "妾誑君耳! 今家道新創, 非夙興夜寐不可107)." 乃剪荓擁篲108), 類男子操作. 生懮貧乏, 不自給. 女曰: "但請下帷讀109), 勿問盈歉110), 或當不殍餓死111)." 遂出金治織具, 租田數十畝, 雇傭耕作. 荷鑱誅茅112), 牽蘿補屋113), 日以爲常. 里黨聞婦賢114), 益樂資助之. 約半年, 人煙騰茂, 類素封家115). 生曰: "灰燼之餘116), 卿白手再造

---

103) 倉卒: 갑자기. 급작스럽게.
104) 跨(과kuà)下: '跨'는 '胯'와 같음. 가랑이 밑.
105) 目灼灼視: 반짝이는 눈으로 쳐다 보다.
106) 秦: 陝西省을 말함.
107) 夙興夜寐: 아침 일찍 일어나고 밤늦게 자다. 『詩經·衛風·氓』에서 "夙興夜寐, 靡有朝矣."라고 함.
108) 剪荓擁篲(수suì, huì): 꼴을 베고 마당을 쓸다. '篲'는 대비자루. 집 안팎에서 열심히 일한다는 뜻.
109) 下帷讀: 발을 내리고 공부하다. 즉 일체 외부와의 관계를 끊고 공부에만 전념한다는 뜻. 출전은 『史記·儒林傳·董仲舒傳』.
110) 勿問盈歉(겸qiàn): 넘치는 것과 부족한 것을 묻지 말라. 즉 집안살림에 관해서는 전혀 신경 쓰지 말라는 뜻.
111) 殍(표piǎo)餓死: 굶어 죽다. '표'도 굶어 죽는다는 뜻.
112) 荷鑱(참chán)誅茅: 보습을 메고 가서 풀을 베다. '鑱'은 옛날에 사용하던 보습 또는 가래.
113) 牽蘿補屋: 등나무 넝쿨로 집을 보수하다.
114) 里黨: 同鄕. 이웃. 옛날에는 25戶를 1里, 500戶를 1黨이라 함.

矣117). 然一事未就安妥118), 如何?" 詰之, 答云: "試期已迫, 巾服尚未復也119)." 女笑曰: "妾前以四金寄廣文120), 已復名在案. 若待君言, 誤之已久." 生益神之. 是科遂領鄕薦121). 時年三十六, 腴田連阡122), 夏屋渠渠矣123). 女裊娜如隨風欲飄去124), 而操作過農家婦, 雖嚴冬自苦, 而手膩如脂125). 自言三十八歲, 人視之, 常若二十許人.

異史氏曰: "其子賢, 其婦德, 故其報之也俠. 非特人俠126), 狐亦俠也. 遇亦奇矣! 然官宰悠悠127), 豎人毛髮128), 刀震震入木, 何惜

115) 素封: 벼슬은 하지 않았지만 부유하게 사는 집을 말함.
116) 灰燼(신jìn)之餘: 불에 타고 남은 것. 여기서는 큰 어려움을 당하고 난 뒤의 집을 비유함. '燼'은 재, 타고 남은 찌꺼기.
117) 白手: 빈 손. 맨 손.
118) 安妥: 만족하다. 흡족하다.
119) 巾服尙未復: 秀才 자격이 아직 회복되지 않았다. '巾服'은 수재가 입는 衣冠으로, 한번 '褫革'당한 사람이 다시 과거에 응시하려면 반드시 건복을 되찾아야만 가능했음. 주 84) 참조.
120) 廣文: 學官을 말함. 唐代에 國子監에 廣文館을 증설하여 博士·助敎 등의 직책을 두었는데, 明淸代에는 儒學敎官을 두루 일컫는 말로 사용함.
121) 領鄕薦: 鄕試에 급제하다. 향시에 급제한 후에야 조정의 進士 시험에 응시할 수가 있는데, 이것을 '領鄕薦'이라고 함.
122) 腴(유yú)田: 비옥한 전답. / 連阡: 논밭 길이 이어져 있다. 즉 논밭이 많다는 뜻.
123) 夏屋渠渠: 큰집이 깊고 넓다. '夏'는 '大', '渠渠'는 깊고 넓은 모양. 『詩經·秦風·權輿』에서 "于我乎, 夏屋渠渠."라고 함.
124) 裊(뇨niǎo)娜(나nuó): 날씬하고 아름다운 모습. / 飄(표piāo)去: 바람에 날려가다.
125) 手膩(니nì): 손이 매끄럽다. 손에 윤기가 있다.
126) 非特: '非但'과 같음. '特'은 다만.
127) 悠悠: 여기서는 '무능하고 어리석다'는 뜻으로 쓰임.

不略移床上半尺許哉129)? 使蘇子美讀之130), 必浮白曰131): '惜乎擊之不中132)!'"(卷二)

促織

宣德間1), 宮中尙促織之戲2), 歲徵民間. 此物故非西産3). 有華陰令欲媚上官4), 以一頭進, 試使鬪而才5), 因責常供. 令以責之里正6). 市中游俠兒, 得佳者籠養之, 昂其直7), 居爲奇貨8). 里胥猾黠9), 假此科斂丁口10), 每責一頭, 輒傾數家之産.

---

128) 竪人毛髮: 사람의 머리카락을 곤두서게 하다. 즉 분노케 했다는 뜻.
129) 略移: 약간 이동하다. 조금 옮기다.
130) 蘇子美: 宋代 문학가 蘇舜欽. '子美'는 그의 字.
131) 浮白: 가득한 술잔을 단번에 들이키다. '浮'는 원래 罰酒를 뜻함.
132) 惜乎擊之不中: 『世說補』의 기록에 의하면, 蘇舜欽이 『漢書·張良傳』을 읽다가 "良與客狙擊秦皇帝"의 대목이 나오자 손뼉을 치고 애석해 하면서 "惜乎擊之不中!"이라고 한 뒤 술잔을 들이켰다고 함. 여기서는 邑令을 죽이지 못한 것을 애석하게 여긴다는 뜻.
1) 宣德: 明 宣宗 朱瞻基의 연호(1426~1435).
2) 崇: 숭상하다. 여기서는 좋아한다는 뜻./促織之戲: 귀뚜라미를 싸움시키는 놀이. '促織'은 베짜기를 재촉한다는 뜻으로 귀뚜라미의 별칭.
3) 西: 陝西省을 가리킴.
4) 華陰令: 華陰縣의 縣令. '華陰'은 지금의 陝西省 華陰縣./媚: 아부하다. 아첨하다.
5) 才: 재능. 여기서는 귀뚜라미가 싸움을 잘한다는 뜻.
6) 里正: 里長. 명대에는 110戶를 1里로 정하고 각 里마다 里長 1명을 두었는데, 里長은 관청을 대신하여 세금을 징수하거나 부역을 부과하는 일을 맡음.
7) 直: '値'와 같음. 값.
8) 居: 여기서는 '간수하다'기르다'의 뜻./奇貨: 稀奇한 재물.

邑有成名者[11], 操童子業[12], 久不售[13]. 爲人迂訥[14], 遂爲猾胥報充里正役, 百計營謀不能脫[15]. 不終歲, 薄産累盡. 會徵促織, 成不敢斂戶口, 而又無所賠償, 憂悶欲死. 妻曰: "死何裨益[16]? 不如自行搜覓, 冀有萬一之得." 成然之. 早出暮歸, 提竹筒·銅絲籠, 於敗堵叢草處, 探石發穴, 靡計不施[17], 迄無濟[18]. 卽捕得三兩頭, 又劣弱, 不中於款[19]. 宰嚴限追比[20], 旬餘, 杖至百[21], 兩股間膿血流離[22] 幷蟲亦不能行捉矣. 轉側牀頭, 惟思自盡[23].

時村中來一駝背巫, 能以神卜. 成妻具資詣問. 見紅女白婆[24],

---

9) 里胥: 향리의 사무를 맡아보는 小官. / 猾黠(힐xiá): 교활하고 간사하다.
10) 科斂: 어떠한 명목으로 세금을 징수하는 것을 말함. / 丁口: 호구. 인구.
11) 成名: 人名.
12) 操童子業: 과거시험을 준비한다는 뜻. '操'는 종사하다. '童子'는 '童生'이라고도 하며 아직 秀才가 되지 못한 사람을 나이에 상관없이 모두 '童生'이라고 함. '業'은 학업.
13) 售(수shòu): 원래는 물건 따위를 '팔다'의 뜻이나 여기서는 시험에 '합격하다'의 뜻으로 쓰임.
14) 迂訥(눌nè): 어수룩하고 말주변이 없다.
15) 百計營謀: 온갖 방법을 다 모색[강구]하다.
16) 裨益: 도움[보탬]이 되다.
17) 靡計不施: 써보지 않은 방법이 없다. '靡'는 '無'의 뜻.
18) 迄(흘qì): 결국. 끝내. / 無濟: 성공하지 못하다. 귀뚜라미를 잡지 못했다는 뜻.
19) 不中(중zhòng)於款(관kuǎn): 기준에 맞지 않다. '中'은 '들어맞다' '부합하다'의 뜻. '款'은 '기준' '표준'의 뜻.
20) 宰: 縣宰. 즉 縣令. / 嚴限: 엄격히 기일을 정하다. / 追比: 관청에서 명령한 일을 기한 내에 완수하지 못했을 때 곤장을 쳐서 경고하는 것을 말함. '追'는 재촉하다. '比'는 정해진 일이나 액수.
21) 杖: 곤장을 맞다. 동사로 쓰임.
22) 流離: 줄줄 흐르다. 흥건하다. 질펀하다.
23) 自盡: 자살하다.

填塞門戶. 入其舍, 則密室垂簾, 簾外設香几. 問者爇香於鼎25), 再拜. 巫從旁望空代祝26), 唇吻翕闢27), 不知何詞. 各各竦立以聽28). 少間, 簾內擲一紙出, 卽道人意中事29), 無毫髮爽30). 成妻納錢案上, 焚拜如前人. 食頃31), 簾動, 片紙抛落. 拾視之, 非字而畫. 中繪殿閣, 類蘭若32), 後小山下, 怪石亂臥, 針針叢棘33), 靑麻頭伏焉34), 旁一蟆35), 若將跳舞. 展玩不可曉36). 然睹促織, 隱中胸懷37). 折藏之, 歸以示成. 成反復自念: '得無敎我獵蟲所耶?' 細瞻景狀, 與村東大佛閣眞逼似38). 乃强起扶杖, 執圖詣寺後. 有古陵蔚起, 循陵而走, 見蹲石鱗鱗39), 儼然類畵40). 遂於蒿萊中41), 側聽

---

24) 紅女白婆: 홍안의 젊은 여자와 백발의 노파.
25) 爇(설ruò)香: 향을 피우다. 분향하다./鼎: 다리가 셋 달린 香爐.
26) 望空代祝: 허공을 향하여 [점치러 온 사람]대신 기도하다.
27) 唇吻(문wěn): 입술./翕(흡xī)闢: 다물었다 벌렸다 하다. '翕'은 '合', '闢'은 '開'의 뜻.
28) 竦(송sǒng)立: 공손하게 서 있다.
29) 道人意中事: 사람들이 마음속으로 생각하고 있는 일을 말하다.
30) 無毫髮爽: 터럭만큼도 어긋나지 않다. '爽'은 '틀리다''어긋나다'의 뜻.
31) 食頃: 밥 먹는 동안의 시간. 즉 짧은 시간을 말함.
32) 類: 비슷하다./蘭若(아rě): 사찰. 절. 梵語 '阿蘭若'의 음역.
33) 針針叢棘: 가시나무가 바늘처럼 무성하다는 뜻.
34) 靑麻頭: 上品의 귀뚜라미 명칭.
35) 蟆(마má): 개구리와 두꺼비의 통칭.
36) 展玩: 이리 저리 곰곰이 생각한다는 뜻.
37) 胸懷: 마음속의 생각.
38) 逼似: 흡사하다. 핍진하다.
39) 蹲(준cún)石鱗鱗: 돌들이 비늘처럼 빽빽이 들어서 있다는 뜻. '蹲'은 '쪼그리고 [웅크리고] 앉다'의 뜻.
40) 儼然: 완연히.

徐行, 似尋針芥, 而心目耳力俱窮, 絶無蹤響42). 冥搜未已43), 一癩頭蟆44), 猝然躍去45). 成益愕, 急逐趁之. 蟆入草間. 躡跡披求46), 見有蟲伏棘根. 遽撲之47), 入石穴中. 掭以尖草48), 不出, 以筒水灌之, 始出. 狀極俊健. 逐而得之. 審視, 巨身修尾, 青項金翅49). 大喜, 籠歸, 舉家慶賀, 雖連城拱璧不啻也50). 上於盆而養之51), 蟹白栗黃52), 備極護愛, 留待限期, 以塞官責.

　成有子九歲, 窺父不在, 竊發盆. 蟲躍擲徑出, 迅不可捉. 及撲入手, 已股落腹裂, 斯須就斃53). 兒懼, 啼告母. 母聞之, 面色灰死, 大罵曰: "業根54)! 死期至矣! 而翁歸55), 自與汝復算耳56)!" 兒涕而

---

41) 蒿(호hāo)萊: 쑥과 명아주.
42) 蹤響: 자취. 종적.
43) 冥搜: 盡心盡力하여 찾다. '冥'은 '深'의 뜻.
44) 癩(라lài)頭蟆: 두꺼비.
45) 猝然: 갑자기. 돌연히.
46) 躡(섭niè)跡披求: 두꺼비의 자취를 밟아 풀 속을 헤치며 찾다. '躡'은 '밟다''뒤를 밟다''추적하다'의 뜻.
47) 遽: 황급히. / 撲(박pū): '뛰어 들다''때려잡다'의 뜻.
48) 掭(첨tiàn): 손가락이나 막대기 등으로 쑤시다. 찌르다.
49) 靑項金翅(시chì): 푸른 목덜미에 금빛 날개.
50) 連城拱璧: 여러 城과 맞먹는 가치를 지닌 한 아름 크기의 寶玉. 전국시대에 趙 惠文王이 和氏璧을 가지고 있었는데 秦 昭王이 15개의 城과 맞바꾸자고 했다 함. 『史記·廉頗藺相如列傳』에 나옴. / 不啻(시chì): ~에 그치지 않다. ~뿐이 아니다. '啻'는 '止'와 같음.
51) 上於盆: 그릇에 담다. '上'은 동사로 쓰임.
52) 蟹(해xiè)白栗黃: 삶은 게 다리 살과 밤 가루. 매우 귀한 귀뚜라미 사료.
53) 斯須: 잠시 후. / 斃(폐bì): 죽다.
54) 業根: 욕하는 말. '禍根'의 뜻. '業'은 불교용어로 '罪惡'의 뜻.
55) 而翁: 너의 아버지. '而'는 이인칭대명사로 '爾'와 같음.

出. 未幾, 成歸, 聞妻言, 如被冰雪. 怒索兒, 兒渺然不知所往57). 旣得其屍於井. 因而化怒爲悲, 搶呼欲絶58). 夫妻向隅, 茅舍無烟, 相對默然, 不復聊賴59).

日將暮, 取兒藁葬60). 近撫之, 氣息惙然61). 喜置榻上, 半夜復蘇. 夫妻心稍慰. 但兒神氣癡木62), 奄奄思睡63). 成顧蟋蟀籠虛, 則氣斷聲呑, 亦不復以兒爲念. 自昏達曙, 目不交睫64).

東曦旣駕65), 僵臥長愁66). 忽聞門外蟲鳴, 驚起覘視67), 蟲宛然尙在. 喜而捕之. 一鳴輒躍去, 行且速. 覆之以掌, 虛若無物. 手裁擧68), 則又超忽而躍. 急趁之. 折過墻隅69), 迷其所往. 徘徊四顧,

---

56) 復算: 추궁하다. 결판내다. 끝장내다.
57) 渺然: '杳然'과 같음. 감쪽같이. 온데 간데 없이.
58) 搶(창qiāng)呼: '呼天搶地'의 뜻. 머리를 땅에 부딪히고 하늘을 향하여 울부짖다. 대성통곡하다. '搶'은 '부딪히다' '충돌하다'의 뜻. / 欲絶: 숨이 끊어지려 하다. 절명하려 하다.
59) 不復聊賴: 더 이상 삶의 희망이 없다는 뜻. '聊賴'는 '기탁하다' '의지하다'의 뜻.
60) 藁(고gǎo)葬: 풀이나 거적 따위로 덮어서 장례 치르다. '藁'는 짚. 거적.
61) 氣息惙(철chuò)然: 숨이 깔딱거리다. 호흡이 약간 남아 있다. '惙'은 '피곤하다' 또는 '중지하다' '그만두다'[輟]의 뜻.
62) 癡木: 멍하다. 정신이 오락가락하다. 미친 듯 하다.
63) 奄奄: 호흡·기운·정신력 등이 미약한 모양.
64) 目不交睫(첩jié): 눈을 붙이지 못하다. 즉 한 숨도 못 잤다는 뜻. '睫'은 속눈썹을 말함.
65) 東曦(희xī)旣駕: 동방의 태양이 이미 떴다는 뜻. '東曦'는 태양신인 東君을 말함. '曦'는 햇빛. 주로 아침 햇살을 가리킴. 신화전설에 따르면 태양신이 날마다 六龍이 끄는 수레에 태양을 싣고서 동방을 출발한다고 함.
66) 僵臥: 뻣뻣하게 눕다.
67) 覘(첨chān)視: 살펴보다. 관찰하다.
68) 裁: '才'와 통함. 막. 바야흐로.
69) 折過墻隅: 담 모퉁이를 돌아가다.

見蟲伏壁上. 審諦之70), 短小, 黑赤色, 頓非前物71). 成以其小, 劣之. 惟彷徨瞻顧, 尋所逐者72). 壁上小蟲, 忽躍落襟袖間. 視之. 形若土狗73), 梅花翅74), 方首長脛, 意似良. 喜而收之. 將獻公堂. 惴惴恐不當意75), 思試之鬪以覘之. 村中少年好事者, 馴養一蟲, 自名'蟹殼靑', 日與子弟角76), 無不勝. 欲居之以爲利, 而高其直, 亦無售者. 徑造廬訪成. 視成所蓄, 掩口胡盧而笑77). 因出己蟲, 納比籠中78). 成視之, 龐然修偉79), 自增慚怍, 不敢與較. 少年固强之. 顧念: '蓄劣物, 終無所用, 不如拚博一笑80).' 因合納鬪盆. 小蟲伏不動, 蠢若木鷄81). 少年又大笑. 試以猪鬣毛撩撥蟲鬚82), 仍不動.

---

70) 審諦(체dì): 자세히 살펴보다.
71) 頓非前物: '頓'은 금새. 즉시. 돌연히. 홀연히.
72) 所逐者: 지금까지 추적했던 귀뚜라미. 즉 아들이 실수로 죽인 귀뚜라미.
73) 土狗: 땅강아지.
74) 梅花翅: 싸움을 잘하는 귀뚜라미를 '梅花土狗'라고 함.
75) 惴惴(췌zhuì): 걱정하고 불안해하는 모양./ 當意: 뜻에 합당하다. 마음에 들다.
76) 日與子弟角: 날마다 친구들의 귀뚜라미와 싸움시킨다는 뜻. '角'은 '비교하다' '겨루다'의 뜻.
77) 胡盧: 크게 웃는 모양.
78) 納: 집어넣다. 들여 넣다./ 比籠: 귀뚜라미의 크기와 우열을 비교할 수 있도록 고안한 장.
79) 龐(방páng)然: 몸집이 큰 모양./ 修偉: 長大하다. '修'는 '長'의 뜻.
80) 拚(변pàn)博一笑: 웃음거리가 되도록 내버려두다. '拚'은 '버리다'의 뜻.
81) 蠢(준chǔn)若: 우둔하고 동작이 굼뜬 모양./ 木鷄: 옛날 紀渚子가 齊王을 위하여 鬪鷄를 기르면서 나무로 만든 닭처럼 표정이나 감정에 아무런 동요가 없도록 투계를 훈련시켜 상대방을 제압할 수 있게 했다고 함. 『莊子·達生』에 나옴.
82) 猪鬣(렵liè)毛: 돼지 털. '鬣'은 짐승의 목덜미에 난 갈기를 말함./ 撩(료liáo)撥: 집적거리다. 자극하다./ 蟲鬚: 곤충의 더듬이.

少年又笑. 屢撩之, 蟲暴怒, 直奔, 遂相騰擊, 振奮作聲. 俄見小蟲躍起, 張尾伸鬚, 直齕敵領83). 少年大駭, 解令休止. 蟲翹然矜鳴84), 似報主知. 成大喜.

方共瞻玩, 一鷄瞥來85), 徑進以啄. 成駭立愕呼. 幸啄不中, 蟲躍去尺有咫86). 鷄健進, 逐逼之, 蟲已在爪下矣. 成倉猝莫知所救87), 頓足失色88). 旋見鷄伸頸擺撲89). 臨視, 則蟲集冠上90), 力叮不釋91). 成益驚喜, 掇置籠中.

翼日進宰92), 宰見其小, 怒訶成93). 成述其異, 宰不信. 試與他蟲鬪, 蟲盡靡94). 又試之鷄, 果如成言. 乃賞成, 獻諸撫軍95). 撫軍大悅, 以金籠進上, 細疏其能. 旣入宮中, 擧天下所貢蝴蝶·螳螂·油利撻·靑絲額96) …… 一切異狀, 遍試之, 無出其右者97). 每聞琴瑟

---

83) 齕(흘hé): 깨물다. 물어뜯다.
84) 翹(교qiáo)然矜鳴: 날개를 높이 치켜들고 자랑스럽게 울다. '翹然'은 날개 따위를 치켜세우는 모양.
85) 瞥(별piē): 눈 깜짝할 사이에. 갑자기.
86) 去: 떨어지다. / 尺有咫(지zhǐ): 1尺 정도 '有'는 '又'의 뜻. '咫'는 8寸.
87) 倉猝: '倉卒'과 같음. 갑자기. 황급히.
88) 頓足: 발을 구르다. 매우 급한 상황을 나타냄.
89) 旋: 이윽고 / 伸頸擺撲: 목을 빼고 달려들다.
90) 集冠上: 닭 벼슬 위에 앉다. '集'은 '머물다'의 뜻.
91) 力叮(정dīng)不釋: 힘껏 물고 놓지 않다. '叮'은 '물다'의 뜻.
92) 翼日: '翌日'과 같음. 다음 날.
93) 訶(가hē): 큰 소리로 꾸짖다. 질책하다.
94) 盡靡: 모두 쓰러뜨리다. 모두 이기다. '靡'는 '쓰러지다'·'패배하다'의 뜻.
95) 諸: '之於'의 준말. / 撫軍: 明·淸代 巡撫의 별칭으로 한 省의 民政과 軍政을 맡음.
96) 蝴蝶·螳螂·油利撻·靑絲額: 모두 上品 귀뚜라미의 명칭.
97) 無出其右者: 成名이 새로 잡은 그 귀뚜라미보다 나은 것이 없다는 뜻.

之聲, 則應節而舞98). 益奇之. 上大嘉悅, 詔賜撫臣名馬衣緞. 撫軍不忘所自99), 無何, 宰以'卓異'聞100). 宰悅, 免成役. 又囑學使101), 俾入邑庠102).

後歲餘, 成子精神復舊. 自言: "身化促織, 輕捷善鬪, 今始蘇耳." 撫軍亦厚賚成103). 不數歲, 田百頃, 樓閣萬椽104), 牛羊蹄躈各千計105). 一出門, 裘馬過世家焉106).

異史氏曰: "天子偶用一物, 未必不過此已忘107), 而奉行者卽爲定例. 加以官貪吏虐, 民日貼婦賣兒108), 更無休止. 故天子一跬步109), 皆關民命, 不可忽也. 獨是成氏子以蠹貧110), 以促織富, 裘

---

98) 應節而舞: 박자에 맞춰 춤을 추다.
99) 所自: 내원. 여기서는 황제의 은총을 받게 된 원인을 말함.
100) 卓異: 재능이 탁월하다. 明·淸代 지방관리의 공적 심사에서 최우수 評語.
101) 學使: 淸代에 각 省의 學政과 과거시험을 주관하는 관원.
102) 俾: '使'와 같음. / 入邑庠(상xiáng): 縣의 학교에 입학하다. 즉 秀才의 자격을 얻었다는 뜻. '庠'은 옛날 鄕學의 명칭.
103) 厚賚(뢰lài): 厚賜하다. '賚'는 賞을 내리다.
104) 樓閣萬椽(연chuán): 집이 굉장히 크고 넓다는 뜻. '萬椽'은 '萬間'의 뜻. '椽'은 서까래.
105) 蹄(제tí)躈(교qiào)各千計: 각 2백 마리가 된다는 뜻. '蹄'는 발굽. '躈'는 '噭'와 같으며 입[口]을 말함. 즉 牛羊 등은 1躈[口] 4蹄이므로 2백 마리는 2백 口와 8백 蹄를 합하여 천 마리가 됨. 여기서는 가축이 매우 많다는 뜻.
106) 世家: 대대로 벼슬한 世族.
107) 未必不過此已忘: 한번 지나가면 이미 잊어버리지 않음이 없다. 즉 별로 신경을 쓰지 않는다는 뜻.
108) 貼(첩tiē)婦: 부인을 저당 잡히다.
109) 跬(규kuǐ)步: 半步. 반걸음. 여기서는 '一擧手 一投足'의 뜻으로 쓰임.
110) 以蠹(두dù)貧: 좀벌레 같은 관리 때문에 가난해 졌다는 뜻. '以'는 '因'의 뜻. '蠹'는 좀벌레로 백성들의 재산을 갉아먹는 관리를 비유함.

馬揚揚111). 當其爲里正, 受撲責時112), 豈意其至此哉! 天將以酬長厚者, 遂使撫臣·令尹, 幷受促織恩蔭113). 聞之: '一人飛升, 仙及鷄犬.'114) 信夫!" (卷四)

---

111) 裘馬揚揚: 좋은 갖옷과 말이 흡족할 만큼 많다는 뜻. '揚揚'은 得意滿滿한 모양.
112) 受撲責時: 곤장을 맞고 문책 당할 때.
113) 恩蔭: 先代의 공적으로 인하여 자식이 관직을 받는 것을 말함. 撫軍과 縣官이 귀뚜라미의 恩蔭을 받았다는 것은 풍자의 뜻이 담겨 있음.
114) 一人飛升, 仙及鷄犬: 전설에 따르면 淮南王 劉安이 仙道를 닦아 승천한 뒤 남은 仙藥을 집에서 기르던 닭과 개가 핥아먹고 모두 승천했다고 함. 여기서는 撫軍과 縣官이 한 마리의 귀뚜라미 덕택에 顯達했음을 풍자함.

閱微草堂筆記

『열미초당필기』는 淸代 紀昀이 지었다. 원래는 『灤陽消夏錄』(6권), 『灤陽續錄』(6권), 『如是我聞』(4권), 『槐西雜志』(4권), 『姑妄聽之』(4권)의 5種을 그의 제자 盛時彦이 合刊하여 『閱微草堂筆記五種』이라고 이름붙였다. 총 24권에 1,100여 條의 고사가 수록되어 있다. 내용은 귀신·풍속·詩文·典故·書畵 등에 관한 것으로 괴이한 고사가 주류이다. 창작 목적은 귀신을 빌어 인과응보를 설명하고 봉건도덕을 선양함으로써 세상을 교화하는 데 두었으며, 형식상으로는 唐代 傳奇의 화려함을 반대하고 六朝 志怪의 질박함을 추구하여 문장이 담백·청신하다. 이러한 특징은 세밀한 묘사와 화려한 문장으로 쓰여진 『聊齋志異』와 그 풍격상 서로 대조가 된다. 『열미초당필기』는 『요재지이』와 함께 청대 문언소설의 쌍벽을 이루어 이를 모방한 작품이 많이 생겨났다.

紀昀(1724~1805)은 청대의 학자이자 문학가로서 字는 曉嵐·春帆이며 直隷 河間府 獻縣[지금의 河北省 獻縣] 사람이다. 乾隆年間에 進士가 되어 禮部尙書·協辦大學士 등 고관을 두루 역임했으며, 일찍이 四庫全書總纂官에 임명되어 『四庫全書總目提要』를 편찬했다. 저작에는 『紀文達公遺集』이 있다. 『열미초당필기』는 그가 일찍이 듣고 본 바를 만년에 소일삼아 기록한 것이다.

老學究夜行

愛堂先生言: 聞有老學究夜行[1], 忽遇其亡友. 學究素剛直, 亦不

---

1) 學究: 唐代 과거시험의 明經科는 五經·三經·二經·學究一經 등으로 나뉘는데,

怖畏, 問: "君何往?" 曰: "吾爲冥吏2), 至南村有所勾攝3), 適同路耳4)." 因幷行. 至一破屋, 鬼曰: "此文士廬也." 問: "何以知之?" 曰: "凡人白晝營營5), 性靈汨沒6). 惟睡時一念不生, 元神朗澈7). 胸中所讀之書, 字字皆吐光芒8), 自百竅而出9). 其狀縹緲繽紛10), 爛如錦繡. 學如鄭·孔11), 文如屈·宋·班·馬者12), 上燭霄漢13), 與星月爭輝. 次者數丈, 次者數尺, 以漸而差14). 極下者, 亦熒熒如一燈15), 照映戶牖16). 人不能見, 惟鬼神見之耳. 此室上光芒高七八尺, 以是而知." 學究問: "我讀書一生, 睡中光芒當幾許17)?" 鬼囁嚅良久18), 曰: "昨過君塾19), 君方晝寢. 見君胸中高頭講章一部20),

---

그 중 '學究一經'에 응시한 사람을 '學究'라고 함. 나중에는 세상일에 어두운 고리타분한 선비를 가리키는 말로 쓰임. 여기서는 '서당선생'을 가리킴.
2) 冥吏: 저승사자.
3) 勾攝: 불러들이다. 소환하다. 여기서는 사람의 혼백을 거두어 간다는 뜻.
4) 適: 마침. 공교롭게.
5) 營營: 바쁘게 움직이는 모양. 분주한 모양.
6) 汨(골gǔ)沒: 매몰되다. 세상일에 깊이 빠져 헤어나지 못한다는 뜻.
7) 元神: 도교에서는 사람의 영혼을 '元神'이라고 함.
8) 光芒: 빛발. 빛.
9) 竅(규qiào): 구멍. 여기서는 사람 몸에 난 온갖 구멍을 말함.
10) 縹(표piāo)緲(묘miǎo)繽(빈bīn)紛(분fēn): 연기 따위가 하늘하늘 뭉게뭉게 피어 오르는 모양.
11) 鄭·孔: 鄭玄과 孔安國을 말함. 모두 漢代의 大儒學家이자 經學家임.
12) 屈·宋·班·馬: 屈原·宋玉·班固·司馬相如를 말함. 모두 詩文의 대가임.
13) 燭: 비추다. 동사로 쓰임./霄漢: 하늘. 은하수.
14) 以漸而差: 점차적으로 차이가 나다.
15) 熒熒(형yíng): 희미하게 반짝이는 모양. 가물가물하는 모양.
16) 戶牖(유yǒu): 지게 창과 옹기 창. 여기서는 그냥 '창문'의 뜻으로 쓰임.
17) 幾許: '幾何'와 같음. 얼마큼. 어느 정도.

黑卷五六百篇21), 經文七八十篇22), 策略三四十篇23), 字字化爲黑烟, 籠罩屋上24). 諸生誦讀之聲, 如在濃雲密霧中. 實未見光芒, 不敢妄語." 學究怒叱之. 鬼大笑而去.

---

18) 囁囁(섭niè): 말하려다 멈칫하는 모양.
19) 塾(숙shú): 글방. 서당.
20) 高頭講章: 明·淸代 과거시험의 八股文은 모두 四書五經에서 출제되었는데, 당시 응시생들이 보던 참고서는 대부분 2단 또는 3단으로 나뉘어 하단에는 사서오경의 원문이 쓰여 있고 중단 또는 상단에는 해석과 주석이 쓰여 있었음. 講解의 문장은 상단에 있었기 때문에 '고두강장'이라고 한 것임. 여기서는 과거시험용의 八股文 학습참고서를 말함.
21) 黑卷: 명·청대 과거시험에서 鄕試와 會試의 수험생은 검은 글씨로 답안지를 작성하는데 이것을 '黑卷'이라고 함. 또한 제출된 '黑卷'은 부정을 방지하기 위하여 筆寫人이 붉은 글씨로 한 부를 베껴 쓴 뒤에 채점관에게 보내는데 이것을 '朱卷'이라고 함. 또한 합격자의 답안지는 따로 選輯하여 응시자들의 학습규범으로 쓰이기도 했는데, 여기서는 바로 이것을 말함.
22) 經文: 청대 과거시험 중 五經을 문제로 내는 八股文을 말함.
23) 策略: 청대 과거시험 중의 '策問'문을 말함. 수험생이 출제된 문제에 조목조목 답하는 것을 '策問'이라고 함. 주로 經史와 政務를 문제로 냄.
24) 籠罩(조zhào): 덮어씌우다. 가리우다.

曹竹虛言

曹司農竹虛言1): 其族兄自歙往揚州2), 途經友人家. 時盛夏, 延坐書屋, 甚軒爽3). 暮欲下榻其中4). 友人曰: "是有魅, 夜不可居." 曹强居之. 夜半, 有物自門隙蠕蠕入5), 薄如夾紙. 入室後, 漸開展作人形, 乃女子也. 曹殊不畏6). 忽披髮吐舌, 作縊鬼狀7). 曹笑曰: "猶是髮, 但稍亂, 猶是舌, 但稍長, 亦何足畏!" 忽自摘其首置案上. 曹又笑曰: "有首尙不足畏, 况無首耶?" 鬼技窮, 倏然滅8). 及歸途再宿, 夜半, 門隙又蠕蠕, 甫露其首9), 輒唾曰10): "又此敗興物耶!" 竟不入.

此與嵇中散事相類11). 夫虎不食醉人12), 不知畏也. 大抵畏則心亂,

---

1) 司農: 淸代 중앙정부에서 戶籍·財賦 등을 주관하는 戶部尙書를 말함. 직무가 漢代의 '司農'과 비슷하기 때문에 습관적으로 그렇게 부름.
2) 歙(흡shè): 지금의 安徽省 歙縣. / 揚州: 지금의 江蘇省 揚州市.
3) 軒爽: 널찍하고 시원하다.
4) 下榻: 평상에 눕다. 즉 잠자리에 든다는 뜻.
5) 隙(극xì): 틈. 틈새. / 蠕蠕(연rú, ruǎn): 천천히 기어가는 모양. 꿈틀거리는 모양.
6) 殊: 전혀. 거의.
7) 縊(의yì)鬼: 목매달아 죽은 귀신.
8) 倏(숙shū)然: 홀연히. 갑자기.
9) 甫: 겨우. 막. 갓.
10) 輒(첩zhé): 즉시. / 唾: 침을 뱉다. 동사로 쓰임.
11) 嵇(혜jī)中散: 이름은 嵇康, 字는 叔夜. 삼국시대 魏나라 문학가·철학가·음악가. 中散大夫를 지냈기 때문에 그렇게 부름. 『藝文類聚』 권44에 인용된 裴啓의 『語林』에 "嵇中散夜燈火下彈琴, 忽有一人, 面甚小, 斯須轉大, 遂長丈餘, 黑單衣皁帶. 嵇視之旣熟, 吹火滅, 曰: '吾恥與魑魅爭光.'"이라고 함.
12) 虎不食醉人: 호랑이는 두려움을 모르는 어린 아이나 술 취한 사람은 잡아먹지 않는다고 함. 『虎苑』에 "虎不食小兒, 兒癡不懼虎, 故不得食. 并不食醉人, 必俟

心亂則神渙13), 神渙則鬼得乘之14). 不畏則心定, 心定則神全, 神全則沴戾之氣不能干15). 故記中散是事者, 稱神志湛然16), 鬼慚而去.

  其醒, 始食. 非俟其醒, 俟其懼也."
13) 渙: 흩어지다. 산란하다.
14) 乘之: 정신이 산란한 틈을 탄다는 뜻.
15) 沴(려lì)戾之氣: 사악하고 해로운 기운. / 干: 간섭하다. 침범하다.
16) 湛(담zhàn)然: 물이 맑고 깊은 모양. 여기서는 정신이 맑게 깨어 있다는 뜻.

子不語

『자불어』는 淸代 袁枚가 지었다. 前集 24권과 續集 10권에 총 999條의 고사가 수록되어 있다. 書名은 『論語』의 "子不語怪力亂神"이라는 구절에서 따왔다. 그러나 元代에 이미 同名의 작품이 있었음을 알고서 나중에 『新齊諧』로 서명을 바꾸었다. 속집에 乾隆 57년(1793)의 일이 기록되어 있는 것으로 보아 아마도 책의 완성시기는 그 이후일 것이다. 『자불어』는 작자가 보고들은 기이한 이야기를 晩年에 "戲編"한 것으로 꾸미지 않는 자연스러운 문장 풍격이 특색이다. 표현수법은 대부분 六朝의 志怪를 모방하여 唐 傳奇를 적극 본받은 『聊齋志異』와 그 취향이 다르다.

袁枚(1716~1797)는 자는 子才, 호는 簡齋·隨園老人이며 浙江省 錢塘[지금의 杭州市] 사람이다. 乾隆年間에 進士가 되어 일찍이 江寧 등지의 知縣을 역임했으며, 30세에 관직을 사퇴하고 江寧[지금의 南京市]의 小倉山에 隨園을 지어 거하면서 저술에 힘썼다. 그는 청대의 저명한 시인으로 '性靈說'을 주창했으며, 紀昀과 이름을 나란히 하여 '南袁北紀'라고 병칭되었다. 저작에는 『小倉山房集』·『隨園詩話』 등이 있다.

汪啓明捉鬼

婺源汪啓明[1], 遷居上河之進士第[2], 其族汪進士波故宅也. 乾隆

---

1) 婺(무wù)源: 지금의 江西省 婺源縣 / 汪啓明: 人名.
2) 上河: 上新河를 말함. 지금의 南京城 서쪽에 있음. / 第: 집. 저택.

甲午四月一日夜3), 夢魘4). 良久, 寤, 見一鬼逼帷立5), 高與屋齊6). 汪素勇, 突起搏之. 鬼急奪門走, 而誤觸牆, 狀甚狼狽. 汪追及之, 抱其腰. 忽陰風起, 殘燈滅, 不見鬼面目, 但覺手甚冷, 腰粗如甕7). 欲喊集家人, 而聲噤不能出8). 久之, 極力大叫. 家人齊應. 鬼形縮小如嬰兒. 各持炬來照9), 則所握者, 壞絲錦一團也. 窗外瓦礫亂擲如雨10). 家人咸怖, 勸釋之. 汪笑曰: "鬼當虛嚇人耳11), 奚能爲! 倘釋之12), 將助爲祟13), 不如殺一鬼以懲百鬼." 因左手握鬼, 右手取家人火炬燒之. 腷膊有聲14), 鮮血迸射15), 臭氣不可聞. 迨曉16), 四鄰驚集. 聞其臭, 無不掩鼻者. 地上血厚寸許17), 腥膩如膠18), 竟不知何鬼也.

---

3) 乾隆甲午: 乾隆 39년, 즉 1774년. '乾隆'은 淸 高宗 弘歷의 연호(1736~1795).
4) 夢魘(엽yǎn): 악몽에 시달리다. 꿈에 가위눌리다.
5) 逼帷立: 침상 휘장에 바짝 다가서 있다.
6) 高與屋齊: 키가 집처럼 크다. '齊'는 '나란하다' '비슷하다' '맞먹는다'의 뜻.
7) 粗: 대략. 대강.
8) 聲噤(금jìn): 목소리가 나오지 않다. '噤'은 '입을 다물다' '말하지 않다'의 뜻.
9) 炬: 횃불.
10) 瓦礫(력lì): 기와 조각. '礫'은 조약돌. 자갈. 부서진 돌.
11) 嚇(혁xià): 놀라게 하다.
12) 倘(당tǎng): 만약. 만일.
13) 祟(수suì): 귀신의 재앙. 殃禍.
14) 腷(픽bì)膊(박bó): 의성어. 피지직. 물체가 불에 탈 때 나는 소리.
15) 迸(병bèng)射: 분출하다. 내뿜다.
16) 迨(태dài): 이르다. ~때가 되다.
17) 許: 쯤. 정도. 가량. 남짓.
18) 腥膩(니nì): 비린내가 나고 기름기가 끼다.

王葑亭舍人爲作<捉鬼行>19), 紀其事.

---

19) 王葑亭: 王友亮. 字는 景南, 號는 葑亭, 婺源 사람. 乾隆年間에 進士가 되어 刑部主事·禮科兵科給事中·通政司副使 등을 지냄. 淸初의 시인. 저작에 『葑亭文集』·『雙佩齋集』 등이 있음. / 舍人: 官名. 淸代 內閣中書의 별칭. 내각의 文書 事務를 맡아 봄.

中國文言小說 槪說*

侯 忠 義

　중국 고대소설은 한대(漢代)부터 시작하여 지금에 이르기까지 이미 2,000년의 역사를 가지고 있으므로 가히 '원류가 유구하다[源遠流長]'고 말할 수 있으며, 시가와 산문의 발생 연대와 비교한다면 그것은 가히 '대기만성(大器晚成)'이라고 말할 수 있다. 중국의 소설사는 문학발전사의 중요한 구성 부분이며, 고대소설은 눈부시게 찬란한 예술의 보배이다.

　중국 고대소설은 문언(文言)과 백화(白話)의 2가지 형식이 각기 계통을 형성하여 서로 영향을 미치면서 분리되어 발전했다. 문언소설은 당 전기(傳奇) 이후에도 송원 화본(話本)의 흥기와 명청 장편 백화소설의 번영으로 말미암아 '소리 없이 자취를 감춘[銷聲匿迹]' 것이 결코 아니라, 여전히 전등삼화(剪燈三話:『剪燈新話』·『剪燈餘話』·『覓燈因話』)와『요재지이(聊齋志異)』등이 출현했다.

---

* 이 글은『中國文言小說史稿(上)』[侯忠義 著, 北京大學出版社, 1990]과『中國文言小說史稿(下)』[侯忠義·劉世林 著, 北京大學出版社, 1993]에 실려 있는 侯忠義의 <前言>을 번역한 것이다.

선진(先秦)·양한(兩漢)부터 당·오대(唐五代)까지는 문언소설의 초기와 흥성기에 해당한다. 이 시기의 소설관념은 명청 시기와는 달라서 그 나름의 시대적인 특징을 갖추고 있었다. 한대인의 소설이론을 종합·개괄해 보면 대체로 다음의 6가지를 포함한다:

1)소설의 재료는 주로 민간 전설에서 유래된 것으로 "거리나 골목의 떠도는 이야기를 길에서 듣고 꾸며 얘기한[街談巷語, 道聽塗說]" 것이며, 내용은 경전에 보이지 않는 '잡설(雜說)'과 자질구레한 일화이다. 2)소설의 형식은 "여기저기 흩어져 있는 하찮은 말[叢殘小語]"이나 "짧은 죽간(竹簡)에 기록한 것[尺寸短書]", 즉 모두 단편이다. 3)소설의 성질은 감상성·지식성·설교성을 지니고 있다. 4)비유·과장·허구 등의 예술수법을 사용하여 생동감과 형상성의 특징을 갖추고 있다. 5)작자는 "여기저기 흩어져 있는 하찮은 말"을 모아 "주변에서 비유를 취하여 논함[近取譬論]" 수 있었던 지식인이나 관리였으며, 그 가운데 적잖은 사람은 방사(方士)와 관련이 있다. 6)언어는 서면문자(書面文字), 즉 문언문이다. 한대인의 소설개념은 중국 문언소설의 개념을 확정한 것으로, 그것이 포괄하고 있는 특징과 함의는 하나의 규범이 되어 청말(淸末)까지 줄곧 이어지는 봉건시대 전체 작자들이 준수하고 인정했다. 한대인의 소설이론을 이해하는 것은 이 시기의 소설 내용과 특징을 이해하는 데 매우 필요한 것이다.

당 이전의 소설은 내용과 체재상 지괴(志怪)와 지인(志人:軼事)의 2종류로 나눌 수 있다. 이른바 지괴는 귀신에 관한 괴이한 일을 기록한 것이고, 이른바 지인은 인물의 언행과 자질구레한 일화를 기록한 것이다. 이러한 2종류의 체재는 한대 소설에 이미 구비되어 있었으며, 또한 문언소설의 전통적인 체재가 되었다. 『한서·예문지(漢書藝文志)』에 저록된 15가(家)의 소설은 비록 수대(隋代)에 이미 망실되긴 했지만 그 서명(書名)과 반고(班固)·안사고(顏師古)의 주 및 부분적인 일문(佚文)을 통하여 고찰해 보면, 지괴류는 방사의 말인 『우초주설(虞初周說)』 등과 같은 것으로 그 내용은 신선방술(神仙方術), 복식양생(服食養生), 의사나 무당이 앞일을 점치는 일[醫巫厭祝]에서 벗어나지 않으며, 지인류는 옛 사람의 옛 일을 기록한 『이윤설(伊尹說)』·『청사자(靑史子)』·『주고(周考)』와 잡사·일화를 기록한 『백가(百家)』 등과 같은 것이다. 오늘날 이미 한대인의 소설이라고 판명된 『연단자(燕丹子)』 역시 지인류에 속한다.

위진(魏晉) 소설은 한 편으로는 신화 전설의 전통을 계승하여 한대 소설의 기초 위에서 한말(漢末)의 무풍(巫風)과 소승불교의 영향을 받아 신선·귀물을 묘사한 지괴소설로 발전했으며, 다른 한 편으로는 선진·양한의 사서(史書)와 제자서(諸子書)의 전통을 계승하여 한대 소설의 기초 위에서 한말의 청담(淸談)과 인물품평 풍조의 영향을 받아 인물의 언행을 중점적으로 기록한 지인소설로 발전했다. 지괴소설은 이 시기 소설의 중심이자 주류였다. 그 내용은 다시 다음의 3부류로 나눌 수 있다: 첫 번째는 괴이하고 신령스러운 일을 주로 기록한 기괴류(記怪類)로서, 『열이전(列異傳)』·『수신기(搜神記)』·『수신후기』 등이 여기에 속한다. 이러한 작품들은 "귀신에 관한 이야기를 늘어놓거나 신령스럽고 괴이한 일을 언급한[張皇鬼神, 稱道靈異]"[1] 것으로, "이승과 저승이 비록 다른 길이지만 인간과 귀신이 모두 실제로 존재한다[幽明雖殊途, 而人鬼乃皆實有]"[2]고 여겼는데,

---

1) 『中國小說史略』 第5篇.

그 목적은 "귀신의 도가 거짓이 아님[神道之不誣也]"3)을 증명하기 위한 것이었다. 위진 시기에는 지괴고사의 기록이 하나의 풍조를 이루었는데, 여기에는 일정한 사회적인 기초가 있었다. 이것은 봉건 종교의 미신사상과 신선설이 사회에 미친 일종의 영향으로서, 암흑정치에 대한 당시 일반 대중들의 소극적인 탈피 방법이었다고 이해할 수 있다. 동시에 그 중에는 민간에서 전래된 전설고사 가운데 종종 귀신의 형식을 빌어 일종의 적극적·진보적인 사상을 표현한 것이 있음을 주목해야 하는데, 그 예로는 폭정에 대한 반항, 영웅인물에 대한 칭송, 훌륭한 인품에 대한 찬양, 행복한 생활에 대한 추구 등을 들 수 있다.『열이전』의 <종정백(宗定伯)>,『수신기』의 <삼왕묘(三王墓)>·<이기(李寄)>·<동영(董永)>,『수신후기』의 <원상근석(袁相根碩)>·<백수소녀(白水素女)> 등은 바로 이러한 유의 소설 중에서 계승과 발양을 가장 잘 이룩한 민주성(民主性)의 정화이다. 두 번째는 산천지리와 원방(遠方)의 이물을 주로 기록한 박물류로서,『십주기(十洲記)』·『동명기(洞冥記)』·『박물지(博物志)』·『현중기(玄中記)』등이 여기에 속한다. 이러한 작품들은 산천에 상세한 것도 있고 이물에 상세한 것도 있으며 신화전설에 상세한 것도 있다. 한나라의 강토 개척과 각국과의 문화·무역 교류와 방사들이 "스스로 자신의 술법을 신비화한 것[自神其術]" 등이 이러한 류의 내용에 이미 현실의 그림자를 드리우게 했으며, 또한 신비적인 색채를 짙게 깔리게 했다. 그 중에서 특히『박물지』에 기재된 <승사(乘槎)>와 같은 신화전설은『산해경(山海經)』속의 신화에 비하여 환상과 생

---

2) 앞의 책, 같은 편.
3) 干寶의『搜神記·序』.

활 체취가 더욱 풍부하다. 세 번째는 구선득도(求仙得道)하는 선인과 이인을 주로 기록한 신선류로서,『신선전(神仙傳)』이 여기에 속한다. 이 작품은 동진(東晉)의 갈홍(葛洪)이 유향(劉向)의『열선전(列仙傳)』을 바탕으로 창작·발전시킨 것이다. 이것은 "옛 선인[古之仙人]"과 신선고사의 집대성으로 이미 전기(傳奇)와 종교적인 특징이 있으며 또한 현실적인 요소도 있다. 총괄하면 위진의 지괴소설은 귀신과 괴이한 일을 기록한 것이다. 대부분은 봉건성의 찌꺼기가 남아 있지만, 소수의 민간에서 유래된 전설은 지괴적인 색채가 비교적 적고 강렬한 반항성과 투쟁성이 풍부한데 이것이 지괴소설을 대표한다. 예술상 지괴소설은 비록 "여기저기 흩어져 있는 하찮은 말"과 "경개를 대강 기술한 것[粗陳梗槪]"이 대부분이지만, 특히 오랫동안 유전된 일부 작품은 여러 사람들의 정리·가공을 거쳐 모두 고사성·완정성(完整性)·형상성의 특징을 갖추고 있다. 특히 예술기교상 일반적으로 백묘(白描)와 대화 등의 수법을 운용하여 인물을 묘사하는 데 주의했다. 작품에 등장하는 남녀 주인공은 행복한 생활이나 소망이 악한 세력에 의해 파괴당함으로써 비극이 조성된다. 비록 반항과 투쟁을 겪지만 현실 속에서는 승리를 얻을 수가 없기 때문에 죽었다가 다시 살아나고[<王道平>], 귀신과 혼백이 모습을 나타내고[<吳王小女>], 신선이 도와 주는[<白水素女>] 등의 환상의 형식이나 비유와 상징의 형식[<韓憑妻>·<三王墓>·<袁相根碩> 등]을 통하여 승리를 획득함으로써 인물에 적극적인 사상의의를 부여한다. 이것은 남북조를 포함한 위진 지괴소설의 내용과 구성상 하나의 보편적인 특징이다.

위진의 지인(志人:軼事)소설은 소화(笑話)[『笑林』], 쇄언(瑣言)[『語

林』・『郭子』], 일사(軼事)[『西京雜記』]의 3부류를 포괄하는데 쇄언류가 위주이다. 동한(東漢) 말년에 흥기한 정치의 득실을 평론한 '청의(淸議)'는 '당고(黨錮)'와 살륙의 화를 초래했는데, 정치 풍운의 변화가 매우 심했던 위진 시대에는 이러한 위험성이 더욱 증가했다. 문인 명사와 관료 사대부들은 "화로부터 멀리 몸을 피하기[遠身避禍]"위하여, '청의'를 '청담'으로 바꾸고 노장사상을 중심으로 하여 세무(世務)를 버려 두고 현리(玄理)만을 담론했다. 그래서 '청담'을 '청언(淸言)'·'현언(玄言)'이라고도 한다. 또한 동한 말년에는 사인(士人)들 사이에서 인물의 우열과 고하를 품평하는 '품목(品目)'을 이미 중시하여, 한 개인의 명성의 성패가 종종 어떤 중요 인물의 한 마디 말로 결정되곤 했다. 이른바 쇄언류 소설은 바로 그러한 문인 명사의 언행을 기록한 것이다. 『명사전(名士傳)』은 위(魏)·서진(西晋) 명사들의 고사를 기록한 것이다. 배계(裴啓)는 일찍이 "한·위 이래로 지금[東晉]에 이르기까지의 언어응대 중에서 뛰어난 것을 [수집하여] 『어림(語林)』이라 이름했다[漢魏以來迄於今時之言語應對之可稱者, 謂之語林]."4) 동진의 곽징지(郭澄之)가 찬한 『곽자(郭子)』는 진대(晉代) 사대부들의 언행과 일사를 기록한 것으로 『어림』과 그 내용이 비슷하다. 『명사전』·『어림』·『곽자』는 바로 쇄언류 소설의 대표작품이다. 삼국시대 위의 한단순(邯鄲淳)이 찬한 『소림(笑林)』은 중국의 첫 번째 소화 전집(專集)으로 전통적인 목록학자의 개념에서 보면 그것은 소설 작품이다. 한단순은 조씨(曹氏) 부자와 교분이 두터워 조식(曹植)이 그를 향해 "배우들의 우스갯소리 수천 언을 암송했는데[誦俳優小說數千言]", 이것은 소화 작품의 보급과 수량의 많

---

4) 『世說新語·輕詆篇』注에 인용된 『續晉陽秋』.

음을 보여 주는 동시에 소설이 구비하고 있는 오락적인 성질을 표명한 것이다. 일사류의 대표작품인 『서경잡기(西京雜記)』는 『한무고사(漢武故事)』·『한무내전(漢武內傳)』 등이 한 무제라는 하나의 인물을 중심으로 한 것에 비하여, 하나의 왕조[漢朝]와 하나의 지점[長安]을 중심으로 인물·왕조·지역과 관련된 떠도는 이야기와 사소한 일을 기록함으로써, 역사 저작에 실려 있지 않거나 빠져 있는 자료를 제공하고 서한의 역사, 민간문학, 풍속습관 등을 연구하는 데 중요한 참고 가치가 있다. 이 시기 지인소설의 묘사대상을 살펴보면, 군중[『소림』]이나 역사[『서경잡기』]를 제재로 한 것과 상류 사회의 문인 명사[『어림』·『곽자』]를 제재로 한 것이 있는데, 그 구별이 분명하다. 총괄하면 내용상 풍유성(諷喩性)·오락성·생동성의 특징을 갖추고 있으며, 예술상 소화는 과장을 추구하고 일사는 전기(傳奇)를 추구하고 쇄언은 진실을 추구히여 그 풍격이 각각 이채를 띠고 있다.

    남북조 시기에는 지괴소설이 진일보 발전하여 『수신기』와 같은 유형의 작품이 더욱 성숙한 경지에 이르렀다. 동시에 불교가 흥성함에 따라 불교도가 많아지고 불경의 번역이 널리 퍼져 지괴소설이 새로운 특징을 띠게 되었다. 예를 들어 남조 때의 『유명록(幽明錄)』·『선험기(宣驗記)』·『속제해기(續齊諧記)』 등은 불법의 영험함, 저승지옥, 윤회전세(輪廻轉世), 인과응보를 선양하는 내용을 담고 있으며, 불교도가 "스스로 자신의 종교를 신비화하기[自神其敎]" 위하여 지은 『명상기(冥祥記)』가 출현했다. 북조 때의 『원혼지(冤魂志)』 역시 저승에 혼령이 있고 귀신이 원수를 갚는 응보 사상을 강조하고 있다. 이러한 작품들 사이에는 일맥상통하는 점이 있다. 그러나 반드시 지적해야 할 것은 아무리 그러하더라도 남북조 지괴소설의 현실주의 전통이 결코 쇠약해진 것이 아니라는 점이다. 마찬가지로 지괴[저승]의 형식을 빌어 현실의 암흑상을 공격하고 관료들의 탐오와 "사람의 목숨을 잡초처럼 여기는[草菅人命]" 죄행을 폭로했는데, 그 내용이 매우 풍부하고 적극적이다. 예를 들어 『견이전(甄異傳)』의 <장개(張闓)>, 『녹이전(錄異傳)』의 <구우(丘友)>, 『원혼지』의 <홍씨(弘氏)> 등이 이러한 부류의 작품에 속한다. 또한 『유명록』의 <분 파는 여자[賣胡粉女子]>·<방아(龐阿)>와 『속제해기』의 <청계묘신(淸溪廟神)> 등은 자유혼인과 행복한 생활을 추구하는 청춘남녀의 투쟁정신을 반영하여 반봉건적인 의의를 지니고 있다. 인도의 불교고사는 '중국화'되어 육조 소설에 흡수됨으로써 중국식 지괴고사가 되었는데, 이것은 이 시기에서 주목하고 연구할 만한 가치가 있는 현상이다. 그 중에서 가장 전형적인 예는 바로 『구잡비유경(舊雜譬喩經)』의 범지(梵志) 고사가 순씨(荀氏) 『영귀지(靈鬼志)』의 <외국도인(外國道人)>으로 개작되고 다시 『속제해기』의 <양선서생(陽羨書生)>으로 변화된 것인데, 그 발전된 흔적이 매우 분명하게 드러난다. 남북조 지괴소설의 내용은 대체로 이와 같다. 또한 예술상으로 이전 시기의 지괴소설보다 성숙되었는데, 줄거리가 보다 복잡해지고 묘사가 보다 세밀해지고 문장이 보다 화려해진 점을 그 특징으로 들 수 있다. 이것은 위진 소설에 대해서는 하나의 발전이며 당 전기에 대해서는 하나의 선구로서 과도기의 필연적인 현상이다.

　　남북조 지인소설은 위진 지인소설을 기초 위에서 심화되고 계통화되었다. 소화류로는 『소림』의 뒤를 이어 『해이(解頤)』·『계안록(啓

顔錄)』이 있고, 일사류로는 『서경잡기』의 뒤를 이은 『은운소설(殷芸小說)』이 있으며, 쇄언류로는 『명사전』·『어림』·『곽자』의 기초 위에서 『세설신어(世說新語)』라는 집대성의 저작이 나왔다. 『세설신어』는 한말에서 동진에 이르는 약 300년 간 문인 명사들의 언행·풍모 등을 반영한 것으로, 위진 사대부 계층의 사상과 생활에 대한 사실적인 기록이다. 그것은 우리들에게 그 시대의 문학·역사·사회기풍에 관한 진귀한 자료를 제공해 준다. 그것은 널리 구전되는 문인 명사들의 일화를 광범위하게 수집하고 『명사전』·『어림』·『곽자』와 같은 구문(舊文)을 주의 깊게 정리·가공하여 이룩된 것이다. 작자는 이렇게 풍부하고 수많은 인물 언행을 서로 비슷한 부류끼리 분류하여 36편에 수록했는데, 이것은 확실히 하나의 새로운 방법으로서 후대에 자못 많은 영향을 미쳤다. 36편의 명칭을 살펴보면, 작자가 봉건도덕을 선양하고 명교(名敎)를 고취하고 사대부 문벌의 고귀함과 사치스런 생활을 과시하고 풍류 명사의 사상을 좋아했지만 위진 풍도(風度)에 대해서도 비평을 가했음을 알 수 있는데, 이것은 당연히 시대적인 변화와 관련이 있지만 작품의 창작태도는 의심할 것도 없이 현실주의적이다. 『세설신어』로 대표되는 지인소설이 예술상에서 이룩한 최대의 성취는 언어 방면에 있다. 명대의 호응린(胡應麟)은 "그 글을 읽어보면 진인들의 모습과 아담한 멋이 눈앞에 보이는 듯 생동감 있으며, 간결하면서도 심오하고 담백하여 진정한 풍취가 다함이 없으니 고금의 절창이다[讀其語言, 晉人面目氣韻, 恍忽生動, 而簡約玄澹, 眞致不窮, 古今絶唱也.]"5)고 말했다. 노신은 『세설신어』에 대하여 "언어를 기록한 것은 심오하고 준일하며, 행위를 기록한 것

---

5) 『少室山房筆叢·九流緒論下』.

은 고상하고 수려하다[記言則玄遠冷俊, 記行則高簡瑰奇]"6)고 했다.
즉 "말은 간결하면서도 뜻은 심원한[言約旨遠]" 풍격을 말하는데, 구
체적으로 말하면 언어는 간결하면서도 매우 완곡하고, 함의는 심오
하여 음미할 가치가 있으며, 응대는 교묘하고, 의경(意境)은 고원하
다. 그래서 매우 강한 철리성과 함축성이 담겨 있다. 『세설신어』의
언어는 조탁하지 않은 질박한 본색을 지니고 있으며 인물의 행위에
대한 기술이 정확하고 그 형상이 인물의 신분과 성격에 매우 부합
되며 다양한 수법으로 곡진하게 잘 묘사되었는데, 이것은 쇄언류 지
인소설의 대표작인 동시에 당대 지인소설의 창작에 직접적인 영향
을 미쳤다.

　당대는 중국소설 발전에서 첫 번째로 높은 봉우리이다. 당대 소설
에는 이미 전통적인 지괴소설과 지인소설이 있으며, 또한 새로 흥기
한 전기소설도 포함된다. 전기소설의 탄생은 소설사상 하나의 비약
이었다. 당 전기의 작자는 "모두 허구적으로 이야기를 꾸미고[盡幻
設語]" "일부러 특이한 것을 좋아하고[作意好奇]" "의식적으로 소설
을 창작함으로써[有意爲小說]"7), 소설을 역사에 부속된 종속적인 지
위에서 벗어나게 했다. 전기소설은 내용상으로 볼 때 기이하고 숨겨
진 이야기를 찾아 기록하거나 특이한 일을 전해 기술한 것에서 벗
어나지 않는데, 그 근원은 대개 지괴에서 비롯되었다. 그러나 새로
흥기한 이러한 문학체재는 결코 세인들의 중시를 받지 못했다. 그래
서 제재상으로도 엄격한 요구나 규율의 제한이 없어서 정식 시·문·
사(史)에서 수용할 수 없는 것들, 예를 들어 일상 생활의 자질구레

---

6) 『中國小說史略』 第7篇.
7) 『中國小說史略』 第8篇.

한 작은 고사나 조야(朝野) 인물들의 소화와 일화, 예교에 어긋나는 애정 고사 등이 모두 전기의 제재가 되었다. 특히 시·문 중에서 자리를 차지할 수 없는 창기·노비·장사치 등과 같은 보통 시정(市井)의 무리들이 전기의 주인공이 되었다. 더욱이 곽소옥(霍小玉)[『곽소옥전』], 이와(李娃)[『이와전』], 임씨(任氏)[『임씨전』], 곤륜노(崑崙奴)[『곤륜노』], 홍선(紅線)[『홍선』], 보비연(步飛烟)[『비연전』] 등과 같은 창기·노비는 당 전기의 가장 두드러진 형상 계열을 형성하여, 당 전기의 현실주의와 사회의의 및 인식가치를 충분히 표현해냈다.

노신은 당 전기가 예술적으로 "서술이 완곡하고 문사가 화려하여 경개를 대강 기술한 육조의 것과 비교하면 진보된 흔적이 매우 분명하다[敍述婉轉, 文辭華艷, 與六朝之粗陳梗概者較, 演進之迹甚明]"[8]고 지적했다. 당 전기는 육조 소설의 기초 위에서 기타 문학양식의 경험을 참고하고 그 영양분을 흡수하여 이미 성숙한 단편소설로 발전했던 것이다. 고사는 더욱 완전해지고 줄거리는 더욱 복잡해지고 묘사는 더욱 세밀해졌다. 표현기교상으로는 허구의 특징을 충분히 발휘하고 잘 다듬어져 있어서 당 전기를 예술적으로 보다 높은 경지에 이르게 했으며, 아울러 명대 전기와 『요재지이(聊齋志異)』의 창작에 영향을 미쳤다.

송원 시대는 중국 소설 발전상 하나의 중요한 시기이다. 전통적인 문언소설 외에 백화 단편소설, 즉 화본(話本)이 흥기했다. 그래서 송대는 평화(平話)의 시대라고 말할 수 있다. 송원 화본은 상당히 성숙된 예술 수준을 갖추었는데, 예를 들어 <연옥관음(碾玉觀音)>·<입 가벼운 이취련[快嘴李翠蓮]> 및 장편 화본집인 『삼국지평화(三

---

8) 『中國小說史略』第8篇.

國志平話)』·『대당삼장취경시화(大唐三藏取經詩話)』 등은 명청 통속 소설이 번영하는 데 견실한 기초를 세웠으며 소설발전사의 주류를 형성했다. 그러나 동시에 문언소설 역시 볼 만한 성과를 거두었다. 그 예로 송초에 500권으로 편찬된 『태평광기(太平廣記)』는 당·오대(五代) 이전의 문언소설에 대한 '총결'이자 집대성의 저작으로 매우 중요한 참고가치와 사용가치가 있다. 그 밖에도 유명한 전기소설집인 『청쇄고의(靑瑣高議)』[『別集』 포함], 『취옹담록(醉翁談錄)』, 『녹창신화(綠窓新話)』, 『운재광록(雲齋廣錄)』 및 420권이나 되는 지괴소설집 『이견지(夷堅志)』 등이 창작되어 주목할 만하다. 송원 문언소설은 명청 문언소설이 진보·발전하는 데 길을 닦았다.

송원 전기소설(傳奇小說)은 대략 100~200편 정도 있으며, 내용은 역사를 제재로 한 것과 세정(世情)을 제재로 한 것이 있는데 전자가 위주이다. 역사를 제재로 한 것 가운데 역사상의 인물을 기록한 것으로 사전(史傳)을 모방한 작품에는 『녹주전(綠珠傳)』·『매비전(梅妃傳)』·『양태진외전(楊太眞外傳)』·『조비연별전(趙飛燕別傳)』 등이 있으며, 수(隋) 양제(煬帝)의 고사를 기록한 작품에는 『수유록(隋遺錄)』·『해산기(海山記)』·『미루기(迷樓記)』·『개하기(開河記)』 등이 있다. 세정을 제재로 한 것 가운데 애정고사를 묘사한 작품에는 『유홍기(流紅記)』·『왕사전(王榭傳)』·『장호(張浩)』 등이 있으며, 기녀고사를 묘사한 작품에는 『담의가전(譚意歌傳)』·『왕유옥기(王幼玉記)』·『이사사외전(李師師外傳)』 등이 있다. 세정을 기록한 소설 중에는 현실적인 제재가 비교적 빈곤하기 때문에, 노신은 송 전기에 대하여 "대부분 과거의 사건에 의탁하고 근자의 화제는 피했다[多托往事而避近聞]"9)고 했는데, 이것이 송원 전기의 첫 번째 특징이다. 송원 전기는 대부분 당대 전기를 모방하거나 답습하여 독창성이 부족하다. 송원 전기 가운데 적잖은 작품이 구문(舊文)을 바탕으로 하여, "편말에 교훈을 드리운 것 역시 당인과 같았으나 그 엄준함이 더했는데 이는 송인의 오랜 습속이 그러했기 때문이다[篇末垂誡, 亦如唐人, 而增其嚴冷, 則宋人積習如是也]."10) 송원 전기는 새롭게 창작하려는 의지가 부족하여 답습하고 모방한 작품이 대부분이다. 예를 들어 『담의가전』은 『곽소옥전(霍小玉傳)』을 답습하면서 행복한 결말로 바꾸었으며, 『장호』는 바로 『앵앵전(鶯鶯傳)』의 번안 작품이다. 그러나 답습하는 중에서도 개조한 것이 있는데, 예를 들어 『유홍기』는 바탕 작품에 비하여 줄거리와 시가(詩歌)를 증보하여 고사를 더욱 완전하게 만들었다. 이것이 송원 전기의 두 번째 특징이다. 송원 전기소설은 이미 '옛날에 미치는 것[逮古]'을 특징으로 삼고 적잖은 사료(史料)를 모아 고사를 엮었지만, 종종 옛날을 빌어 오늘날의 본보기로 삼는 의의가 있다. 예를 들어 제왕들의 방탕한 생활은 세인들이 즐겨 얘기했는데, 당대에서는 명황(明皇:玄宗)을 거론하고 송대에서는 수 양제를 거론했다. 양제에 관한 몇 편의 소설은 모두 폭로성과 비판성을 띠고 있다. 소수이긴 하지만 현실생활을 제재로 한 작품 중에서 『담의가전』과 『왕유옥기』 등은 평민의식의 각성과 애정·혼인에 대한 추구를 드러냄으로써 적극적인 사상의의가 있는데, 이러한 작품은 송원 전기 가운데 진품이다. 전기의 작자는 대부분 관료 문인이어서 사료를 중시하고 허구를 경시했으며 실질을 숭상하고 정열이 부족했기 때문에, 송원 전기에는 당 전기처럼 사람을

---

9) 『中國小說史略』 第12篇.
10) 『中國小說史略』 第11篇.

감동시키는 매력이 없다. 이것이 송원 전기의 세 번째 특징이다. 송원 전기는 일반적으로 비교적 알기 쉽고 통속적인데, 이것은 대개 당시 백화소설의 영향에서 비롯된 것이다. 또한 운문과 산문을 혼용하는 형식을 채용했는데, 이것은 한·위·육조 소설의 예술 전통을 계승하고 당대 전기 예술과 설창(說唱) 문학의 영향을 받았음을 보여준다. 작품 속의 시가는 줄거리를 연결하거나 인물을 묘사하거나 문채(文彩)를 첨가하는 작용을 한다. 이것이 송원 전기의 네 번째 특징이다. 명대 호응린(胡應麟)은 "소설은 당인 이전에는 대부분 허구를 기술했지만 문식(文飾)이 볼 만했으며, 송인 이후에는 대부분 사실(史實)을 언급했지만 문채(文彩)가 거의 결핍되었다[小說, 唐人以前, 紀述多虛, 而藻繪可觀, 宋人之後, 論次多史實, 而彩艷殊乏.]"11)고 말했는데, 송원 문언소설을 이렇게 평가하는 것은 대체로 타당하다.

송초의 지괴소설(志怪小說)은 '진실을 증거함[徵信]'을 표방함에 따라 말이 확실하여 사실감이 풍부하다. 따라서 고사 속에 시간·장소·인물을 명시하여 근거가 있음을 나타냈다. 그 대표작은 『강회이인록(江淮異人錄)』이다. 여기에는 당대 사람 2명과 남당(南唐) 사람 23명을 합하여 총 25명을 기록했는데, 모두 협객·술사·도사 등 이인에 관한 고사이다. 비록 행위는 괴이하지만 도리어 일반 지괴와는 다르다. 이 책은 전집(專集) 형식으로 이인 고사를 모아 놓은 것인데, 사실상 후대 '검협전(劍俠傳)'류 기풍의 선구가 되었다. 송대에는 유·불·도 삼교(三敎)가 병존하고 무귀(巫鬼)의 기풍이 매우 성행했기 때문에 변이(變異)·괴탄(怪誕)·보응(報應)을 선양한 소설이 시류에 호응하여 생겨났는데, 그 중에서 『승이기(乘異記)』·『괄이지(括異

---

11) 『少室山房筆叢·九流緖論下』.

志)』·『조이지(祖異志)』·『낙중기이(洛中紀異)』·『규거지(睽車志)』 등이 성대하게 볼 만하며 특히 『이견지』가 가장 유명하다. 『이견지』는 그 권질(卷帙)의 많음과 "귀신사물의 변화를 추구한 것[極鬼神事物之變]"12)으로 지괴소설 중에서 중요한 지위를 차지한다. 송대의 지괴서는 대부분 "사실(事實)의 기술에 치중하고 상세히 묘사한 바는 적었으며[偏重事狀, 少所鋪敍]"13) 전통을 준수했는데, 특히 홍매(洪邁)의 작품은 옛스럽고 소박함을 추구하고 평이하고 질박함을 숭상하여 송대 지괴소설의 예술 풍격을 대표한다. 그러나 그 중에서 편폭이 길고 줄거리가 복잡한 작품은 당연히 전기소설에 속한다. 또한 그 안에 보존되어 있는 소식(蘇軾)·소철(蘇轍)·진관(秦觀) 등의 작품은 진귀한 자료이다. 『이견지』는 위로는 당대를 계승하고 아래로는 명청대를 계도했으며 그 영향으로 금대(金代) 원호문(元好問)의 『속이견지』 등과 같은 속서가 출현했다. 그리고 적잖은 작품이 송원 화본 및 명대 백화소설과 희곡의 제재 내원이 되었으며, 심지어 『요재지이(聊齋志異)』의 창작에도 영향을 미쳤다.

송대에는 역사 편찬이 비교적 발달하여 관찬(官撰)과 사찬(私撰)의 저작이 계속해서 나왔다. 그 내용은 대부분 조야(朝野)의 일화·잡사와 조정의 역사 사건에 속하는 것으로서, 사실(事實)을 중시하고 고증에 치중하여 사료적 가치는 지니고 있지만 소설의 색채는 적다. 『오조소설·서(五朝小說序)』에서 송인의 필기를 논급하면서 "오직 송[의 필기]은 사대부의 손에서 나온 것으로 공무의 여가에 기록한 것이 아니면 숲 아래에서의 한담이다. 기술한 바는 모두 평

---

12) 『宋史·洪邁傳』.
13) 『中國小說史略』 第11篇.

생에 부·형·스승·벗과 함께 담론한 것이나 혹은 직접 돌아다니면서 보고들은 것과 의심나고 잘못된 일을 고증한 것이다. 그래서 한 마디의 말과 한 번의 웃음에서 마다 선인(先人)들의 풍류를 보는 것 같다. 그 [기록된] 사실(事實)은 정사의 망실된 부분을 보충하고 역사 사건의 빠진 부분을 보탤 만하다[唯宋則出士大夫之手, 非公餘纂錄, 卽林下閒譚. 所述皆生平父兄師友相與談說, 或履歷見聞, 疑誤考證. 故一語一笑, 想見先輩風流. 其事可補正史之亡, 裨掌故之闕.]"고 했는데, 그 논평이 매우 타당하다. 이러한 사료성(史料性)과 고증성이 강한 대량의 송대 저작들은 모두 소설이 아니고 단지 필기이다. 우리는 '시인소설(市人小說)'을 중시하는 동시에 고사성과 흥미성이 강한 작품만을 지인소설로 간주할 수 있는데, 그 예로 『동파지림(東坡志林)』·『제동야어(齊東野語)』·『산거신화(山居新話)』·『청루집(靑樓集)』 등을 들 수 있다. 쇄언류(瑣言類) 작품에는 『속세설(續世說)』과 『당어림(唐語林)』이 있다. 후자는 당대 문인 사대부들의 언행을 기록한 것으로, 단대별(斷代別)로 기술하는 형식을 창시하여 그 후에 『명세설(明世說)』과 『금세설(今世說)』이 출현하게 되었다. 소화류(笑話類) 작품은 당대에 비하여 발전했는데, 『개안집(開顔集)』·『애자잡설(艾子雜說)』·『부장록(拊掌錄)』 등이 창작되어 상승기세를 타고서 명대의 홍성기를 준비하고 있었다.

요·금·원대(遼金元代)의 짧은 쇠락을 겪은 뒤, 명초의 전기소설은 다시 회복과 발전을 했다. 전기에는 『화영집(花影集)』·『전등신화(剪燈新話)』·『전등여화(剪燈餘話)』·『멱등인화(覓燈因話)』 등이 있고, 후기에는 『구약별집(九籥別集)』·『정사(情史)』·『염이편(艶異編)』 등이 있으며, 그밖에도 단행본 작품으로 『중산낭전(中山狼傳)』·『요양

해신전(遼陽海神傳)』 등이 있다. 명초의 작가들은 당대 전기를 본보기로 삼아 전기의 수법으로 신기하고 괴이한 일을 묘사하고 남녀의 감동적인 애정을 노래했다. 즉 지괴의 내용과 전기의 수법을 사용하여, "그것을 읽어 본 사람이라면 모두 즐거이 수염과 눈썹을 드러내 놓은 채 흔연히 싫증내지 않을[讀之者莫不爲之喜見須眉, 而欣然不厭也.]"14) 정도로 광범위한 환영을 받았다. 명대 전기의 창작수법은 『요재지이』의 선구가 되었다. 이것이 명대 전기소설의 첫 번째 특징이다. 명 전기는 대부분 원말명초의 최근 일에서 제재를 취하고 현실생활을 반영한 당 전기의 전통을 발전시켜, 시사(時事)에 대한 묘사를 통하여 작가의 고민과 울분을 펴냈다. '문장으로 유희를 삼음[以文爲戱]'은 단지 일종의 수단에 불과한 것이었고, 작자는 뚜렷한 목적을 가지고 의식적으로 소설을 창작했다. 이것이 명대 전기소설의 두 번째 특성이다. 운문과 산문을 혼용하는 예술 수법은 명대 전기소설에 이르러 최고로 발전했다고 말할 수 있다. 시사(詩詞)가 소설의 유기적인 구성 부분이 되었는데, 이것은 인물·내용·구성과 예술 표현상에서 필요한 수단이자 도구이다. 그러나 일부 작품은 시사를 번잡할 정도로 지나치게 많이 사용하여 작자의 재학(才學)을 현란하게 과시한 결점도 있다. 이것이 명대 전기소설의 세 번째 특징이다. 명말에는 소설 총집을 편집하는 것이 유행을 이루어 권질과 수량이 방대해졌는데, 예를 들어 『정사』·『염이편』·『소사(笑史)』·『만금정림(萬錦情林)』·『국색천향(國色天香)』·『수곡춘용(綉谷春容)』·『연거필기(燕居筆記)』 등은 명대 전기소설의 편집·출판상 하나의 커다란 성과였다. 이것이 명대 전기소설의 네 번째 특징이다. 명대

---

14) 曾棨, 『剪燈餘話·序』.

전기소설은 사상 내용은 물론이고 예술 형식에서도 모두 송원 전기소설을 발전시켜 청대 전기체 소설을 준비했다.

　명대 지괴소설은 『이견지』와 같은 그러한 총결성의 작품이 창작되지는 않았지만, 명대 중엽 이후에는 또한 40권으로 된 『지괴편(志怪編)』이 출현했다. 전체적으로 볼 때 명대 지괴소설은 전통적인 제재와 묘사 수법을 답습하여 그것에 대한 돌파와 진보는 부족했지만 내용상으로는 새로운 특징이 적지 않았는데, 바로 그러한 특징이 청대 지괴소설의 창작에 공헌하게 되었다. 첫째, 천지신명에 관한 고사에는 신명이 사람을 도와주는 것도 묘사되어 있고 사람을 해치는 것도 묘사되어 있는데 매우 참신하고 대담하다. 둘째, 신선류와 박물류의 작품은 종류가 완비되어 있고 수준이 비교적 높다. 그 예로 『선불기종(仙佛奇踪)』은 처음으로 선·불 양문(兩門)의 109명에 달하는 선인을 함께 기록한 전기소설(傳記小說)로서 공전(空前)의 작품이다. 『광박물지(廣博物志)』는 진대(晉代) 장화(張華)의 『박물지』 이후로 가장 중요한 작품인데, 편목의 분류가 새롭고 자료가 풍부하며 소설의 색채가 비교적 농후한 가작(佳作)이다. 셋째, 지괴집 중에서 비지괴적인 작품이 대량으로 발견되며 또한 거의 모두 당시에서 체재를 취했는데, 예를 들어 조정의 폐단을 폭로한 <왕신(王臣)>[『志怪錄』]이나 인간의 사악함을 비판한 <인요공안(人妖公案)>[『庚巳編』] 등은 모두 작가와 사회의 밀접한 관계와 깊은 통찰력을 드러내어 강렬한 현실의의를 지니고 있다.

　명대의 지인소설은 명대 경제의 회복·발전과 문화의 부활·번영에 따라 유례없이 흥성하기 시작했다. 서로 다른 조대(朝代)의 전장제도(典章制度)의 변천, 조정과 관료계의 개변, 민간풍속의 전파 등 각

양각색의 내용이 역사필기와 지인소설에 대량으로 유입됨으로써, 그들 사이의 한계가 명확하지 않아 구별하기 어렵게 되었다. 이러한 상황은 송원 시기에 비하여 더욱 심해졌다. 따라서 우리는 전문성(傳聞性)·감상성·흥미성을 보다 강하게 지니고 있는 작품만을 지인소설로 간주하지만, 이것 역시 하나의 대체적인 표준에 불과하다. 아무리 그러하더라도 그 가운데 일사류의 소설은 여전히 풍부하다. 예를 들어 『숙원잡기(菽園雜記)』·『진주선(眞珠船)』·『향렴사우전(香奩四友傳)』·『청니연화기(靑泥蓮花記)』 등은 제재가 다양하고[朝野事·妓女事 등이 있음] 풍격이 각기 달라[紀傳·敍事 등이 있음] 비교적 높은 수준을 보여 준다. 쇄언류 작품은 『세설신어(世說新語)』를 보충한 하량준(何良俊)의 『하씨어림(何氏語林)』과 『당어림』처럼 당시 문인들의 언행을 기록한 이소문(李紹文)의 『명세설신어(明世說新語)』 외에도, "언담(言談)은 취하되 사건은 취하지 않고[取語不取事]" 청준한 언어를 중점적으로 기록한 조신(曹臣)의 『설화록(舌華錄)』이 출현하여, '세설체(世說體)'의 작품을 계속 발전시켰다. 소화류 작품은 위대(魏代) 한단순(邯鄲淳)의 『소림(笑林)』에서 시작하여 명대 이르러 높은 봉우리에 도달했는데 수량도 많고 수준도 높다. 풍몽룡(馮夢龍)은 유명한 소화 작가로서, 문인의 창작물이면서도 민간적인 색채가 풍부한 『소부(笑府)』13권과 사전(史傳)의 소화를 집대성한 총결성의 저작인 『고금담개(古今譚概)』[일명 『笑史』]를 지었다. 이 두 책은 후대에 매우 큰 영향을 미쳤는데 청대의 『소림광기(笑林廣記)』는 바로 『소부』를 바탕으로 하여 개편한 것이다.

  청대는 문언소설이 찬란하게 꽃핀 시대이자 문언소설의 종결을 고한 시대이다. 그것이 이룩해 낸 비할 수 없는 성취는 중국문언소설발전사의 면면히 흐르는 장구한 강을 형성하여 같은 시기의 백화장편소설과 함께 중국 고대소설사상 위대한 장을 열었다.

청대 전기소설은 『요재지이』를 경계로 하여 전기[淸初]와 후기[淸中·後葉]로 나뉜다. 청초의 전기는 명대 전기의 발전 기세를 계승하여 그야말로 대성황을 이루었다. 대표작은 장조(張潮)가 집록한 『우초신지(虞初新志)』이다. 여기에는 100편에 가까운 전기소설이 수록되어 있는데, 구체적인 작자는 오위업(吳偉業)·주량공(周亮工)·왕탁(王晫)·왕사정(王士禎)·이어(李漁)·유수(鈕琇) 등 70여 명에 달한다. 그러나 그들의 작품은 대부분 각자의 필기와 문집 중에서 산견된다. 일부 작품은 만주족이 중원에 들어와 주인노릇하는 것에 반대하는 민족 정서를 공개적으로 또는 완곡하게 표현하기도 했는데, 예를 들어 임로(林璐)의 <상기(象記)>, 육차운(陸次雲)의 <보무생전(寶婺生傳)>, 주량공(周亮工)의 <서척삼랑사(書戚三郞事)>, 왕유정(王猷定)의 <탕비파전(湯琵琶傳)> 등이 그러하다. 또한 배우·화가·원예가·의사·나무꾼·역사(力士)·협객·거지·창기 등 역사와 사회상의 각 계층 인물을 광범위하게 묘사했는데, 대표작은 위희(魏禧)의 <대철추전(大鐵椎傳)>, 후방역(侯方域)의 <마령전(馬伶傳)>, 서방(徐芳)의 <뇌주도기(雷州盜記)> 등으로 모두 청초의 인정세태와 도덕풍모를 깊이 있게 반영했다. 그러나 신괴적(神怪的)인 제재가 위주이다. 청초의 전기소설은 상상력이 풍부하고, 묘사가 세밀하고, 구성이 교묘하고, 문장이 정련되고, 형상이 생동하여 비교적 높은 수준에 도달했다.

같이 전기(前期)에 속하는 작자는 포송령(蒲松齡)인데 20권 500여편에 달하는 거작 『요재지이』로 독보적인 지위를 차지하고 있다. 그 가운데 150여 편의 전기 작품은 심원한 사상과 고도의 예술로 전기소설의 최고봉에 도달했다. 포송령은 사회와 민간에 유전된 신괴 고사와 밀접한 관계가 있으며, 이러한 고사들을 수집·윤색·창작·전파한 사람이다. 그는 능히 "환상의 경역을 출입하다가 갑자기 인간세상으로 들어감으로써[出入幻域, 頓入人間]" 지괴를 현실과 긴밀하게 결합시켰으며, "전기의 수법을 빌어 지괴를 지음으로써[用傳奇法, 而以志怪]" 지괴의 제재와 전기의 묘사 수법을 완전하게 결합시켰는데, 이것은 계승과 발전으로 그 영향이 심원하다. 지괴적이고 환상적인 고사를 통하여, 봉건 통치자의 죄악을 폭로하고 과거제도의 폐단을 공격하고 죽어서도 변함 없는 애정을 구가하고 좋지 못한 세상 풍속을 풍자하는 등 가장 심각하고 가장 첨예하고 가장 감동적인 작품을 창작했으며, 영녕(嬰寧)·교나(嬌娜)·청풍(靑風)·섭소천(聶小倩)·황영(黃英)·석방평(席方平) 등의 인물 형상을 창조하여 눈부시도록 찬란한 전범(典範)이 되었다.

청 중엽[후기] 건륭(乾隆)·가경(嘉慶) 연간에 흥기한 『요재지이』를 모방하는 기풍이 쇠퇴하지 않고 오랫동안 지속되어 대량의 모방작이 출현했는데, 예를 들어 호가자(浩歌子)의 『형창이초(螢窓異草)』, 심기봉(沈起鳳)의 『해탁(諧鐸)』, 황방액(和邦額)의 『야담수록(夜譚隨錄)』, 선정(宣鼎)의 『야양추등록(夜雨秋燈錄)』, 오치창(吳熾昌)의 『객창한화(客窓閑話)』, 왕도(王韜)의 『송은만록(松隱漫錄)』 등이 뛰어난 성과를 거두었다. 이러한 작품들은 비록 『요재지이』의 수준에는 결코 이르지 못했지만, 작가가 많고 작품이 풍성하여 오히려 청대 전기소설에 대한 역사적인 찬란한 총결을 하게 되었다.

청대 지괴소설의 성취와 영향은 당송대과 명대를 뛰어 넘었다. 청초에는 수많은 학자와 문학가들이 지괴소설의 창작에 참여하여 작자층이 광범위해지고 그 대열이 방대해졌다. 작품 중에는 왕사정(王士禎)의『지북우담(池北偶談)』에 들어 있는 <담이(談異)>처럼 작자들의 필기 속에 남아 있는 것도 있고, 진정(陳鼎)의『유계외전(留溪外傳)』과 위희(魏禧)의『위숙자문집(魏叔子文集)』과 같은 작자의 문집 안에 수록되어 있는 것도 있으며, 유수(鈕琇)의『고잉(觚剩)』, 육기(陸圻)의『명보록(冥報錄)』, 서방(徐芳)의『낙고광지(諾皐廣志)』와 같은 전집(專集)도 있다. 그 작품들은 또한 '사실을 기록한다[紀實]'는 육조의 기풍을 더이상 답습하지 않았지만 대부분 괴이함 속에 우의(寓意)를 두었으며, 묘사가 수식적이어서 그 문체가 전기에 가까웠다. 이것을 보면 지괴소설에 대한 전기소설의 침투와 영향이 청대 지괴소설의 독특한 풍격을 형성했음을 알 수 있다.

『요재지이』가 출현한지 100여 년 뒤에 원매(袁枚)[『子不語』의 작자]와 기윤(紀昀)[『閱微草堂筆記』의 작자]이『요재지이』에 반대하는 깃발을 들고 차례로 나와,『요재지이』를 "한 책에 두 가지 문체가 섞여 있다[一書而兼二體]"고 공격하거나 또는 "진송 추종[追踪晉宋]"을 서로 표방했다. 그러나 그들의 작품에는 제재와 묘사 수법상『요재지이』중의 지괴 작품과 서로 통하는 점이 분명히 드러나 있기 때문에,『열미초당필기』는『요재지이』를 반대하면서도 그것을 모방한 작품이라고 말할 수 있다.『열미초당필기』가 간행되어 세상에 나온 이후에 그 영향이 널리 미쳐 일련의 모방 풍조를 형성했다. 유월(兪樾)은 "내가『우태선관필기』를 지을 때『열미초당필기』를 본보기로 삼고『요재지이』의 취지를 이어 받지 않은 것은 선군자의 가르침에 따른 것이다[余著右台仙館筆記, 以閱微爲法, 而不襲聊齋筆意,

秉先君子之訓也]"15)고 하여 모방작이 성대한 기풍을 조성했다. 『우태선관필기』외에도 허봉은(許奉恩)의 『이승(里乘)』, 양공진(梁恭辰)의 『지상초당필기(池上草堂筆記)』, 이경진(李慶辰)의 『취다지괴(醉茶志怪)』등이 있다. 지괴서는 대부분 풍교(風敎)를 담고 있고 의론이 지나치게 많으며 형상성이 부족하여 거의 권선징악의 책으로 변했는데, 이는 쇠퇴 시기의 특징이기도 하다.

지괴소설 중에는 신선을 묘사한 전집(專集)은 거의 없으며 다만 신선의 영이(靈異)함을 그린 고사만이 작가의 문집에 흩어져 있다. 그 중에서 진정(陳鼎)의 『팽망조전(彭望祖傳)』과 서악(徐岳)의 『아도인전(啞道人傳)』은 모두 당시인이 신선이 되어 사람들에게 은혜를 베푼 일을 묘사한 것으로, 현실에 만족하지 못하는 사상 경향을 기탁했다. 또한 서개봉(徐喈鳳)의 『회선기(會仙記)』는 여우 신선과 인간의 사랑을 묘사한 것으로 여우 신선은 둔갑에 능하고 정감을 중시하는데, 이것은 한·위·육조의 신선고사와는 다른 면모이다. 광서(光緒) 연간에 나온 서수기(徐壽基)의 『속광박물지(續廣博物志)』는 박물류 작품에 최후의 한 송이 작은 꽃을 첨가한 셈이다.

청대의 지인소설은 작가가 무리 지어 나오고 가작이 숲처럼 많았는데, 이는 명대 지인소설이 더욱 발전된 것이다. 그것은 정통 시문, 전기·지괴소설 등과 걸음을 나란히 하면서 번영했다. 일사류의 작품은 역사상의 인물과 사건을 기록하는 데서 발전하여 당시의 인물과 사건을 기록함으로써, 시대적인 특색이 풍부하고 지식성·흥미성·사회성이 비교적 높다. 대표작에는 저인확(褚人穫)의 『견호집(堅瓠集)』, 유교(俞蛟)의 『몽광잡저(夢廣雜著)』, 황균재(黃鈞宰)의 『금호칠묵(金壺

---

15) 『春在堂筆記』卷8.

七墨)』, 백일거사(百一居士)의『호천록(壺天錄)』등이 있다.『호천록』
은 시정(市井)의 소시민을 묘사한 것으로, 서방의 문화와 경제가 중
국에 전입된 후에 생겨난 '德律風[텔리폰]'·'麥克風[마이크로폰]' 등
의 신과학기술을 기록하여 만청(晩淸)의 색채를 보이고 있다.

이 밖에도 청루(靑樓)의 기녀들에 관한 일을 전적으로 기록한 여
회(余懷)의 『판교잡기(板橋雜記)』와 봉화생(捧花生)의 『진회화방록
(秦淮畵舫錄)』이 있으며, 호협(豪俠)에 관한 일을 기록한 단편 작품
인 이어(李漁)의 『진회건아전(秦淮健兒傳)』, 왕사정(王士禎)의 『검
협(劍俠)』, 추성(秋星)의 『여협취운낭전(女俠翠雲娘傳)』 등이 있는
데, 모두 농후한 생활 분위기와 선명한 시비관념이 담겨 있어서 같
은 제재의 명대 작품을 뛰어 넘었다.

쇄언류의 소설은 청대에 이르러 모방작과 속서가 끊임없이 나왔
다. 유의경(劉義慶)의『세설신어(世說新語)』체재에 따라 편찬한 장
무공(章撫功)의『한세설(漢世說)』과 오숙공(吳肅公)의『명어림(明語
林)』외에도 당대(當代)에서 제재를 취한 왕탁(王晫)의『금세설(今
世說)』이 있다.『금세설』은 작자 자신의 말을 개입시키고 자화자찬
한 흠이 있어서 사람들의 비난을 받긴 했지만, 이것은 일찍이 없었
던 새로운 시도였다. 이상 3종의 책은 모두 단대별(斷代別)로 언행
을 기록한 작품이다. 전대와 당대 인물의 언행을 기록한 것 외에 따
로 새롭게 부녀자들을 전적으로 묘사한『여세설(女世說)』이 있다.『여
세설』은 2종이 있는데 하나는 이청(李淸)이 찬했고 하나는 엄형(嚴
蘅)이 찬했다. 엄형은 강남의 재녀(才女)로 청조(淸朝)의 여자를 묘
사하면서 시사(詩詞)를 많이 실었으며 재지와 유머가 풍부했다.

중국 문언소설 발전의 주요한 맥락과 대체적인 윤곽은 바로 이와

같다. 문언소설사는 백화소설의 발전사와 함께 하나의 완전한 중국 소설사를 구성한다.

────────── 選注者 ──────────

전인초(全寅初: junincho@yonsei.ac.kr)

연세대학교 국문과 졸업
연세대학교 국문과 대학원 졸업(문학석사)
국립대만대학교 중문과 대학원 졸업(문학석사)
국립대만사범대학교 중문과 대학원 졸업(문학박사)
중화민국 교육부 국가박사
연세대학교 중어중문학과 교수
캐나다 토론토대학교 동아세아학과 방문교수
미국 버클리대학교 동아세아언어학과 방문교수
독일 정부(DAAD) 초빙 학자
대만 한학연구중심 방문교수
현재 연세대학교 명예교수, 중국 연변대학교 명예교수
저서:『중국고대소설사』,『당대소설연구』 등
역서:『중국근대소설사』(만청소설사),『중국신화전설』(전2권),『돈황학이란 무엇인가?』등
주편:『한국소장중국한적총목』(전6권) 등

김장환(金長煥: jhk2294@yonsei.ac.kr)

연세대학교 중문과 졸업
서울대학교 중문과 대학원 졸업(문학석사)
연세대학교 중문과 대학원 졸업(문학박사)
강원대학교 중어중문학과 교수
미국 하버드대학교 옌칭연구소 방문교수
미국 하버드대학교 페어뱅크센터 중국학연구소 방문교수
현재 연세대학교 중어중문학과 교수
저서:『중국문학의 벼리』,『중국문학의 향기』,『중국문학의 숨결』,『유의경과 세설신어』,『위진세어집석연구』,『동아시아 이야기 보고의 탄생—태평광기』 등
역서:『중국연극사』,『중국유서개설』,『중국역대필기』,『세상의 참신한 이야기—세설신어』(전3권),『세설신어보』(전4권),『세설신어성휘운분』(전3권),『태평광기』(전21권),『태평광기상절』(전8권),『봉신연의』(전9권),『당척언』(전2권),『열선전』,『서경잡기』,『고사전』,『어림』,『곽자』,『속설』,『담수』,『소설』,『계안록』,『신선전』,『옥호빙』,『열이전』,『제해기/속제해기』,『선험기』,『술이기』,『소림/투기』 등

中國文言短篇小說選

제1판 1쇄 발행 / 1994년 10월 10일
제2판 1쇄 발행 / 2001년 7월 30일
제3판 1쇄 발행 / 2011년 2월 28일
제3판 2쇄 발행 / 2017년 2월 28일

선 주 자 | 전인초·김장환
펴 낸 이 | 하운근
펴 낸 곳 | 學古房

주   소 | 경기도 고양시 덕양구 통일로 140 삼송테크노밸리 A동 B224
전   화 | (02)353-9908 편집부(02)356-9903
팩   스 | (02)6959-8234
전자우편 | hakgobang@naver.com, hakgobang@chol.com
등록번호 | 제311-1994-000001호

ISBN   978-89-6071-194-5   93820

값 : 12,000원

※ 파본은 교환해 드립니다.